悩ましい国語辞典

神永 曉

JN230542

目次

五十音索引

はじめに

出版社に入社して、36年にもわたって辞書の編集に関わってきたのだが、ことばとはなんと曖昧《あいまい》でとらえどころのないものなのだろうかという、新人の頃に感じた印象はいまだにぬぐい去ることができない。辞書の編集者としてのかなりな年月を『日本国語大辞典』（13巻）という、実際に文章に書かれた例を基に日本語の歴史を記述するという編集方針の辞書に関わってきたために、余計そのように感じるのかもしれない。

ことばは生き物であるとよく言われる。確かにことばの変化を観察していくのは辞書編集者の主な仕事のひとつである。だが、残念なことに辞書では変化の結果だけしか記載できないことが多く、一番スリリングな変化の過程を記述することは難しい。

そこで、その変化の面白さを少しでもお伝えできたらと思ったのが、本書執筆の動機である。だから本書は書名に「辞典」とあるが、いわゆる通常の国語辞典ではない。

とらえどころのないことばの変化とは、本来なかった新しい意味や用法がいつの間にか広まるということだけではない。中には、現代語としては古語としての意味が失われていたにもかかわらず、何かのタイミングで再び古い意味が復活している語も存在するのである。

本書のタイトルに使った「悩ましい」も、まさにそのようなことばのひとつである。現代語の「悩ましい」は、「悩ましい姿態」などのように官能が刺激されて心が乱れる思いであるという意味で使われることが多い。したがって、最近まではその意味しか載せていない国語辞典がほとんどであった。だから、ひょっとすると本書のタイトルに違和感をもった方もけっこういらっしゃるかもしれない。だが近年になって、「どちらを選択するべきか悩ましい問題だ」のように、どうしたらいいのか悩んでいる状態であるという意味の用法が広まりつつあるのである。

本書でもしばしば参考にさせてもらっているのだが、文化庁が毎年実施している「国語に関する世論調査」という、日本語とその環境に対する人々の意識についての調査がある。その、2001（平成13）年度の調査で、この「悩ましい」が調査の対象になっている。

具体的には「a　悩ましい目つきで誘惑する」「b　AかBかの選択は悩ましい問題だ」の言い方について、どちらを使うかという調査である。それによると、aを使う人が39・1%、bを使う人が22・4%、abどちらも使う人が9・1%という結果が出ている。

これによって、依然aの官能の意味が優勢ではあるものの、bの苦悩の意味も勢力を拡大しつつあることがわかる。だが、実は『日本国語大辞典』を見ると、苦悩の意味の方が古い用例が存在することから、こちらが原義で、官能の方が新しい意味だと考えられるのである。

本書では、まさにこの「悩ましい」のような、意味が揺れていることばや、読み方に困ることば、その語が定着するまでに面白いエピソードがあることばを中心に集めている。

たとえばそれは、「さわり」「煮詰まる」「確信犯」などのようになぜか意味を曖昧に覚えている人が多い語や、「やんごとない」のように、「悩ましい」同様古語としての本来の意味が復活しているのではないかと思われる語などである。あるいは、「おもむろに」「やおら」などのようにその語がもっている音（おん）からの印象で意味が変わりつつある語や、「檄を飛ばす」のように同音語の存在で本来なかった意味で使われるようになったことばもある。

慣用句の変化にも言及したのだが、それらの中には意味の変化とは違って、辞書編集者の立場からすればどう考えても誤用だと思わざるを得ないものもかなりある。しかし、「的を射る」に対する「的を得る」、「足をすくわれる」に対する「足元をすくわれる」のように、従来誤用とされていた言い方が、本当に誤りだと言い切れるのか改めて検討してもよさそうなものも存在する。これらを認めるとなると批判もかなり多く寄せられるかもしれないが、過去の実際の使用例がその正否を明らかにしてくれると信じている。

ことばの揺れの問題は正解のないことが多く、ともすれば判断に迷う、辞書編集者泣かせのものも少なくない。だが、本書の狙いはそれらに対して無理に結論を出そうというものではない。意味や用法が揺れてしまうのはそれ相応の理由があるわけで、どんなことばにも歴史があり、思いがけないエピソードもあるということを読み取っていただければ幸いである。

なお巻末に、「辞書編集者の仕事」という一文を添えた。本書自体も『日本国語大辞典』のような辞書がなければ成り立たなかったわけであるが、その基になった辞書とはどのようにして編集されるのか、その一部でも知っていただけたら、さらにことばに興味をもっていただけるのではないかと考えたからである。本書で扱ったような「悩ましい日本語」を編集者がどのようにして辞書という形にまとめ上げていくのか、多くの方に辞書の世界の一端を知っていただければ、長年辞書に関わってきた者としてこれに勝る喜びはない。

最後に本書の刊行をお引き受けくださった時事通信出版局社長松永努氏、同社出版事業部長舟川修一氏、実際に編集を担当してくださり随所で有益な助言をくださった編集部の沢田石登氏、出版社との仲介の労をお取りくださったうえに編集の実務までご助力くださった鈴木悦子氏に、この場を借りてお礼を申し上げたい。

２０１５年11月

神永　曉

凡　例

収録した語

意味や用法が変化している語や読み方の紛らわしい語など、約200語を収録した。慣用句として使われている成句や方言、俗語、記号なども取り入れた。

見出し

1 見出しには原則として平仮名を使用し、現代仮名遣いで示した。外来語は片仮名で示し、歴史的仮名遣いは（　）の中に示した。

2 見出しは、五十音順に配列した。

3 【　】の中に、見出しに当てられる漢字表記を示した。ただし、見出しの仮名とまったく同じ場合（漢字で表記されないもの）は省略した。

4 漢字は、常用漢字表を原則とし、公用文などで慣用として認められるものも採用した。

5 送り仮名は、内閣告示「送り仮名の付け方」を原則とした。

6 外来語は、日本に直接伝来したと考えられる原語を【 】内に示し、その言語名を付記した。オランダ語などは、ローマ字綴りに翻字して示した。

7 〔 〕の中に、その語の品詞その他の文法上の性質を示した。品詞などの表示には略号を用い、動詞は活用を略語で示した。成句は〔連語〕とし、方言、俗語、記号は〔方言〕〔俗語〕〔記号〕とした。動詞・形容詞・形容動詞の文語形には活用の種類を示した。

8 語の成り立ち、語源・語誌の説明などを必要に応じて《 》で記した。

記事タイトル、本文

1 記事本文の内容を表すタイトルを本文の前に示した。

2 一つの見出しに本文が2本ある場合は、タイトルに1、2として示した。

3 本文は、筆者が辞書編集者として得た知識を生かし、文化庁の「国語に関する世論調査」の結果を取り入れるなどして、わかりやすく解説することに留意した。

記事ジャンル

1 記事本文の内容を「揺れる意味・誤用」「方言・俗語」「揺れる読み方」「大和ことば・伝統的表現」の4ジャンルに分類し、本文の文末に該当ジャンルを示した。

2 各ジャンルはおおむね次のような内容となる。

揺れる意味・誤用　本来の意味とされてきたものとは異なる意味で使われていたり、現代語としては失われていた古い意味で使われたりしているもの。また、明らかに誤った意味で使われていることば。

方言・俗語　一定の地域で使われていることばのうち特徴的なものや、方言を由来として一般化したことば、地域によって異なった意味で使われていることばなど。また、文章語としての使用はためらわれるものの、ある年齢層や地域では口語表現として一般化していることば。

揺れる読み方　読み間違いの多いことばや、二つまたはそれ以上の読み方が使用されていることば。書き方や言い方を含める。

大和ことば・伝統的表現　古語を語源とするなど、日本で古くから使われている特徴的な表現やことば。

《品詞等略語一覧》

〔名〕名詞
〔代〕代名詞
〔動五〕動詞五段活用
〔動五（四）〕動詞口語五段活用、文語四段活用
〔動四〕動詞四段活用
〔動上二〕動詞上二段活用
〔動上一〕動詞上一段活用
〔動下一〕動詞下一段活用
〔動下二〕動詞下二段活用
〔動カ変〕動詞カ行変格活用
〔動サ変〕動詞サ行変格活用
〔動ラ変〕動詞ラ行変格活用
〔形〕形容詞
〔形ク〕形容詞ク活用
〔形シク〕形容詞シク活用
〔形動〕形容動詞
〔副〕副詞
〔感動〕感動詞
〔接尾〕接尾語
〔文〕文語形

※本書は、インターネット辞書・事典検索サイト「ジャパンナレッジ」で連載中のコラム「日本語、どうでしょう？」に、増補、加筆したものである。巻末の「辞書編集者の仕事」は、本書のために新たに書き下ろした。

あいきょう【愛嬌】〔名〕

「愛想」は振りまくことができない

「愛嬌」と「愛想」は人と接するときの態度やしぐさを表すことばだが、その使い方に関して混同が見られるという問題がある。

文化庁が2005（平成17）年度に行った「国語に関する世論調査」によると、「愛想」を「愛嬌」と混同した、「愛想を振りまく」を使う人が増えているというのである。もちろん本来の言い方は「愛嬌を振りまく」である。この調査によれば、「愛嬌を振りまく」を使う人が43・9％、「愛想を振りまく」を使う人が48・3％と、なんと逆転した結果が出てしまったのである。

「愛嬌」と「愛想」は確かに似ているが、本来はまったく違う意味のことばである。

「愛嬌」は、「愛嬌のある顔」「愛嬌たっぷり」などのように、見る人に、かわいらしさ、ひょうきんで憎めない様子などを感じさせる要素やしぐさなどを表す語であり、「愛想」は、「愛想がいい」「愛想笑い」などのように、人によい感じを与えるために示す態度やもの言いのことである。

あえて違いを言うなら、「愛嬌」はその人のもつ印象や雰囲気であり、「愛想」は具体的な動作ということができようか。

つまり、雰囲気は振りまくことができても、実際の動作は振りまくことができないということになるであろう。

「愛想を振りまく」と言う人が増えていることもあって、まだ少数派ながらそれを例として挙げている国語辞典も出始めている。ただ筆者が確認した限り、いずれも特に「元来は間違った用法だった」などという注記は見当たらない。「愛想を振りまく」を辞典に載せるのであれば、まだこの言い方に対して違和感を覚える人も多いであろうから、一言、但し書きを加える必要があるのではないだろうか。

揺れる意味・誤用

あいのて【合いの手】〔名〕

「入れる」ものと「打つ」ものは違う

以下の文章の□の部分に入る最も適した語をお考えいただきたい。

(1)合いの手を□
(2)相槌《あいづち》を□

答えは、(1)は「入れる」、(2)は「打つ」で、正解は「合いの手を入れる」「相槌を打つ」となる。

ところが、最近この「合いの手」と「相槌」とを混同して、「合いの手を打つ」「相槌を入れる」と言う人がいるらしい。辞書の中でも『デジタル大辞泉』(小学館)がそれぞれの項目の補注で、その混同が誤りであることを指摘している。また、私のパソコンのワープロソフトでも、「相槌を入れる」と入力すると、《「相槌を打つ／合いの手を入れる」の誤用》、「合いの手を打つ」と入力すると《「合いの手を入れる／相槌を打つ」の誤用》と親切に教えてくれる。

「合いの手」とは、元来は邦楽で歌と歌との間に楽器だけで演奏する部分のことで、やがて歌や音曲の間に挟む手拍子や掛け声のことをいい、さらには「合いの手を入れる」で相手の話などに合わせ、ちょっとしたことばやしぐさを差し挟むことをいうようになった。

また「相槌」は、刀鍛冶《かじ》などで、師が打つ間に弟子も槌《つち》を入れることで、互いに槌を打ち合わすことをいう。そこから転じて、「相槌を打つ」で他人の話に調子を合わせてうなずいたり、短いことばを差し挟んだりするという意味になったものである。

「アイノテ」「アイヅチ」と同じ「アイ」で始まる語なので似ていなくもないが、まったく別の語である。

「合いの手を打つ」の場合、「合いの手」は手拍子を打つこともいうので、それと混同しているということもあるのかもしれない。

ただ、インターネットで検索しても、まだ混同した用法がさほど多く見られない点は希望がもてる。今のうちに『大辞泉』のようにできるだけ丁寧に注意を喚起して、誤用を食い止める手立てを施すことが大事だと思われる。　揺れる意味・誤用

あおたがい【青田買い】〔名〕

「青田刈り」とは大違い

会社、事業所などが人材確保のために、卒業予定の学生の採用を早くから内定することを、皆さんは何と言っているであろうか。

「青田買い」？　それとも「青田刈り」？

似たようなことばだが、そもそもの意味はまったく違うのである。

「青田買い」は、「水稲の成熟前に、その田の収穫量を見越して先買いすること」であり、「青田刈り」は、「収穫を急ぐあまり、稲をまだ穂の出ないうちに刈り取ること」である（『日本国語大辞典〈日国〉』）。

つまり人材確保の場合は、ある程度その能力を見越して採用するということなので、卒業前の学生を実る前の稲に、その能力を収穫量にたとえた「青田買い」が正しく、穂が出ないうちに刈り取ってしまう「青田刈り」は誤りということになる。

ところが、２００４（平成16）年度の「国語に関する世論調査」では、本来の言い方である「青田買い」を使う人が29・1％、本来の言い方ではない「青田刈り」を使う人が34・2％という逆転した結果が出てしまった。ただし、文化庁は２０１４（平成26）年度にも同じ調査を行っているが、その際には、本来の言い方の「青田買い」を使う人の方が増えている。

『日国』にも、この調査よりも35年前の間違った用例が「青田刈り」に載っている。

「青田刈りが常識となり、ひやかし半分に受験要領を受け取りにいった会社に」

（黒井千次『時間』１９６９年）

ただ内心忸怩《じくじ》たるものがあるのだが、この例は特に注記もなしに、「青田買い」に同じ、としているのである。確かに用例は存在しているが、本来なかった意味の使用例であることは明らかなので、編集に関わったものとして、それなりの配慮が必要だったのではないかと今さらながら思うのである。

あかす【飽かす】〔動サ五（四）〕

暇に「まかせて」はいけない？

「ところで『暇にまかせる』って言い方をする？」

東京女子大学教授の篠崎晃一氏（社会言語学）と雑談をしていたときに突然こんな質問を受けた。

「『暇にあかして』とは言うけれど『暇にまかせて』は誤用なんじゃないですか。音も似ているし」

とっさにそう答えたのだが、氏は納得しない様子でこう言ったものである。

「そう思うのなら、『日本国語大辞典（日国）』の『まかせる』の用例を読んでみて」

ちょっと嫌な予感がしたのだが、『日国』の「まかせる（任）」を引いてみた。するとそこには宇野浩二の小説『苦の世界』（1918～1921年）の「ひまにまかせる」という用例があるではないか。一瞬、誤用例を採用してしまったのだろうかと背筋が寒くなった。

だが、篠崎氏の話だと「暇にまかせて」の例は宇野浩二だけではなく、夏目漱石をはじめ近代以降かなり広まっているのだそうである。したがって、「暇にまかせて」という言い方自体を誤用と断定するのは無理があるが、「まかせる」と「あかす」とでは意味がまったく違うので、同じ意味と考えるのならそれは間違いであり、むしろその方が問題なのだという。ところが、近年これらを同義に扱っている辞典が出始めているのだそうだ。

たとえば『大辞林』(三省堂)は「まかせる」の見出しで、「自分のもっている力や時間を十分に使う」という意味を設け、『明鏡国語辞典』(大修館)は「…に飽かして…する」と同義であるとして、ともに例文で「暇にまかせて」を載せている。

「まかせる」は元来、何かに依存してその行為をするという意味で、ほかのものの力によってという受動的な意味が強いのに対して、「あかす」は「金に飽かして」などとも言うように、有り余っているものをふんだんに使うという意味で、能動的な意味合いで用いられる。だから、「暇にまかせて」を「暇にあかして」と同じように、「暇」を十分利用してという意味にはできないはずである。『日国』の宇野浩二の用例も、一見正しそうだが、「まかせる」本来の「なりゆきにまかせる」という意味のところで引用されているので、意味と用例が合っていないことになる。以上が篠崎氏の説明であった。

近代以降「暇にまかせて」が増えてきているのであれば、国語辞典としてはそれなりの対応を検討しなければならないのだが、意味的な問題があるのだとすると、簡単に登録するわけにもいかないであろう。

またしても難しい宿題が出てしまった。

揺れる意味・誤用

あくどい　〔形〕〔文〕あくど・し〔ク〕

「悪どい」は誤変換

現在使用しているスマートフォンで「あくどい」と書こうとして、文字変換の候補に「悪どい」が出てきて驚いたことがある。

「潔い」を「いさぎ良い」だと思っている人がいるようだが（P39参照）、「あくどい」の場合は「あく」を「悪」だと思っている人がけっこういるということなのだろうか。

お手元に国語辞典があったら、「あくどい」を引いてみてほしい。「悪どい」などという表記は示されていないはずである。あったとしても、「悪どい」は誤り、あるいは俗な表記だと書かれていると思う。

「あくどい」の語源は、『日本国語大辞典』を見ると以下の諸説がある。

(1)クドイに接頭語アのついた語〔大言海〕。
(2)アクツヨイ（灰強）の略〔菊池俗言考〕。
(3)アクドイ（灰汁鋭）の意〔国語拾遺語原考＝久門正雄〕。
(4)アク（灰汁）クドイの約〔両京俚言考〕。

(1)の『大言海』（大槻文彦著の国語辞典。1932〜1937年）だけ異なるが、あとは「あく」は「灰汁」だと見ている。

「あくどい」は、ものごとが度を超えていて嫌な感じを受ける場合に用いる語で、それが色だったり、味だったり、やり方だったり、性格だったりするわけである。だとすると「あく」を「灰汁」（植物の中に含まれるえぐみや渋みの元になる成分）と考える語源説は妥当なものだと思われる。

ちなみに「あくどい」は接頭語「あ」＋「くどい」だという少数派の説の『大言海』は、語源の記述が多い辞書としても有名なのだが、「灰汁」を引くと、「アクドシのアクか」と言っている。これだと、「あ・くどし」が「あくどし」になり、それから「あく（灰汁）」という語が生まれたことになってしまう。

それはさておき、少なくとも「あく」は、「悪」ではないということだけは確かなのである。　揺れる意味・誤用

あげく【挙げ句・揚げ句】〔名〕

「……したあげく」結果は成功？　失敗？

「思いっきり陽気で派手で華やか好みの女の子が、猛勉強のあげくハーバード・ロウ・スクールに入学、弁護士をめざす」（中野翠「クロワッサン」2002年）

この文章を読んでどう感じただろうか。「あげく」という語の使い方に違和感を覚えた方が大勢いらっしゃるのではないだろうか。

「あげく」は「……したあげく（に）」の形で、結果として次のことが生じたということを強調した言い方で、従来よくない結果になる場合に言うことが多いとされてきた。実際、国語辞典の中でもそのような指摘をしているものも少なくない。そのため、この例文のような成功事例の場合はふさわしい使い方ではないと感じられるのであろう。だが、最近このような使い方がしばしば見られるようになってきているのである。

「あげく（挙げ句）」とは、もともとは連歌、連句の最後の七七の句のことで、それが「結局のところ」「その結果として」という意味に転じたものである。『日本国語大辞典（日国）』によれば、本来の「挙句」は「一巻の終わりの最後の句であるので、物静かで穏やかに、少し祝言の内容を含むのがよいとされる」とあり、この段階では好ましくない結果を予感させる要素は存在しない。

「あげく」が「結局のところ」の意味に転じるのは、『日国』によると連歌が最盛期となる室町期のようである。その意味での以後の用例は、程度の差はあるが好ましくない結果か、中立的な結果となる場合が多く、成功事例といえるものは見られない。つまり本来の「挙句」に込められていた祝言的な要素は、「あげく（に）」に転じるうちに、あまり時をおかず失われてしまったのかもしれない。

冒頭に引用した成功事例のような場合は、無理に「あげく」を使わず、「結果」や「すえ」を使った方が、すわりがよさそうだ。

揺れる意味・誤用

あごがおちる【顎が落ちる】〔連語〕

「あごが外れる」との混同は江戸時代から？

食べた物がとてもおいしかったときに使う表現に、「あごが落ちる」という言い方があることはご存じだと思う。「ほっぺたが落ちる」と同じ意味である。ところがこの言い方を「あごが外れる」と混同して、大笑いをするという意味で使うことがあるらしい。だがそれは誤りで、『大辞泉』（小学館）などもはっきりと間違いだと言い切っている。

もちろん私もそのことに対して異を唱えようなどという気は毛頭ない。ただ、ことはそれほど単純ではないという話をしたいだけなのである。

なぜかというと、まず「あごが落ちる」を大笑いするの意味で使った江戸時代の用例が存在するからである。『日本国語大辞典（日国）』に引用されている、

人情本・清談松の調〔1840〜1841〕二・一一回「可笑しいので顎《あご》が落ちさうだ」

という例がそれだ。人情本とは江戸後期から明治初期まで刊行された、町人の恋愛・人情の葛藤などを描いた小説をいう。この意味で使われた「あごが落ちる」の例は、『日国』を見る限りこの一例だけなので、作者が間違えているという可能性も否定はできない。だが、江戸時代にその意味で使っている人がいたという証拠のひとつにはなると思う。

また、『日国』の方言欄を見ると、江戸時代の方言集に、大笑いするという意味の「あごが落ちる」が記録されていたということがわかる。それが載っているのは柴田虎吉編著の『宮訛《みやなまり》言葉の掃溜《はきだめ》』（1821年）という尾張国の方言集である。

さらに話を混乱させるようで恐縮なのだが、『日国』の方言欄には、本来は大笑いするという意味であるはずの「あごが外れる」に、「たいそう味がよいことのたとえ」という意味も添えられている。典拠は近石泰秋編著『香川県方言辞典』（1976年）で、香川県では、おいしいことを「あごが外れる」と言う地域があるらしい。

このように見てくると「あごが落ちる」と「あごが外れる」の意味の混同は、限られた地域だけのことなのかもしれないが、かなり古い時代から存在していたと言えそうである。

揺れる意味・誤用

あじけない【味気ない】〔形〕〔文〕あじけな・し〔ク〕

昭和30年代までは「あじきない」が主流

ゆとりや味わいに乏しくて風情がないという意味の「味気ない」を、皆さんはどう読んでいるだろうか。「あじけない」に決まっているではないか、大方はそのようにお答えになるであろう。だが半世紀前までは、正しいとされた読みは「あじけない」ではなかったのである。

では何が正しいとされていたのかというと、「あじきない」であった。今でも年配の方の中にはそう読む方もいらっしゃるはずである。

「味気ない」は、文語「あぢきなし」から「あじきない」となり、さらに「あじけない」と変化した語で、「あじきない」の方が古い語である。「あぢきなし」の用例はすでに平安時代から見られ、昭和30年代まではその変化形である「あじきない」が主流であった。

なぜそのようなことがわかるのかというと、この「き」「け」問題は当時の国語審議会で再三取り上げられたからである。

たとえば第五期国語審議会（昭和34～36年）では、「威張る」を「いばる」と言うか、「えばる」と言うかという問題の中で、これは母音「イ」「エ」の音が互いに通い合う現象で、「イボ・エボ（疣）」「アジキナイ・アジケナイ（味気無い）」「イヤキ・イヤケ（厭気）」なども同様の例であるとしている。さらに、関東・東北をはじめ、「イ・エ」の音の区別をしない地方は諸所にあり、「エ」音は一般的に「なまり」と考えられていることから、「イ」音の「あじきない」を標準形とした。

わずか50年ほど前のことだが、現在の語感とはかなり違う気がする。現在では逆に「あじきない」を「なまり」と感じる人も多いのではないだろうか。

昭和30年代には「なまり」とされた「あじけない」だが、その後国語審議会の思惑通りにはならず、むしろこちらの方が主流になってしまったのだから面白い。このような傾向を無視することができなくなり、テレビ、ラジオなどでも現在は「あじけない」を第一の読み、「あじきない」を第二の読みとするようにしている。

揺れる読み方

あせる【焦る】〔動ラ五（四）〕

「焦る」の新しい意味

「焦る」は、辞書編集者泣かせのことばだと思う。

たとえば「転びそうになって焦った」とか、「取引先の部長の名前を呼び間違えそうで焦る」などと言うことはないであろうか。つまり、危険や失敗が間近に迫っているように感じて、冷や汗が出るほどひどく慌てる気持ちで「焦る」を使うかどうかということである。

実は、この「焦る」は従来なかった新しい意味なのである。そのため国語辞典では、この意味を載せていないもの、載せてはいるが俗な言い方としているものと、扱いがまちまちになっている。

「焦る」の本来の意味は、思い通りに事が運ばないので、急いでしようとして落ち着かなくなるとか、気がいらだつとかいったことである。たとえば、「残り時間あと1分と言われて焦る」「勝負を焦る」「気ばかり焦ってうまくできない」などといった使い方である。

新しい慌てるという意味の「焦る」がどれくらい一般的になっているのか、残念ながら詳しい調査がないのでわからないのだが、筆者の印象ではかなり広まっているような気がする。実際、筆者も親しい人には「コケそうになって焦った」などという言い方を使っていることがある。

用例主義の『日本国語大辞典』でも、第2版で中島梓の『にんげん動物園』（1981年）の「甘栗を買おうとして反射的に『あまつ……』と云いかけてあせることがある」（「天津《てんしん》甘栗」の「天津」を「あまつ」と言いかけたということ）という用例とともに、慌てるの意味が追加されている。この例が慌てるの意味の初出例ではないであろうが、すでに30年以上前から使われ始めていることは確かなのである。

しかし、だからといってどんな場所でも使ってよいということではない。辞書での扱いが異なるということは抵抗を感じる人も多いということでもあるので、俗語であると理解したうえで、使う場所に気をつけた方がよいと思う。　揺れる意味・誤用

あばよ〔感動〕

幼児語から生まれたあいさつ

犬を「わんわん」、歩くことや足を「あんよ」、寝ることを「ねんね」などと言うのを「幼児語」ということはご存じだと思う。これらは幼児とその養育者との間で使われることが多いことばである。だから子どもがある程度の年齢になればあまり使われなくなる。だが、「うんこ」「おしっこ」などは、小学生になっても特に男児には大人気のことばだ。従来小学生向けの辞典では、このようなことばは下品だから避けた方がいいという判断から、積極的には載せることはなかった。だが最近は日常生活で使われる語は辞典に載せるべきだという風潮が強くなり、多くの辞典が載せるようになっている。

このような幼児語が元になって生まれ、いまだによく使われる語がある。意外に思われるかもしれないが「あばよ」がそれである。ただし幼児語が語源となる語はあまり多くはないので、かなり特殊な例なのかもしれない。もちろんこの「あばよ」は、タレントの柳沢慎吾の決めゼリフであり、また、研ナオコの大ヒット曲のタイトルにもなった、人と別れるときに言い交わす「あばよ」である。

「あばよ」は、やはり別れのあいさつである「さらば」をまねた幼児語「あば」「あばあば」の「あば」に終助詞「よ」が付いたものだと考えられている。幼児語の「あば」は、古くは江戸時代の小説にも使用例が見られるのだが、明治初年にアメリカの宣教師で医師でもあったヘボンが編纂《へんさん》した『和英語林集成（再版）』（1872年）には、「Aba　アバ　子供と別れる時に用いられる。さようなら。あばあば。あばよ」と書かれている。

この「あば」から生まれた「あばよ」の方もやはり江戸時代には使われていて、髪結床に集まる江戸庶民の会話を中心に書かれた小説『浮世床』（1813〜1823年）の中でも、髪結床から帰る客が「ハイあばよ」と言っている。この客は子どもではないので、「あば」や「あばあば」とは異なり、「あばよ」は大人でも使っていたことがわかる。

現在では、幼児に対しても「あば」「あばあば」を使うことはほとんどないであろう。ただ、「あば」のバリエーションは方言に多いので、地域によってはまだそれらが残っている可能性はある。一方「あばよ」の方は、タレントの決めゼリフや曲のタイトルにもなるくらいで、「さようなら」のくだけた言い方として共通語化し、現在でもしっかりと生き延びている。

大和ことば・伝統的表現

あめもよう【雨模様】〔名〕

すっきりしないのは天候だけではない

皆さんは「外は雨模様だ」と言われると、どのような天気を思い描くであろうか。２０１０（平成22）年度の文化庁「国語に関する世論調査」では、「雨が降りそうな様子」の意味で使う人が43・3％、「小雨が降ったりやんだりしている様子」の意味で使う人が47・5％という結果が報告されている。

この語の本来の意味は、少数派の「雨が降りそうな様子」の方なのである。そのため、「雨の降る様子は誤用」としている国語辞典も少なくない。

だが、47・5％もいたという、「小雨が降ったりやんだりしている様子」の意味を選んだ人たちの存在をどう考えるべきなのであろうか。

　このような状況を踏まえて、私が辞書編集者として初めて本格的に編集を担当した『現代国語例解辞典』では、「雨が降ったりやんだりすることにもいう」という意味を、すでに１９８５年刊行の初版から載せている。

　さらに、これは私が担当した辞書ではないが、『大辞泉』（小学館）の「雨模様」の補説には、近年では「降ったりやんだり」どころか、「現に雨が降っている」意にも使われているという解説が載っている。

　このように、この語は使う人によって意味が揺れているため、ＮＨＫなどの放送、特に天気予報では使用を避ける語としているようだ。

　なお、この語は意味ばかりでなく読み方も「あめもよう」「あまもよう」の両用あって揺れている。ただしこちらは、どちらの読みでも誤用ということはなさそうである。

揺れる意味・誤用

あららげる【荒らげる】〔動ガ下一〕〔文〕あらら・ぐ〔動ガ下二〕

近松門左衛門も「声をあらげ」た

先日、NHKのドキュメンタリー番組を見ていたら、語り手の女優さんが「声をあらげた」と言ったので、一瞬アレっ？　と思った。だが、すぐにテレビ、ラジオでは「あららげる」「あらげる」の両形を認めていたことを思い出し、一応は納得した。

しかし、この「あららげる」「あらげる」は、放送はそうであっても（新聞もテレビ、ラジオと同じ）、国語辞典では辞典によって扱いがまちまちなのである。それを整理すると以下のようになる。

(1)「あららげる」のみ見出し語に挙げているもの

(2)「あららげる」「あらげる」の両形を見出し語に挙げ、「あらげる」を誤用とするもの

(3)「あららげる」「あらげる」の両形を見出し語に挙げ、「あらげる」を誤用とまでは言っていないが、近年の用法であるとしているもの

いずれにしても「あらげる」は、辞典の世界ではいまだに市民権を得られていない

といえそうである。

ただし「あららげる」が本来の形だとしても、言語学的には二つある「ら」のひとつが脱落して、「あらげる」となることは説明が可能である。

しかも「あららげる」「あらげる」ともに、江戸時代からそれぞれの使用例が見られる。たとえば新しい言い方とされる「あらげる」には、『日本国語大辞典』によれば、近松門左衛門作の浄瑠璃『山崎与次兵衛《やまざきよじべえ》寿《ねびき》の門松《かどまつ》』（1718年初演）の

「声あらけても泣顔はかべより外にもれにけり（＝声を荒くしても、泣き顔になっていることは壁の外でもわかるのだった）」

という例があることがわかる。

国語辞典の立場としては、テレビ、ラジオや新聞がそうしているからということではなく、しっかりとした根拠もあることなので、そろそろ「あらげる」の存在を認めてもよいのではないかと考えるのである。

揺れる意味・誤用

あわや〔副〕

「あわやホームラン」は正しいか?

最近はほとんど聞かなくなったが、以前はテレビやラジオの野球中継で、アナウンサーが「あわやホームラン!」などと叫んでいるのをよく耳にした。もちろんこの「あわや」は誤用なので、放送では意識して使わないようにしているのであろう。だが、インターネットで検索してみると、これに類する誤用例が数多く見つかる。「あわや」という語は、危険などが身近に差し迫っているさまを表す語で、「あわや自転車にぶつかるところであった」などのように「あわや……する」という言い方で使われることが一般的である。

この「あわや」は、古くは、何か事の起ころうとするときや驚いたときに発する感動詞であった。「ああまあ」とか、「ああっ」「あれっ」などといった意味合いである。たとえば、『日本国語大辞典』には平家一門の興亡を描いた『平家物語』の用例が引用されている。

「あやしのしづのを賤女《しづのめ》にいたるまで、あはや法皇のながされさせましますぞや

とて（＝卑しい男女にいたるまで、『ああ、（後白河）法皇様がお流されになるぞ』と言って）」（三・法皇被流）

この場合の「あはや」は「ああ」という驚きの感動詞である。このように、この語は追い詰められたり緊張したりした場面での驚きを表していたことから、現在一般に使われるような危うくの意味の副詞としての用法が生じたのである。

ところで、「あわや」には危機一髪のところで大事にいたらないですむというニュアンスもある。そのため、「あわやホームラン」は打者の側から見れば誤用だが、打たれた投手の側から見れば必ずしも間違いとは言えないということもある。このようなことから、NHKなどでは誤解を避けるために「あわや」を使わずに、「もう少しで」などと言うようにしているようだ。

しかし、「あわやホームラン」は「もう少しでホームラン」と置き換えることはできるが、「あわや自転車にぶつかるところであった」の「あわや」を「もう少しで」に置き換えると、ニュアンスが違って、危険度が低く感じられてしまう。

揺れる意味・誤用

いく【行く】〔動カ五（四）〕

「ゆく」より使用範囲が広い「いく」

最近の小学生向けの国語辞典は、すべての漢字に振り仮名を付けたもの（総ルビ）が主流になっている。なぜかというと、中部大学の深谷《ふかや》圭助《けいすけ》教授が開発した「辞書引き学習」を、小学校低学年から、場合によっては幼稚園児から始める子どもが増えており、それに対応するためである。

小学館の辞書編集部でもそうした動向を受けて、小学生向けの辞典類は新刊も改訂版も極力総ルビにするようにしている。漢字に振り仮名を付ける作業は、データさえあれば最近はソフトを使ってある程度自動でできるので、それほどたいへんではない。だがそうではあっても、最終的な判断はやはり人間がしなければならないものがけっこうある。特に読み方の揺れている漢字がやっかいだ。

たとえば、「行く」。「いく」と読むか、「ゆく」と読むかといった問題である。話しことばとしてはどちらでもよいのだが、ひとつに決めて活字にして示すというときはけっこう悩むことが多い。

「いく」「ゆく」はともに上代から用いられていて、ほとんど意味は同じである。

明治以降では、国定読本（国定教科書）が「いく」の方を基準としたが、現在の「改定常用漢字表」の音訓では「いく」と「ゆく」のどちらも認められている。

ただ、「ゆく」に比べて「いく」の方が話しことば的な感じをもっているようで、「過ぎ行く」「暮れ行く」など、文章語的な語の場合には「いく」と言わずに「ゆく」と読むのがふつうである。また、促音便形になった場合は、「ゆく」は用いられず、「いく」を用いて「いって」「いった」となるなど、「いく」の方が使用範囲が広い。

そのようなことを考え合わせて、編集部の方針としては、単独で「行く」とあるような場合は「いく」で統一することにしている。

揺れる読み方

いさぎよい【潔い】〔形〕〔文〕いさぎよ・し〔ク〕

「潔《いさぎよ》い」は「いさぎ良い」ではない

「純潔」「潔白」などの「潔」は、訓読みをすると「いさぎよい」である。送り仮名は「潔い」で「潔よい」ではない。ところが、この「いさぎよい」の「よい」を「良い」と考えて、「潔よい」と送り仮名を付けたり、「いさぎ良い」だと思ったりしている人がかなり増えているようなのである。

「いさぎよい」は語源のはっきりしない語なのだが、「いさ・きよい」なのではないかという説が有力である。『日本国語大辞典』に掲載された語源説を見ると、「いさ」は「いた（甚）」「いさみ（勇）」「いや（弥）」などと諸説あるようだ。一方、「きよし」の方は「清し」でほぼ一致している。「いさ」は諸説あるものの、「いた（甚）」「いさみ（勇）」「いや（弥）」ともに強調する意味をもった語と考えてよいであろう。原義はとても清らかであるということになろうか。「いさぎ（いさき）・よい」などと考える説はひとつも存在しない。

にもかかわらず、「よい」で切れて、これを「良い」だと思っている人がかなり増えているのである。この誤解から、「身の引き方がいさぎ（が）いい」のように「いさぎ（が）いい」という言い方が生まれた。しかもそれだけではなく、「いい（良）」のようだから、反対の「悪い」もあるだろうと、「身の引き方がいさぎ（が）悪い」のように「いさぎ（が）悪い」という言い方まで生まれてしまったのである。

インターネットで検索すると、この誤用がかなりヒットする。このままでは、何で辞書に「いさぎ」という語が載っていないのかと、編集部に文句を言ってくる人まで出てくるかもしれない。

間違ったことば遣いであっても、大勢の人が使うようになればそれもスタンダードになってしまうことは、多くの事例が示している。ことばとはそれほどか弱い（はかない？）ものなのだ。たとえば、同じ形容詞の「とんでもない」は一語であり、「とんでも」を「ない」と切り離して使うことはない。ましてや「とんでも」が「無い」という意味では決してない。にもかかわらず、「とんでもあり（ござい）ません」という誤用から生まれた言い方が慣用になってしまっている。

「潔い」がそうならないためにも、「いさぎよい」と言うときは、心の中で「いさ・ぎよい」で切れるんだと意識する必要があるのかもしれない。揺れる意味・誤用

いそん【依存】〔名〕《「いぞん」とも》

「存」の読みは辞書編集者泣かせ

「脱原発依存」などと言うときの「依存」だが、皆さんは何と読んでいるだろうか。

「いそん」？　「いぞん」？

ＮＨＫのアナウンサーはほぼ間違いなく「いそん」と言っていると思われる。とい

うのはNHKでは「いそん」を第一の読みとしているからだ。だが、一般には「いぞん」の方が浸透しているのではないだろうか。

実は、「いそん」「いぞん」、どちらを使っても間違いではないのである。ナーンだ、それならわざわざここで取り上げる必要はないではないか、とお思いになった方も大勢いらっしゃるであろう。だが、「存」という漢字には「そん」と「ぞん」の二つの音があるため、その熟語は辞典では扱いがちょっとやっかいな語なのである。

厳密に言えば「そん」は漢音、「ぞん」は呉音なのだが、字音による意味の違いはないといってよい。そのため「そん」と読むか「ぞん」と読むかは熟語によっても違うのである。一応の目安としてそれぞれの字音で読まれる熟語を次に示した。

「そん」と読むもの…存続、存廃、存亡、既存

「ぞん」と読むもの…存念、存命、生存、実存

「そん」「ぞん」どちらでもあるもの…共存、現存、残存

いかがであろうか。この語の読み方は自分とは違うと思った方も多いのではないだろうか。

たとえば、「そん」と読むとされる「既存」などは、「きぞん」派も多いと思う。「そん」「ぞん」どちらでもあるとした熟語も、「きょうぞん」「げんぞん」「ざんぞん」と、「ぞん」の方が優勢かもしれない。

辞書の見出しの読みを決める場合、伝統的な読み方を優先すべきか、読者が引きやすい優勢な読みを第一にすべきかいつも悩むのだが、「存」の付く熟語は語によって読みがかなり揺れているので、辞典編集者泣かせの語なのである。　揺れる読み方

いたいけない【幼気ない】〔形〕

「いたいけ」が〝無い〟こと?

幼い子どものかわいらしいさまや、そのような言動を表すとき、「いたいけ」と言ったり「いたいけない」と言ったりする。どちらも同じ意味で使われているのに、なぜ「いたいけない」には「ない」が付いているのか?

実はこの「ない」は接尾語で、その意味を強調し、形容詞化する働きをもつ。したがって、「無い」という意味ではない。「切《せつ》ない」「はしたない」などの「ない」も同様である。

「いたいけ」は漢字で書くと「幼気」だが、「いた（痛）いけ（気）」の意味で、かわいらしさが痛いほど強く心に感じられる様子であるところからと言われている。

それがなぜ「いたいけない」になったのかというと、似た意味の語に「いとけない」があり、それとの混同で「いたいけない」が生まれたと推定されている。

その混同が行われたのは比較的最近のことなのか、「いたいけ」には中世頃からの使用例が多数見つかっているのだが、「いたいけない」の用例は『日本国語大辞典』にも登録されていない。

現時点で私が確認できた古い例は、プロレタリア作家黒島伝治の『武装せる市街』(1930年)の

「どうしても工場になくてはならない熟練工や、いたいけない、七ツか八ツの少年工や少女工までが」

という例のみである。

さらに古い例もきっとあるに違いない。

いちだんらく【一段落】〔名〕

「一」の読みは「いち」「ひと」どっち?

日本語にはどっちを使うのが正しいのだろうかと迷うことばがけっこうある。私にとっては、この「一段落」もそのようなことばで、人と話をしていて、「いちだんらく」「ひとだんらく」どっちが正しかったんだっけ、といつも迷ってしまう。

「一段落」は元来は文章のひとつの段落のことで、それが物事のひと区切りの意味になったことばである。正しい読みは「いちだんらく」なのだが、話しことばなどで「ひとだんらく」と言ってしまう人が私も含めて次第に増えている。

そのため一般の国語辞典では、

「ひとだんらく」と読まれることも多いが「いちだんらく」が正しい。(『現代国語例解辞典』小学館)

などとわざわざ注記しているものが多い。

ただ、こうした中にあって『明鏡国語辞典』(大修館書店)だけは、初版で「いちだんらく」の同義語として「ひとだんらく」も載せて、その読みを認めていた。だが、第2版(2010年)では同義語扱いはやめて、

「ひと段落」も増えているが、「いち段落」が本来。

というほかの辞典とほとんど同じ扱いに変えてしまった。いったい何があったのだろうか。

ところで、なぜ「ひとだんらく」という読みが増えてきたのだろうか。理由として

考えられるのは、「一安心」「一苦労」など「ひと＋漢語」の語がけっこうあること、類義の「一区切り」が「ひとくぎり」と読まれることなどである。

だが、依然として新聞、テレビ、ラジオでも「ひとだんらく」は認めていないので、新聞記事やニュース番組などでそう使ったら、やはり間違いだと言わざるを得ないのである。

揺れる読み方

いっしょうけんめい【一生懸命】〔名・形動〕

なぜ「一所」は「一生」に変化したのか？

「一生懸命働く」などというときの「一生懸命」は、もともとは「一所懸命」だったということをご存じの方は大勢いらっしゃることであろう。

どういうことか念のために説明しておくと、「一所懸命」とは、「中世、生活の頼みとして、命をかけて所領を守ろうとすること」（『日本国語大辞典』）を言ったことばである。「一所」とは、もちろん「ひとつの場所」という意味で、武士が一箇所の所領を命にかけて守ろうとしたのが原義である。これが近世になると、所領に関する観念が次第に変化し、それに伴って「一所懸命」も「所領を守る」という意味が薄れ、「命がけ」「必死」という意味だけが残っていく。そして「一所」も音の似た「一生」へと変化していく。なぜ「一生」なのかというと、「一生」という語もまた、江戸時代に「生まれてから死ぬまで」という意味から、「生涯に一度しかないようなこと」という意味に変化していったからであり、さらに「一所」よりも、音の似ている「一生」の方が、江戸庶民になじみのあることばだったからだと思われる。

この変化は現在まで続き、今では「一所懸命」より「一生懸命」を使う人の方が圧倒的に多いであろう。このような事情から新聞などでは「一生懸命」と表記するようにしている。

では、辞典での扱いはどうかというと、ほとんどは、「一所懸命」「一生懸命」のどちらも見出しを立てているが、「一所懸命」には本来の「命をかけて所領を守る」という意味を載せ、「命がけでことに当たること」という現在使われる意味の場合は、「一生懸命」を本項目としているものが多い。だが、中には「一生懸命」も見出し語として立てているのだが、原義も命がけの意味も「一所懸命」を本項目としているものも存在する。それは『広辞苑』と『岩波国語辞典』で、ともに同じ出版社の辞典であるところが面白い。

「一所懸命」「一生懸命」どちらを使っても間違いではないのだが、辞典では現状容認派と守旧派があって、使用者の好みが分かれるところであろう。

ういまご【初孫】〔名〕

「はつまご」と読むと教養がないって、本当？

漢字の「初」は、「はつ」とも「うい」とも読む。「初詣」は「はつ」、「初陣」は「うい」である。どちらも、「最初の」という意味で使われる。あえて違いを述べるなら、「はつ」の場合は、その年、初めてのという意で用いられることが多いという点だろうか。もちろん「初耳」のように例外もあるのだが。いずれにしても、「初詣」「初雪」「初陣」「初々しい」などは、「うい」なのか「はつ」なのか迷うことはほとんどないと思われる。

ところが「初孫」だけは、「うい」なのか「はつ」なのか、どうもハッキリしないのである。辞書などでは「ういまご」を伝統的な読み方としているものもあり、実際『日本国語大辞典』を見ても、「ういまご」の用例の方がやや古い。そのためか、「はつまご」と読むと教養がないと決めつける人もいるようだ。

だが、そのような人に出会うと、以下のような例を見せたくなる。藤原道長・頼通父子の栄華を中心に描いた平安時代の歴史物語『栄花物語』の用例である。

「東宮の生れ給へりしを、殿の御前の御はつむまごにて」

「東宮」は皇太子、「殿の御前」は道長のこと。「うい」ではなく「はつむまご」の例がすでに平安時代にもあったのである。「むまご」は「うまご」とも書き、この語が変化して「まご（孫）」になった。

テレビやラジオではどちらの読みも認めているが、それが妥当な扱いだと思う。

揺れる読み方

うえをしたへ【上を下へ】〔連語〕

「を」か「や」かで上下が揺れる

「上○下への大騒ぎ」

この成語の○の部分に入る仮名一字が「を」か「や」かで揺れているらしい。本来の言い方は「上を下へ」で「を」である。

２００６（平成18）年度の文化庁「国語に関する世論調査」では、本来の言い方である「上や下への大騒ぎ」を使う人が21・３％、従来なかった言い方「上を下への大騒ぎ」を使う人が58・８％と、逆転した結果が出ている。

しかも本来の言い方ではない「上や下への大騒ぎ」を使うという人の割合は年齢が高くなるとともに増えていき、30代以上で５割を超え、60歳以上では何と６割台半ばに達するのである。

なぜこのようなことになったのか。おそらく、この語を日常語として使うことが減っているからではないだろうか。確かにふつうに聞くことばではなくなっている。だが、年代が上になるにつれ従来なかった言い方をするという人が増えるという結果は、意外であるし、気になって仕方がない。

「上を下へ」というのは、元来は、上のものを下にし、下のものを上にするという意味の「上を下へ返す」から生まれた言い方である。そこから、入り乱れて混乱するさまという意味が派生する。

もともとの「上を下へ返す」の用例も古くからあり、たとえば、１１５６（保元《ほうげん》元）年に起こった保元の乱の顛末《てんまつ》を描いた『保元物語』や、鎌倉末から南北朝時代を描いた『太平記』などの軍記物語によく見られる。一方、「上を下へ」の用例はそれよりもやや新しい。

「上を下へ」は「上を下へ返す」が原形だと覚えていれば、「を」を「や」と間違えることはないかもしれない。

蛇足ではあるが、私はこのことばを手塚治虫の『上を下へのジレッタ』という漫画のタイトルで覚えた。手塚漫画は私にとって日本語の教科書のひとつだったのである。

揺れる意味・誤用

うがつ【穿つ】〔動タ五（四）〕

「うがった見方」はプラス評価かマイナス評価か？

人と話をしているときに自分の意見を述べようとして、「うがった見方をすると」などと切り出すことはないだろうか。あるいは、相手の意見に対して、「それは少しうがちすぎた見方だね」などと言うことはないであろうか。

だが、このような言い方は「うがった見方をする」の本来の意味によった使い方ではない。では何が本来の意味かというと、「物事の本質をうまく的確に言い表す」（『大辞泉』）ということなのである。

ところが、文化庁が発表した2011（平成23）年度の「国語に関する世論調査」では、本来の意味で使う人が26・4％、従来なかった意味「疑って掛かるような見方をする」で使う人が48・2％という逆転した結果が出てしまったのである。

この逆転現象の背景には、「うがった」ということば自体を知らない人が増えているということがあるのかもしれない。

「うがった」は「うがつ」という動詞で、漢字を当てれば「穿つ」である。そもそもこの漢字自体、けっこう難読語だと思う。「雨だれ（点滴）石をうがつ」の「うがつ」であると言えば、ああそうだったのかとお思いになる方もいらっしゃるであろう。

「うがつ」は穴を開けるというのが本来の意味であるが、それが転じて、人情の機微に巧みに触れる、物事の本質をうまく的確に言い表すという意味になったのである。

つまり、「うがった見方」はプラス評価として使われる語であり、相手の意見をプラスに評価して「うがった見方だね」などと言うのは正しいが、自分の意見を述べたり相手の意見を批判したりするときに使うのは本来的な言い方ではないことになる。

しかし、原則はそうなのだが、文化庁の調査にもあるように「疑って掛かるような見方をする」の意味だと思っている人が増えているため、少数派ではあるが、新しい意味を認めている国語辞典も出始めている。中でも保守派と目されている『岩波国語辞典』が「うがちすぎの見方」という言い方を認めているのは興味深い。

この「うがつ」もまた、辞書編集者を悩ませることばなのである。

揺れる意味・誤用

うきあしだつ【浮き足立つ】〔動タ五（四）〕

今までほとんどノーマークだった誤用

ちょっと前の話だが、週刊誌を読んでいて、こんな記事に出合ったことがある。タイトルは「NHK有働《うどう》アナ『浮き足立つ』を誤用して神妙にお詫びした瞬間」というもの。

その放送自体は見ていないのだが、記事を読むと、NHK（当時）の有働由美子アナウンサーが司会を務める情報番組「あさイチ」の放送で、「浮き足立った話」を視聴者からファクスで募集したのだという。

それはそれで別に問題はないのだが、「クライマックスシリーズで中日3連勝、中日ファンの私はまさに浮き足立っていました」とのファクスが届くなど、〝ウキウキして落ち着かない〟エピソードが次々と紹介されたのだそうだ。

ところが、視聴者からの一枚のファクスで有働アナウンサーが「『浮き足立つ、の正しい意味は、恐れや不安を感じて逃げ腰になる、落ち着きがなくなるという意味なんですよ』……私のマイ辞書にも、そのように書いてあります」と訂正とお詫びをしたのだという。

女子アナの日本語力のひどさが取りざたされることも多いが、別にここで有働アナウンサーの日本語力を問題にしようという意図があるわけではない。

では何かというと、この「浮き足立つ」の誤用が広まっているということに注目したいのである。有働アナウンサーだけではなく、番組スタッフも、〝ウキウキした〟内容のエピソードをファクスで送った視聴者も、何の疑問ももたずに間違った意味で使っていたという点に辞書編集者として興味がある。これほどまでに誤用が広まっている語だとは思わず、今までほとんどノーマークだったからだ。

そんな目で実際にウキウキ気分の「浮き足立つ」を探してみると、ちゃんと（？）あるではないか。

国立国語研究所の「現代日本語書き言葉均衡コーパス」から見つけたのだが、

「たぶん、直前になってキャンセルが出たのだろう。ＪＲの切符を入手した私は、『北斗星に乗れる！』と浮き足立っていたのだが、そんなに甘くはなかった」（柳原秀基著『システム管理者の眠れない夜』技術評論社）

という使用例である。

ウキウキ気分を表す類似の語に「浮き立つ」があるのでそれとの混同かもしれないが、〝要経過観察〟の語がまたひとつ増えてしまった。 揺れる意味・誤用

うだつ【梲・卯建つ】〔名〕

語源は防火壁か、棟木を受ける柱か?

日本語の中には、語源はいったい何なのかと気になりだすと、どうしようもなくなることばがけっこうある。たとえば私の場合、「うだつが上がらない」の「うだつ」がそのようなことばのひとつである。この「うだつ」のことは、一応わかったつもりでいた。だが最近になって、決して新しい説ではないのだが、判断に迷うような説を見つけてしまって、心が揺れ動いているのである。

一応、納得していたというのは、徳島県美馬《みま》市のことを知ったからである。関西方面で街道筋の古い街並みを歩くと、主に連接している家屋の境目に、屋根よりも一段高くこしらえた壁のようなものが造られているのを見かけることがある。これが漢字

の「卯《う》」の字に似ているところから、「うだち」「うだつ」と呼ばれているらしい。美馬市にはこの「うだつ」が江戸時代のままの姿で保存されているという。この壁は隣家に火が燃え広がらないようにするための防護壁なのだそうだ。

この防火壁の「うだつ」が「うだつが上がらない」の語源だと考えられていて、徳島県観光協会のサイトでも次のように説明されている。

「『うだつ』とは（略）これを造るには相当の費用がかかったため、裕福な家しか設けることができませんでした。すなわち『うだつが上がる』ということは富の象徴であり……」

関東で生まれ育った私にとっては、防火壁の「うだつ」はなじみのないものであったため、「うだつが上がらない」の「うだつ」がこれだと言われても、そんなものかと思うほかはなかった。美馬市のものではないが、初めて関西地方で防火壁の「うだつ」を見たときに、「これを造るには相当な費用がかかった」という割には、想像していたよりも小さいなとは思ったのだが。

しかし、最近になってこの防火壁の「うだつ」ではなく、ほかに「うだつ」と呼ばれるものがあって、それこそが「うだつが上がらない」の語源ではないかと言われていることを知ったのである。

その「うだつ」とは、建物の妻（切妻《きりづま》などの屋根の側面の、三角形の壁面）にある梁《はり》

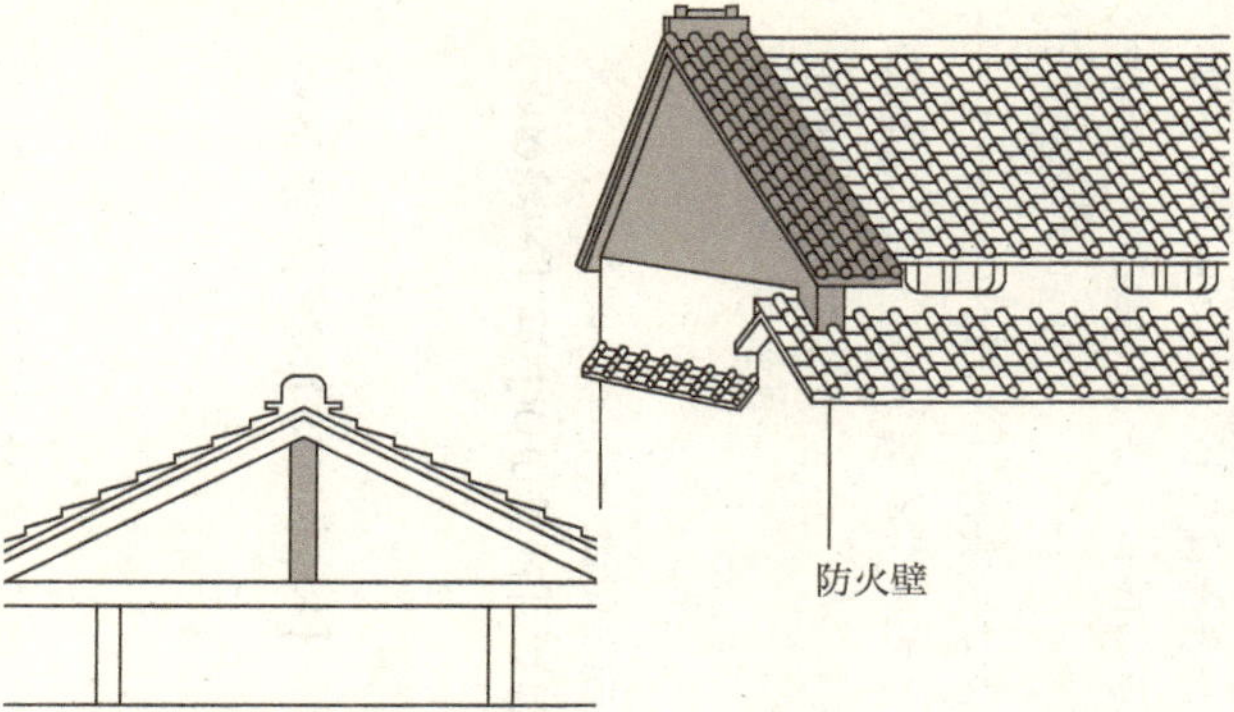

屋根の側面の棟木を受ける短い柱

出典:『大辞泉』(小学館)より転載

(柱の上にはり渡し、屋根を支えるための横木)の上に立て、棟木《むなぎ》を受ける短い柱のことである。

なぜこれが「うだつが上がらない」の語源になるのかというと、家を建てるとき、柱・梁などを組み立て、その上に屋根の背に当たる棟木を上げることを「棟《むね》上《あ》げ」と言うのだが、この「うだつ」がないと棟木が上げられないため、大工ことばで「うだつが上がる」を棟上げをするという意で用い、それが転じて志を得る意となったというのである(『上方語源辞典』前田勇、1965年)。

これはこれでけっこう説得力のある説のような気がするのだが、皆さんはいかがであろうか。もちろん一方の説が間違っているということはないのだが、私はこの「柱」説に傾きかけている。

うろおぼえ【うろ覚え】〔名・形動〕

「うる覚え」は「うろ覚え」したせい?

次の二つの言い方のどちらが正しいかを選ぶ問題があったとき、迷わず即答できるだろうか。

(1)うろ覚えの漢字
(2)うる覚えの漢字

最近、(2)の「うる覚え」と思っている人が増えているらしく、インターネットで検索しても「うる覚え」と書かれたものがかなりヒットする。だが、もちろん正しくは「うろ覚え」である。

この「うる覚え」も、ことばの読みを曖昧に覚えていた結果生じた誤用であると思われる。つまりこのことばそのものが「うろ覚え」だったわけだ。

『日本国語大辞典（日国）』によれば、「うろ覚え」の『うろ』は『おろ』の変化した語で、いささか、不十分な、確かでない、の意」だという。

では「おろ」とは何かというと、『日国』には、

「『おろそか』などと同源の語であり、愚鈍の意の『おろか』とも関係があろうと推定される。『観智院本名義抄』で『少』の文字に『オロカナリ』の訓があり、『名語記』には『すこしきの事をおろといへる如何』とある。『おろおろ』と副詞形もつくる。（『おろ』の語誌）」

とある。

『名義抄《みょうぎしょう》』とは、『類聚名義抄《るいじゅみょうぎしょう》』とも言い、平安末期の漢和辞書である。『観智院《かんちいん》本名義抄』はその『名義抄（類聚名義抄）』の増補本で国宝である。『名語記《みょうごき》』の方は鎌倉時代の語源辞書である。

『日国』を見ると、「おろ覚え」「うろ覚え」とも用例は江戸時代以降のものばかりである。どちらにも井原西鶴の用例が引用されているところから見ると（「うろ覚え」は俳諧『西鶴大矢数《さいかくおおやかず》』、「おろ覚え」は浮世草子『好色二代男（諸艶大鑑《しょえんおおかがみ》）』）、江戸時代には両方とも使われていたものと思われる。後に「うろ覚え」が優勢となるのだが、それが将来は「うる覚え」が優勢になってしまうというのだろうか。

揺れる読み方

える【得る】〔動ア下一〕〔文〕う〔ア下二〕

いくらなんでも「ありうります」はない

「得る」は、「える」と読んだり「うる」と読んだりするが、どちらが望ましい読みなのだろうかという質問を受けた。

結論から言うと、どちらでも間違いではないのだが、「える」の方が現代語的で、「うる」の方が古語的だとは言えると思う。ただ、個別に見ていくとどちらか一方を使った方がすわりがいいという場合もありそうだ。

たとえば「利益を得る」「承認を得る」「病を得る」などは、「える」の方がふつうで、「うる」と読むと違和感を覚える人も多いかもしれない。

だが、「得るところが多い」「上司の承認を得る必要がある」などやや改まった表現の場合は、「うる」の方がすわりがいいと考える人が多いのではないだろうか。

さらに、動詞の連用形に付いて、「できうるかぎりの努力」「交渉の時間切れもありうる」などのように、…することができる、可能である、の意を表す場合も「うる」が多く使われる。

文法的な話で恐縮なのだが、「うる」は、もともとは文語の下二段活用の動詞「う（得）」の連体形であった。通常、文語の二段活用の動詞は、口語に変化する際に一段活用化するのだが、なぜかこの語はそうならなかった。

文語のときは「え（未然形）／え（連用形）／う（終止形）／うる（連体形）／うれ（已然形）／えよ（命令形）」と、「う」と「え」の二段活用をし、口語へと変化する際にも「え（未然形）／え（連用形）／うる（終止形）／うる（連体形）／うれ（仮定形）／えよ（命令形）」と、「う」と「え」の二段活用をしたのである。つまり、一段活用化すれば「える」「えれ」に変化すべき終止形・連体形、仮定形が、「うる」「うれ」と二段活用化したため、一段活用化した場合の「える」「えれ」と両形が併存することになってしまったのである。

ただ、「うる」の方が優勢だとして挙げたやや改まった表現の例文も、いや自分は「える」と言っているとおっしゃる方も多いであろう。そう、将来的には「うる」が消滅して「える」に統一され、一段活用化してしまう可能性も高いのである。

なお蛇足ながら、昔ラジオの野球中継で高名な解説者が「スクイズもありうりますね」と言うのを聞いてのけぞったことがある。いくら古語の二段活用が残存している特殊な動詞だとはいっても、もちろんそんな活用形は存在しない。

揺れる読み方

おかあさん【お母さん】〔名〕

教科書に採用されて広まった

母親の呼称は「母（はは）」が古く、『万葉集』などにもその例が見られる。ただ、時代はやや下るが、12世紀頃から「ハハ」ではなく「ハワ」という表記も見られることから、「ハワ」と言っていた時代もあったと考えられている。

これに対して「おかあさん」はかなり新しい。『日本国語大辞典』によれば、近世に生まれた日常語で、「オカカサマ→オカアサマ（またはオカカサン）→オカアサン」と変化してできたのだという。最初の「オカカサマ」の「カカ」は時代劇などでもよく聞かれるが、文献での使用例は16世紀後半までさかのぼれる。ちょうど豊臣秀吉の時代に当たる。ただ、なぜ母親のことを「カカ」と言うかはよくわかっていない。女房詞《にょうぼうことば》（室町初期頃から、宮中に仕える女房が用いた一種の隠語）に母親をいう「か文字」という語があることから、やはり母親をいう「かみさま（上様）」と何らかの関連があるのではないかと考えている人もいる。

「おかあさん」は江戸時代後期に上方で使われるようになった語のようで、その辺の事情は『守貞漫稿《もりさだまんこう》』（１８３７～１８５３年）というその当時に書かれた随筆がわかりやすく伝えている。

「京坂ともに男女児より父を称して中以上は御爺様（おとっさん）母を呼で御かあさんと云、小民（＝庶民）の子は『ととさん』『かかさん』と云」

一方、江戸では「おかあさん」はあまり広まらず、時代が明治に変わり20世紀になる頃からようやく良家の子女の間で使われるようになったのだという。それまではどう呼んでいたのかというと、やはり『守貞漫稿』に「おっかさん」、あるいは小民（＝庶民）の子は「おっかあ」と呼んでいたとある。

「おかあさん」が急激に広まったのは１９０３（明治36）年の第一期国定読本『尋常小学読本―二』に書かれた、

「タロー　ハ、イマ、アサ　ノ　アイサツ　ヲ　シテヰマス。（略）オカアサン
オハヤウゴザイマス」

による。『読本』とは、第二次世界大戦前まで小学校の国語の授業で主に使われた教科書のことをいう。現在の検定教科書とは違い、当時はすべての小学生がこの教科書で学習した。

教科書に採用されたことが契機となり、「おかあさん」は以後急速に普及し、母親の呼称の標準語形として定着していくのである。

大和ことば・伝統的表現

おき【置き】〔接尾〕

1時間「おき」に飲む薬は、いつ飲むか？

「3日おき」などと使う「〜おき」だが、実際にどれだけの間隔なのかすぐにはわかりにくい語かもしれない。似たような語に「2年ぶり」などの「ぶり」もある。「おき」は、「ぶり」とは違って、時間だけでなく距離や数量を示す語とともに使われることもある。たとえば「1メートルおきに地面に棒を立てる」とか、「1段おきに階段を駆け上がる」とかいうような文章である。この場合、ものとものとの間（前述の例では棒や段）に1メートルや1段という間隔を挟むことになるので誤解は少ないかもしれない。

ところが、時間の場合はどうであろうか。たとえば、「8時から1時間おきに薬を飲む」といった場合、次に薬を飲むのは何時かというと、二通りの理解があり得るのである。つまり、8時から1時間挟んで次は9時に飲むという理解と、8時の後に9時を挟んで10時に飲むという理解である。皆さんはどちらであろうか。

実はこのような場合、どちらが正解かにわかに決めがたいのである。というのは、これが「1時間」ではなく「1日」だったらどうであろうか。「7月1日から1日おきに出かける」といった場合、毎日出かけるという人はいないであろう。間に出かけない日を1日おいて、3日、5日……と出かけるのではないか。これと同じだとすれば、「8時から1時間おき」は9時ではなく10時のように思える。

だが、私の周辺の人に聞いてみると、9時と答える人の方が多かった。1時間をある時刻ではなく、時の長さを表していると考える人の方が多いのかもしれない。

このように、「おき」は時間を表す語との組み合わせによって理解が異なるという、不思議な語なのである。そのようなわけで、短い時間の場合は誤解を避けるために「○時間ごとに」などといった表現にするといった配慮も必要なのかもしれない。

通常の国語辞典では、「おき」の解説は、数量を表す語についてそれだけの間隔をおいて規則的に繰り返される、とだけ説明しているものが多く、実際の使い方にまで言及しているものは皆無である。より親切な辞書を目指すのであれば、この「おき」の解説の仕方もさらに研究が必要と思われる。

揺れる意味・誤用

おざなり【御座形】〔名・形動〕

「なおざり」とはどう違う?

「おざなり」と「なおざり」の違いがわからないのだが、どう区別すればいいのだろうかという質問を受けた。

この二つのことばの関係は、確かに不思議だ。順序が違うだけで、どちらも「お」と「ざ」と「な」と「り」という同じ四つの文字で成り立っているではないか。まるでアナグラムである。なんとも紛らわしい。

漢字で書くと、「おざなり」は「御座形」、「なおざり」は「等閑」となる。おそらくどちらも当て字であろう。「なおざり」の方の「等閑」は「とうかん」と読むと、「なおざり」とほとんど同じ意味の漢語となる。

「おざなり」はふつう、「いいかげんに物事をすること。その場のがれで誠意のないさま。まにあわせ」という意味とされる。「なおざり」は、「深く心にとめないさま。本気でないさま。いいかげん。通りいっぺん。かりそめ」などと説明される(『日本国語大辞典』)。

これらの語釈からもわかるように、この二語は「いいかげん」という点で共通しているのだが、何かを行うとき「おざなり」は、その場のがれであまり真剣には取り組まないという意味を表すのに対して、「なおざり」はその物事にあまり注意を払わないという意味が強いように思われる。

「おざなり」には江戸時代のものだが、こんな用例がわかりやすいのではないか。

「お座なりに芸子調子を合はせてる」（雑俳『柳多留―五八編』1811年）

芸者が酔客の歌に「ああ、こりゃこりゃ」などと、まったく心がこもらず適当に合いの手を入れているのであろう。

「なおざり」には、このようなわかりやすい用例はあまりないのだが、たとえば、「どうも児供《こども》の時教育を等閑《なおざり》にしたものには困る事が多いもので」（『地獄の花』永井荷風、1902年）のように使われる。教育を十分にしなかったという意味である。

要するに、「子どものしつけをおざなりにする」「子どものしつけをなおざりにする」はともに言えるのだが、意味が異なるのである。「しつけをおざなりにする」は、熱心ではないながらも、何らかのしつけはすることであり、「しつけをなおざりにする」は、しつけをすることをほったらかしにしてしないという意味になる。だから、「おざなりのしつけをする」とは言えても、「なおざりのしつけをする」とは言えないのである。

ちょっと乱暴かもしれないが、「おざなり」＝なげやり、「なおざり」＝ほったらかし、ということになろうか。

おしもおされもせぬ【押しも押されもせぬ】〔連語〕

揺れる意味・誤用

「押されぬ」が誤用でなくなる日は近い？

実力があって、他人に左右されたり圧倒されたりしないということを、皆さんは「押しも押されもせぬ」、あるいは「押しも押されぬ」のどちらを使っているだろうか。

もちろん本来の言い方は、「押しも押されもせぬ」である。だからパソコンのワープロソフトで「押しも押されぬ」と入力すると、下に注意を喚起する波線が付くものまである。

だが、「押しも押されぬ」はじわじわと広まりつつあるようなのだ。

文化庁もこの変化が気になるらしく、毎年行っている「国語に関する世論調査」でも、２００３（平成15）年度と２０１２（平成24）年度の２回にわたって調査を行っている。２００３年度調査では「押しも押されもせぬ」が36・9％、「押しも押されぬ」が51・4％だったのに対して、２０１２年度調査では「押しも押されもせぬ」が41・5％、「押しも押されぬ」が48・3％と、数値に若干の違いはあるものの、従来なかった「押しも押されぬ」の方が多数派であることには変わりがない。しかも２０１２年調査では、本来の言い方の「押しも押されもせぬ」を使うという人の割合が多いのは60歳代だけで、20歳代から50歳代までは、「押しも押されぬ」が5割を超えている。特に30歳代は、「押しも押されもせぬ」が30・6％、「押しも押されぬ」が58・1％とその差が顕著である。

本来の言い方の「押しも押されもせぬ」の例は、江戸時代から見られる。これに対して、「押しも押されぬ」はというと、これも意外なことにはけっこう古くから使われているのである。『日本国語大辞典』には、織田作之助の小説『夫婦善哉』（１９４０年）の「半年経たぬ内に押しも押されぬ店となった」という第二次世界大戦中の例が挙げられている。国語辞典の中では『明鏡国語辞典』（大修館）が唯一、「押しも押されぬ」はけっこう古くから使われているということに言及している。そして菊池寛のものだという使用例が示されている。それは『無名作家の日記』で、発表は１９１8年のものだから『夫婦善哉』よりも古いことになる。

「押しも押されぬ」は、どうしようもない事態であるとか、厳として存在する事実であるといった意味の「押すに押されぬ」との混交表現だと言われている。

現時点では、国語辞書の中には「『押しも押されぬ』は誤り」と注記しているものもあり、また、NHKも『ことばのハンドブック』で誤用だと明記しているなど、「押しも押されぬ」は分が悪い。

だが、若い世代に限らず中年層にまで広まっている現状を考えると、好むと好まざるとにかかわらず、やがて「押しも押されぬ」が国語辞典の中で誤用扱いされなくなる日が来るのかもしれない。

揺れる意味・誤用

おとうさん【お父さん】〔名〕

江戸時代後期に一般に使われるようになった

「おとうさん」という呼称が急激に広まったのは、1903(明治36)年の第一期国定読本『尋常小学読本―二』からである。それは、「タロー　ハ、イマ、アサ　ノアイサツ　ヲ　シテヰマス。オトウサン　オハヤウゴザイマス」という内容である。

それ以前は父親の呼称はどうであったのかというと、『日本国語大辞典』によれば、「オトトサマ↓オトウサマ（またはオトトサン）↓オトウサンと変化し」たのだという。

ただし、江戸時代には、オトトサマが変化した「オトッサン」「オトッツァン」が広く使われていたらしい。

随筆『守貞漫稿《もりさだまんこう》』（1837〜1853年）には、「江戸男女児の其父を称して、中以上は御爺様（おとっさん）、母を御嫁々様（おっかさん。江戸専《もっぱ》らっと詰音す）、小民の子は父を『ちゃん』〈略〉と云」とあり、近世後期に江戸の中層以上の町人や武家の間では「おとっさん」（「おとっつぁん」）が使われ、一般庶民の間では「ちゃん」が使われていたことがわかる。

一方、上方はどうであったかというと、やはり『守貞漫稿』に「京坂ともに、男女児より父を称して、中以上は御爺様（おとっさん）、母を呼で御かあさんと云。小民の子は『ととさん』『かかさん』と云」とあることから、近世後期は、中層以上の町人は「おとっさん」「おとっつぁん」を、一般庶民は「ととさん」を使用していたものと思われる。

「おとうさん」の用例が文献上に現れるのは江戸後期の19世紀半ばくらいからである。おそらくその頃から江戸や東京で少しずつ使われるようになり、冒頭の『尋常小学読本』以後、20世紀になってから全国的に定着したのであろう。

ちなみに私は、「ちゃん」という父親の呼称は時代劇「子連れ狼」で知ったような気がする。ただし、「子連れ狼」の時代設定は江戸時代前期だが、「ちゃん」が一般に使われたのは江戸後期であるから、時代考証的にはいささか無理がある。もちろんだからといって「子連れ狼」の価値が損なわれるということはまったくないのであるが。

大和ことば・伝統的表現

おはよう〔感動〕

読み取れる日本固有の発想

10年以上も前のことだが、標準語から引ける方言辞典の編集を担当したことがある（佐藤亮一監修『標準語引き日本方言辞典』）。この辞典によって方言語彙《ごい》の豊かさに惹《ひ》きつけられたのだが、中でも面白いと思ったものに「あいさつのことば」の方言がある。たとえば朝のあいさつ語は、大方は「おはよう」を思い浮かべるかもしれないが、もうひとつ別系統の言い方が存在するのである。それは、「目が覚めたか」とか「起きたか」といった、目覚めを確認する意味の方言である。

「おはよう」系の方言は、「はやい（佐賀県杵島郡）」「はやいなー（三重県上野市）」「はやいのー（福井県遠敷郡、三重県志摩郡、香川県男木島・伊吹島、大分県大分郡・北海部郡）のように、ほとんどそのままの言い方ではないかというものもあるし、「おはやがんす（岩手県和賀郡）」「おはよーさん（三重県、滋賀県、京都府、大阪府、兵庫県、奈良県、島根県、大分県）」のような、どこかで聞いたことのあるような方言もあるが、比較的全国に満遍なく分布している。

これに対して「起きたか」系の方言は、「おひなりましたか」とか「おひんなりましたか」とかいうもので、富山、石川、大阪、徳島、愛媛、高知、島根、広島、山口、長崎など主に西日本に分布している。この「おひなる」「おひんなる」の「おひる」は貴人が眠りから覚めることをいう古語である。「おひるなる」はその動詞形で、お目覚めになる、お起きになるという意味の女房詞《にょうぼうことば》による。「おひる」は「お昼」で、しゃれでもなんでもなく、「お昼」だから目が覚めるというわけである。ちなみに、反対語の貴人がお休みになることをいう意味の語は「およる」で、ご想像通り「お夜」である。

いずれにしても、「おはよう」系の方言は「早い」という状況を述べているだけであり、「起きたか」系の方言は目覚めたか（眠れたか）と聞いているだけであるのに、ちゃんと朝のあいさつのことばとなっているという、とてもユニークなことばなのである。

ところで、このあいさつのことばから日本語と英語の違いを論じた、とても刺激的な本を読む機会が最近あった。『日本語が世界を平和にするこれだけの理由』（飛鳥新社）という本で、著者の金谷武洋氏は元モントリオール大学東アジア研究所日本語科科長で、カナダで25年間にもわたり日本語教師をなさっていた方である。

金谷氏は、たとえば「おはよう」と「Good morning」には、日本語と英語の根源的な発想の違いがあるのだという。それは何かというと、「おはよう」は会話の場面にいるはずの「話し手」と「聞き手」がどちらも文章に出てこず、まだ朝早いという状況に、「話し手」と「聞き手」とが「共感」していることばだというのである。これに対して、「Good morning」は、「I wish you good morning」の省略形で、「話し手」である「私（I）」が「聞き手」の「あなた（you）」に、この朝がよいものであるように祈るという積極的行為を表現した文章が元になっているのだという。金谷氏はこの文の中に人間が出てくるか否かが日本語と英語の決定的な相違点で、この違いをはっきりと理解して意識できれば英語力も付いてくるはずであるにもかかわらず、日本の学校ではこんな大切なことを教えてくれないと嘆いているのである。

この「おはよう」と「Good morning」の発想の違いは、同書で紹介されている日本語と英語の違いの一例であるが、このような毎日何気なく使っていることばからも日本人固有の発想が読み取れるなんて、実に面白い話ではないか。

方言・俗語

おめい【汚名】〔名〕

「返上」するのか「挽回」するのか？

悪い評判、不名誉な評判の意味の「汚名」という語を使って四字熟語を作りなさい。こんな問題が出たら何と答えるであろうか。

「汚名＝返上《へんじょう》」はどうであろうか？　はたまた「汚名＝挽回《ばんかい》」は？

実は、従来「汚名返上」が正しいとされてきた。ところが、２００４（平成16）年度の文化庁「国語に関する世論調査」では、「前回失敗したので今度は――しようと誓った」という設問に対して、本来の言い方である「汚名返上」を使う人は38・３％、従来なかった言い方「汚名挽回」を使う人が44・1％という、数値が逆転した結果となっている。

「汚名挽回」が誤りだという根拠は、それが「汚名返上」と「名誉挽回」の混交表現だからだと考えられている。

文化庁は、従来なかった「汚名挽回」も間違った言い方だとは断定していないが、最近この調査結果を受けてか、「挽回」には「元の良い状態を取り戻すために巻き返しをはかる」という意味もあるので、「汚名挽回」は「退勢（地に落ちた評判）を挽回する」と同じように考えられるのではないかとする辞書が出てきた。（『明鏡国語辞典』大修館）

確かに「挽回」には「元の状態に戻す」「巻き返しをはかる」という意味があるので、「汚名挽回」には失った評判を元の状態に戻す、巻き返しをはかるという意味があるようにも思えなくはない。しかし「挽回」は、本来は「失ったものを取り戻す」という意味なので、「汚名挽回」では「失った汚名を取り戻す」という意味になってしまう。「名誉挽回」が正しいのは、名誉を失ったとしても、「名誉があった」という元の状態を取り戻すことは可能だからではないだろうか。

以上の理由から、「汚名挽回」が広まっているという文化庁の調査結果は無視できないものの、辞書として「汚名挽回」を認める勇気は、私にはまだない。一般にも、「汚名挽回」はおかしいと感じる向きはまだまだ多いのではないかと考えるのである。

揺れる意味・誤用

おもむろに【徐に】〔副〕

どういう動作なのか？

「おもむろに席を立つ」と言ったときの「おもむろに」を、皆さんはどういう意味だとお考えだろうか。もちろん正しい意味は、動き方がゆっくりしているさま、落ち着いて行動するさまということなのだが、これを「突然に」「不意に」の意味だと思い込んでいる人がけっこういるらしい。

日本語にはその語の音（おん）から受ける印象で、意味を誤解させられてしまうものがある。たとえば「やおら」などはそれである（Ｐ３７０参照）。「おもむろに」も「突然」「不意」という意味に感じられるような音を連想させているのであろうか。

「おもむろに」は漢字を当てると「徐に」である。けっこう難読語かもしれないが、「徐」は「徐行」の「徐」で、ゆっくりという意味の漢字である。その「徐」だとわかれば、「突然」「不意」の意味だと思うことはないであろう。

だが、もう一度冒頭に示した例文を読んでみてほしい。「おもむろに席を立つ」と言われると、ゆっくりなのか不意なのか、文脈からは意味を判断しにくいような気がしないでもない。これは、「おもむろに」を「やおら」に置き換えて、「やおら席を立つ」と言っても同様かもしれない。つまり、「おもむろに」や「やおら」は、その音だけでなく、本来の意味を知らずに文脈から意味を判断しようとすると、反対の意味にとれてしまう可能性も考えられるということなのである。

このように「おもむろに」を誤解している人が増えているという実感があったため、私が編集を担当した『現代国語例解辞典』では第4版（2006年刊）から、「『突然に、不意に』の意で使われることもあるが誤用」という注記を入れた。

多くの国語辞典は改訂のたびに、新しい意味にも対応するよう心掛けている。そのことばの意味に自信がなければ、まず辞書を引いていただきたい。それが誤用の広まりを防ぐ第一歩なのである。

揺れる意味・誤用

おんのじ【御の字】〔名〕

意味が変わってしまったのか？

「大工調べ」という落語に、

「あのな一両二分と八百の所へ八百もってってグズグズ言おうてんじゃねえんだ。一両二分、親方の方を持って行くんじゃねえか。八百ばかりはおんの字だい」

（柳亭左龍『使ってみたいイキでイナセな江戸ことば』小学館）

という江戸弁の見本のような啖呵《たんか》を切るところがある。

大家に店賃《たなちん》のかたに道具箱をとられてしまって仕事ができないという与太郎に、大工の棟梁《とうりょう》が店賃の一両二分八百のうち持ち合わせの一両二分を渡して払わせようとすると、大家は八百足りないからと道具箱を返そうとしない。大家のあまりにも因業な態度に棟梁は腹を立て、大家にぽんぽんと威勢よく罵詈《ばり》雑言を浴びせるという場面である。

この「御の字」だが、「出費が5千円で済めば御の字だ」のように、「非常に結構なこと」「極めて満足なこと」というのが本来の意味である。大工調べの棟梁もこの意味で使っている。この「御の字」は江戸初期の遊里語から出た語で、「御」の字を付けたいほどのものの意からだという。したがって江戸時代の遊里では、特にすぐれた人、最上の人のことも「御の字」と呼んでいた。

ところが最近は、「いちおう納得できる」という従来なかった意味で使う人が増えてきているという。

2008（平成20）年度の文化庁「国語に関する世論調査」でも、「大いにありがたい」で使う人が38・5％、「いちおう、納得できる」で使う人が51・4％という逆転した結果が出ている。

このような調査結果が出たからといって、現時点で従来なかった意味を辞書に登録するのは時期尚早であろう。

なお、「恩の字」という表記例も見かけるが、元来は「御」の字を付けたいほどの、という意味なので、これは誤りである。

揺れる意味・誤用

かお（を）る【薫る】〔動ラ五（四）〕

「シクラメンのかほり」は正しいか？

「風薫る五月」などというときの、「薫る」の話である。

シンガー・ソングライターの小椋佳《おぐらけい》さんに「シクラメンのかほり」という美しい歌がある。この歌のタイトルに使われた「かほり」だが、正しい歴史的仮名遣いは「かをり」だということをご存じの方は大勢いらっしゃるであろう。

「かお（を）り」は「かお（を）る」の名詞形だが、「かお（を）る」の語源は、〝香がそこにある〟、すなわち「カ・ヲル（香居）」だという説がある。この説に従えば、存在する意味の「おる」の歴史的仮名遣いは「をる」なので、「かをる」で間違いないということになる。『源氏物語』の宇治十帖の主人公の一人で、光源氏の妻である女三宮《おんなさんのみや》と柏木との不義の子「薫」も「かをる」である。

だが、実は古典をひもとくと「かほる」「かほり」の例は数多く見つかるのである。

たとえば、『日本国語大辞典』のすべての用例の中から「かほる」「かほり」を使っているものを探してみると、江戸時代の用例が圧倒的に多いものの、『源氏物語』などの平安時代の用例も多数見受けられる。

写本で伝わることが多かった古典の場合、その仮名遣いは原本が成立したときのものではなく、写本が成立した時代のものであることも多いのだが、それにしても「かほる」「かほり」の時代的な広がりはかなり大きい。

歴史的仮名遣いの愛好者には叱られてしまうかもしれないが、辞書には「かおる」の正しい歴史的仮名遣いは「かをる」であると書かれていても、個人的には「かほる」も繊細な響きがあって悪くないなと思っている。 揺れる読み方

かくしんはん【確信犯】〔名〕

政治的、思想的な信念の喪失

「電車が遅れて会議に出られなかったと言っているけど、あれは確信犯だよね」という言い方をすることがある。だが、この場合の「確信犯」は本来の意味の使い方ではないということをご存じだろうか。

「確信犯」のもともとの意味は、政治的、思想的、宗教的な確信に基づいた義務感や

使命感によってなされる犯行のことで、たとえば、思想犯・政治犯などと呼ばれるものがこれに当たる。

そもそも「確信犯」とはドイツの法哲学者ラートブルフ（1878〜1949年）が提唱したもので、日本でも自らの政治的信念によって禁令を犯す者と通常の犯罪者とを区別すべきかどうかという論議のある、法律的な概念なのである。

ところが、最近はその正しい意味が忘れ去られてしまい、冒頭の例文のような、犯罪というほど重大な行為とはいえない場合でも用いられるようになってしまったというわけである。

2002（平成14）年度の文化庁「国語に関する世論調査」でも、50％以上の人が重大な犯罪とはいえない行為についても使うと答えている。

このため国語辞典でも、本来の意味のほかに、悪いことだとわかっていながらあえて行う悪事という意味を付け加えたものも出始めている。

ことばは長い間に本来の意味とは違う意味で使われてしまうことが決してないわけではない。だが、ことばの規範という観点からすればやはり誤用といえるので、辞書をしっかり読んで正しい意味をちゃんと理解したうえで使うようにしたいものである。

揺れる意味・誤用

かしげる【傾げる】〔動ガ下一〕〔文〕かし・ぐ〔ガ下二〕

疑問に思って「傾げる」のはどこか?

「傾げる」は、けっこう難読語かもしれない。読みは「かしげる」である。「かたげる」と読むこともあるが、現在は「かしげる」が一般的だと思われる。

「傾」は「傾斜」の「傾」だから、ななめにするとか、傾けるとかいった意味である。では、ここで一問。人間の体の一部を「かしげる」と、疑問に思う、不審に思うという意味になるのだが、その体の部分はどこかおわかりだろうか。

答えは「首」である。「小首」と言うこともある。つまり「首(小首)をかしげる(かたげる)」で、疑問に思う、不審に思うという意味の慣用表現になる。だが、それが最近「首」ではなく「頭をかしげる」という形で使う人が増えているらしい。

インターネットや国立国語研究所のコーパスで検索してみると、実際の動作として頭を傾けているという意味ではなく、疑問に思うという意味で使われた「頭をかしげる」がかなりヒットする。コーパスでは、さらに三浦綾子、森村誠一といった作家の例も見つかる。

「首（くび）」は、頭と胴をつなぐ細くなった部分を指すだけでなく、そこから上の部分、すなわち「頭」全体を言うこともある。戦国時代に大将の首をとったと言えば、切ったのは首の部分だが、とったのは大将の頭である。また、「首」は「こうべ」とも読み、「頭」のことも言った。だから、「頭をかしげる」でも意味的にはよさそうなものだが、不審に思うという慣用表現は、「首をかしげる」が本来の形なのである。

「首をかしげる」で思い出すのは、蓄音機のスピーカーの前でそのようなポーズをしている犬のマーク。この犬は日本ビクター（現株式会社ＪＶＣケンウッド）の登録商標で、ニッパーという名らしい。蓄音機から聞こえてくる亡き主人の声に耳を傾けている姿を描いた絵から、このマークは生まれたのだそうである。

日本ビクターのニッパーもまた、スピーカーから聞こえてくる亡き主人の声に、しつこいようだが「頭」ではなく「首」を「かしげている」のである。

揺れる意味・誤用

かぜのたより【風の便り】〔連語〕

歌謡曲の間違いから生まれたのは……

日本のフォークグループ、アリスが1978年にヒットさせた「ジョニーの子守唄」という曲をご記憶だろうか。また、1970年に渚ゆう子が歌って大ヒットした「京都の恋」はいかがであろうか。さらに古い話で恐縮なのだが、1951年に津村謙が歌って大ヒットした「上海帰りのリル」という曲は。

この3曲の歌詞の中にはあることばが共通して出てくるのだが、何かおわかりだろうか。

答えは、「風の噂《うわさ》」である。「京都の恋」にいたっては歌い出しに使われているので、私と同世代か少し上の世代の方なら、そういえばカラオケでそう歌っていたという方も大勢いらっしゃるだろう。

ところが、残念なことにこの「風の噂」も、誤用だと言われていることばなのである。では何が正しいのかというと「風の便り」なのである。

だが、歌謡曲の歌詞にこれほど使われているということは、「風の噂」はかなり広まっていると思わざるを得ない。歌謡曲だけではない、2014年に亡くなった作家の渡辺淳一氏も『風の噂』という小説を書いている。本来の言い方「風の便り」が忘れ去られたのではないかと危惧《きぐ》されるほどである。

「噂」は「風評、風説、風聞」といった意味で、風が伝えてくる話という意味があるので「風の噂」は重言だから間違いだという説明をする人もいる。確かに原則論からすればその通りなのかもしれない。だが、これだけ実例を突きつけられてしまうと、見出し語として辞書に登録するのにはまだ抵抗があるものの、もはや誤用と切り捨てることなどできないのではないかとさえ思えてくるのである。

以下蛇足ながら、歌謡曲ではなぜか影の薄い「風の便り」だが、これもいいことばなので忘れないでほしいと思うのである。

「風の便り」は、風が伝え手となって何かを知らせてくれる、あるいは風そのものが使者であるというのが本来の意味。それがやがて、どこから伝わってきたともわからないうわさ、だれが伝えたとも言えないような話という意味になる。いかがであろう、どこかで使ってみたくなることばではないだろうか。

揺れる意味・誤用

がたい〈俗語〉

東北地方の方言とのつながりは?

体格がいい人のことを俗に、「がたいがいい」とか「大きながたいをしている」などと言うことがある。この「がたい」ということばは比較的新しいことばで、現時点では辞書によって載せていたりいなかったりしている。

語源に関しても、似たような意味のことばに「がかい」があり、辞書によっては「がたい」はこの「がかい」と「図体《ずうたい》」との混同か、としているものもあるが、実はその関係はよくわからない。だから、漢字表記もまた不明である。

「がかい」自体はけっこう古くからあることばで、イエズス会宣教師が編纂《へんさん》した『日《にっ》葡辞書《ぽじしょ》』(1603~1604年)には、「Gacai(ガカイ)〈訳〉建造物又は大建築物の外観。ヲウキナ gacai(ガカイ)」とある。この例は建物の大きさについて述べているが、やや時代が下って、江戸後期の十返舎一九作の『商内神《あきないがみ》』(1802年)には、「其中でおれがいっち(=一番)おもい。このがけへだから」という、体格についての用例がある。「がけへ」はもちろん「がかい」の江戸っ子訛《なま》りである。

「がかい」は「がたい」同様語源が不明だが、青森、秋田、岩手、山形など東北地方中心に「外見、構え、形状」のことを「がかい」「かがい」「がげぁ」などという方言も見られ、「外見」と何らかの関係があった語なのかもしれない。

いずれにしても「がかい」「がたい」は、その関係がまだ解明されていない謎のことばなのである。　方言・俗語

かつあい【割愛】〔名〕

もうひとつの意味

「割愛」は、本来は惜しいと思うものを手放すという意味なのだが、不要なものを切り捨てるという今までなかった意味で使う人が増えているらしい。

もともと「割愛」は愛着の気持ちを断ち切るという意味の仏教語で、それから惜しいと思いながらも省略したり捨てたりするという意味が生じたのである。

ところで、従来なかった「割愛」の意味が広まっていると聞いて、思い出したことばがある。「割愛申請書」というのだが、ご記憶の方はいらっしゃるだろうか。19

94（平成6）年に国会で天下り問題が論議されたとき（天下りが問題になったのは別にこの時だけとは限らないのだが）、このような申請書が存在したことが話題になったのである。

「割愛申請書」とは、当時の建設省が天下り先の企業（ゼネコン）に採用後の待遇などを記入させて事前に提出させた申請書のことである。公務員が、他の自治体や民間企業などへ移る（天下りをする）ときは、有能な人材を手放していただくという意味合いがあるらしい。

そのような意味の申請書を天下りの受け入れ先に提出させていた建設省の感覚は驚きであるが、「割愛」という語の意味そのものを考えると、単に不必要なものを切り捨てるという意味ではなく、惜しいと思うものを手放すという意味なので、間違って使ってはいない。もちろん、事の善しあしは別ではあるが。

「割愛申請書」は、それが話題になった1994年6月3日の衆議院建設委員会の会議録（第5号）を読むと、前年の93年12月に一切提出を求めないようにしたと建設省の職員が答弁しているので、それを信じるならすでになくなっているらしい。

だが、辞典の中にはその意味が存在し続けているのである。筆者が調べた限りで、その意味が記載されているのは『大辞林』（三省堂）、『広辞苑』（岩波書店）だけなのだが、『大辞林』は1995年の第2版から、『広辞苑』は2008年の第6版からその意味を追加しているので、明らかに「割愛申請書」が話題になったことを受けてのことであろう。

「割愛申請書」はなくなっても、「割愛」という語は現在でも大学の教職員の異動などの際に使われることがあるらしい。これもまた一般人には理解に苦しむ使い方ではあるが、その意味の説明もまだまだ必要なのかもしれない。 揺れる意味・誤用

がっこう【学校】〔名〕

常用漢字表では読めない

皆さんは「学校」を何と読んでいるだろうか。今さら何を言っているんだ。「ガッコウ」に決まっているではないか。そうお答えになる方がほとんどであろう。実際、国語辞典を引くと大半が見出しの語形は「がっこう」になっている。だが、「改定常用漢字表」で「学」の字を見ると、音は「ガク」で、「ガッ」という読みは示されていない。示された語例も「学習、科学、大学」だけで「ガッ」と読む語例はひとつもない。いったいこれはどうしたわけなのであろうか。

そもそもなぜ「ガクコウ」が「ガッコウ」と読めるのかというと、二拍の漢字で後の方が「ク」となるものは、その後にkの音で始まる漢字が続くと促音化、すなわち、小文字の「ッ」で表記される発音になることがある。この現象は「ク」で終わる漢字だけではなく、「キ・ツ・チ」で終わる漢字などにも見られる。たとえば、「的確」テキカク→テッカク／「圧迫」アツパク→アッパク／「日記」ニチキ→ニッキ、などがそれである。

日本人なら「学校」は「ガッコウ」と読むのが当たり前なので、よもや学校の漢字テストで「ガクコウ」と答える生徒はいないであろうが、日本語を学ぶ外国人はどうなのであろうか。この変化を簡単に理解できるのだろうか。

実はこのことは常用漢字表の前身に当たる、当用漢字音訓表の時代から問題になっていた。1958（昭和33）年に当時の文部省が発行した『国語問題問答　第六集』には、実際には「学校」を「ガッコウ」と読むのだから「ガッ」の音を当用漢字音訓表の中に入れてほしかったという要望があり、これに対して以下のような回答が示されている。

「現代かなづかいの条文や例はそのたてまえになっていますが、当用漢字音訓表では、その意味のことは『使用上の注意事項』に書いて、いちいちの字については基本の音を示すことにとどめてあります。それゆえ実地の適用にあたっては、

学校　は　がっこう（がく―がっ）　日記　は　にっき（にち―にっ）（以下略）

となる、というふうにお考えください」

この文書を読んで、はい納得しました、と言える人はどれくらいいたのであろうか。現行の「改定常用漢字表」もこの当用漢字音訓表を踏襲しているため、当用漢字音訓表の「使用上の注意事項」に当たる「表の見方」という部分があるのだが、やはりこれを読んでも「学校」を「ガッコウ」と読むということは一言も書かれていない。「改定常用漢字表」は、今後の国語政策を決めるきわめて重要なものであるが、日本語としての漢字は、日本人だけが理解して使えればいいというものではないであろう。日本で学ぶ外国人留学生が27万人近くもいる（二〇一七年現在）時代に、日本語を学ぶ外国人にもわかりやすい漢字表を作るという発想はなかったのであろうか。

揺れる読み方

従来、音は「ジュウ」「ジッ」だった「十」という漢字に、本来なかった「ジュッ」という読みを備考欄に付け加える配慮を見せたのなら、「ガッコウ」などの読みを示すのはわけもないことだったのではないかと思うのである。

がっつり〔副〕

北海道方言起源説に異議あり

「(焼き肉を)がっつり食べる」といった言い方をするかという調査が、文化庁の2011(平成23)年度「国語に関する世論調査」にある。

結果は、「ある」という人が21・8%、「ない」という人が77・5%。だが、20代、30代に限ってみると、半数以上が「ある」と答えている。つまりこのことばは、比較的若い世代に広まっていることばであるといえそうだ。

国語辞典での扱いはどうかというと、新語に敏感な辞典では掲載しているものも出始めているが、まだ登録していない辞典も多く、扱いはまちまちである。この調査結果を受けてのことではないが、やはり広く浸透しているわけではないという判断が働いているのであろう。調査結果もそれを裏付けているのである。

「がっつり」は比較的新しく使われるようになったことばであるが、この語は北海道の方言が広まったものだという説がある。辞書でもインターネットで検索できる『大辞泉』は補注でその説を紹介している。

だが、この説を全面的に信用するのはいささか危ない気がする。というのは、東京女子大学の篠崎晃一氏による以下のような調査報告が存在するからだ。

「『しっかり』の意味の『がっつり』は高知など四国での使用頻度が高いが、九州では大分だけが突出して高い」(『出身地《イナカ》がわかる方言』篠崎晃一+毎日新聞社、幻冬舎文庫)。

さらに、『日本国語大辞典』で「がっつり」を引くと、「がっつり食べる」の意味はないが、方言欄に「がっつり」が載っているのである。しかも、その分布地域は九州、沖縄に限られている。ただし、意味は「がっつり千円あった」などのように「ちょうど」「ぴったり」の意味や、「がっつり(がっつい)似ている」のように「実に」「本当に」といった意味ではあるが。

北海道方言の「がっつり」の存在を否定しているわけではないが、九州にも「がっつり」という方言形は存在し、篠崎氏の前掲書のように九州、四国で「しっかり」の意味で使われるようになっているのである。北海道方言の成り立ちを考えると、九州の「がっつり」の方が古いという可能性も否定できない。

篠崎氏から直接聞いた話では、北海道の「がっつり」がどのような経路で広がったのかはわからないが、本来の「がっつり」は、「がっつり怒られた」のような「思いっきり」「こっぴどく」という状態を強調する意味だったらしい。

文化庁が調査した意味の「がっつり」は、北海道方言起源説、九州方言起源説どちらをとっても、本来の意味とずれがある。

この意味の変化は「がっつり」と似た音形の「がっつく」や「がっちり」などの影響もあるのかもしれない。

いずれにしてもこの新しい「がっつり」の起源の解明は、軽々には結論を出さず、今後の研究に待つべきだと思うのである。

方言・俗語

からとう【辛党】〔名〕

好きなものはお酒だけ?


「Aさんは辛党だ」と言ったとき、皆さんはAさんの好きな食べ物は何だとお考えになるだろうか。

激辛のもの、あるいは、しょっぱい(塩辛い)もの、はたまた、お酒だろうか。

正解は、お酒である。

ところがこの「辛党」を、激辛のもの、しょっぱい(塩辛い)ものが好きな人という意味で使っている人が増えているようなのだ。インターネットで検索しても、その意味で使っている文章が数多く見つかる。

だが、国語辞典で「辛党」を引くと、ほとんどの辞典は「酒類を好む人」といった意味になっているはずである。だから辛いもの好き、しょっぱいもの好きという意味で使うのは誤りだということになって、話はそれで終わってしまいそうなのだが、実は簡単にそう断定できない謎が存在するのである。

というのも、「辛党」が酒好きの意味で使われるようになったのはそう古いことではなく、しかも辛いもの好きの意味の方もけっこう古くから使われていたからである。『日本国語大辞典（日国）』の「辛党（酒好きの意）」の例は、中島梓の『にんげん動物園』（1981年）の「極端に辛党なのも影響している」というものでかなり新しく、しかもこれだけでは酒を好む人という意味が読み取れないちょっと残念な例である。

ところが、「『日国』友の会」という、『日国』第3版に向けて用例の投稿を公募したサイトには、松川二郎著『趣味の旅　名物をたづねて』（1926年）の「辛党、甘党それぞれ好みに従って調味せられる」や、松田道雄著『私は赤ちゃん』（1960年）の「固形食の味は、から党には塩気を多くし、甘党には甘味を多くしてやればよろしい」という辛いもの好き、またはしょっぱいもの好きの例が投稿されているのである。

一方、酒好きの例も、『日国』には載せられなかったのだが、『にんげん動物園』よりも古い、種田山頭火の1935年の日記の例「私は酒も好きだが、菓子も好きになつた（中略）、辛いものには辛いもののよさが、甘いものには甘いもののよさがある、右も左も甘党辛党万々歳である」があり、この意味では今のところ初出例である。

ほぼ同時代から酒好き、辛いもの好き、しょっぱいもの好きの例がありながら、なぜ酒だけに限定されてしまったのか、辛党を自認している私にとっても解けない謎である。

揺れる意味・誤用

がりょうてんせい【画龍点睛】〔名〕

「りゅう」と読むのは誤りなのか？

皆さんは「画龍（竜）点睛《てんせい》」の「画龍」を、「がりゅう」「がりょう」どちらで読んでいるだろうか。お手元に国語辞典があったらご覧いただきたいのだが、ほとんどの辞典は「がりょう」と読ませているはずだと思う。『大辞泉』（小学館）などは、「がりゅう」とは読まないとまで言い切っている。ＮＨＫも「がりゅう」は誤りだとしている（『ＮＨＫことばのハンドブック』）。

「りょう」「りゅう」の違いは何かというと、「りょう」は漢音、「りゅう」は慣用音ということになる。慣用音は中国本来の漢字音ではなく日本で広く使われている漢字音なので、「りょう」の方が伝統的な読みと言える。

ただ、実際には「りゅう」の読みもかなり古くから見られる。『日本国語大辞典』にも平安初期に成立した『竹取物語』の、

「はやてもりうのふかする也」

という「りう（＝りゅう）」と読む例が引用されている。「はやて（疾風＝急に激しく吹く風）も、りう（龍＝りゅう）が吹かせているのです」という意味である。やはり平安時代のもので、『色葉字類抄《いろはじるいしょう》』（１１７７～81年成立）という辞書にも、「龍」には「りう（＝りゅう）」「りょう」両方の読みが示されているので、平安時代にはすでに両用の読みが存在していたのであろう。

ただし、単独で想像上の動物を言うときは、現在では「りゅう」の方が一般的だと思われる。一方「龍」が含まれる熟語はというと、ふつうは「りゅう」とも「りょう」とも読まれている。ではなぜ「画龍点睛」だけが「りょう」でなければいけないのかというと、この語は中国の故事から生まれた四字熟語だからかもしれない。

なお蛇足ではあるが、「点睛」の「睛」は「ひとみ」の意で、「晴」ではないので注意が必要である。また、「画龍点睛をかく」と言った場合、「かく」は「欠く」と書き「書く」ではないので、こちらも要注意である。

揺れる読み方

かれきもやまのにぎわい【枯れ木も山の賑わい】〔連語〕

使い方には気をつけて！

人から宴席などに誘われたとき、「枯れ木も山の賑《にぎ》わいと申します。ぜひおいでください」と言われたら、皆さんはどう感じるであろうか。

私なら、何と失礼な言い方をするのだと怒ってしまう。あるいは、そうか、この人はぼくのことをそう見ていたのか、どうせ自分はもう若くないからな、とすっかりいじけてしまうかもしれない。

「枯れ木も山の賑わい」の本来の意味は、「つまらないものでも、ないよりはまし」ということで、どう考えてもプラスの意味合いは薄い。

ところが、そう言われても腹を立てたりいじけたりしない人が増えているらしいのだ。

というのは、2014（平成26）年度の文化庁「国語に関する世論調査」では、「枯れ木も山の賑わい」を「人が集まればにぎやかになる」というポジティブな意味で使う人が47・2％もいるという結果が出たからなのである。

もちろんこれは従来なかった意味である。この調査では「つまらないものでも、ないよりはまし」という本来のネガティブな意味で使う人は37・6％で、両者の数は逆転してしまった。

勝手な想像だが、従来なかったポジティブな意味で使っている人は「賑わい」の部分ばかりに目がいって、「枯れ木」とあるのを見落としているのかもしれない。

「枯れ木」とはもちろん枯れはてた木のことで、生気を失った樹木のことである。そんな木でも山に風情を添えるのに役立つというのが本来の意味なのである。

自分の方から「枯れ木も山の賑わいと言うから出席しましょう」と使うのなら、へりくだった言い方となり何ら問題はない。だが、相手に対して使うのは失礼な言い方となるので、使い方には十分気をつけたいことばである。

揺れる意味・誤用

きがおけない【気が置けない】〔連語〕

改まらない誤用の代表格

文化庁が毎年発表している「国語に関する世論調査」には、一定の期間をおいて使用状況の追跡調査を行っていることばがある。

「気が置けない」もそんなことばのひとつで、2002（平成14）年度、2006（平成18）年度、2012（平成24）年度に調査が行われている。

繰り返し調査を行うのは、「気が置けない」は「相手に気配りや遠慮をしなくてよい」が本来の意味であるにもかかわらず、従来なかった「相手に気配りや遠慮をしなくてはならない」という意味が広まっていることで有名なことばだからであろう。

だが、この「気が置けない」は数年おきの調査でも、本来の意味を選択した人が、2002年44・6%、2006年42・4%、そして2012年が42・7%と、ほとんど変化していないのである。2012年の調査では、「相手に気配りや遠慮をしなくてはならない」を選んだ人が各世代にわたって多く見られ、特に、10代と30代で顕著であった。これほどマスコミなどでも誤った言い方の代表であると紹介されることが多いことばであるにもかかわらず、ほとんど変化がないというのはどうしたことなのであろうか。

ことばの使い方を扱ったクイズ番組はけっこうあり、その中でこの「気が置けない」も問題として出されることが多いと思う。だが、テレビを見ている人は「へー、そうなんだ」と思っただけで終わってしまうのだろうか。その場で自分はどういう意味で使っていたかという確認まではしないのだろうか。

文化庁が行っているこのような調査は確かに重要であると思う。だが、こうなるとただ結果を知るだけでいいのだろうかという気がしないでもない。

とかく若者はことばが乱れていると言われることが多いのだが、この「気が置けない」と同じように各世代にわたって従来なかった意味が広まっていることばは数多く存在する。単にことばは変化するものであると割り切ってしまうのではなく、日本語の将来をどうするべきなのか、そろそろ考えるべき時期なのではないかと思うのである。

揺れる意味・誤用

きなくさい【きな臭い】〔形〕〔文〕きなくさ・し〔ク〕

「きな」って何？

都内のある女子大で「辞書を楽しむ」というタイトルで、辞書の話をする機会があった。

一方的に話だけを聞いてもらうのも退屈であろうと思い、「辞書引き学習」の開発者である深谷圭助氏の許可を得て、講演の最後に実際に辞書引きにも挑戦してもらった。深谷氏の「辞書引き学習」は知っていることばから引くという逆転の発想の指導法なのだが、相手が大学生ということもあり、知っていることばではなく、気になることばや読んで面白いと感じたことばを引いてもらった。

実際に辞書を引いてもらいながら、今の女子大生が気になることばはどんなものかと、付せんに書かれたことばを覗いてみた。すると、ちょっと難しいカタカナ語や漢語、四字熟語ばかりを引いている学生さんが何人かいた。また、「足を洗う」「腕が鳴る」といった体ことばの慣用句を文字通りに想像して、面白がっている学生さんもいた。これこそ辞書の正しい楽しみ方である。

中に「きな臭い」ということばが気になると報告してくれた学生さんがいた。「東シナ海のあたりがきな臭い感じになってきた」という使い方は知っていたが、本来は「物が焦げるにおい」だとは知らなかったというのである。だが、その学生さんにさらに「『きな臭い』って、なんで焦げるにおいなんでしょうね」と質問されて、答えに窮してしまった。慌てて持参した自分の辞書を引いてみたのだが、そもそも「きな」が何なのかよくわからないのである。『日本国語大辞典（日国）』を見ると、「きな」とは「きれ（布）」のことかとある。少なくとも「きな」などということばは存在しないらしい。だが、辞書の説明はそこまでで、「布」がなぜ焦げ臭いと感じるのかはよくわからなかった。

『日国』にある焦げ臭いという意味で使われた「きな臭い」の用例は、近世後期のものが最も古い。小林一茶の『享和句帖』にある「北時雨《しぐれ》火をたく顔のきなくさき」という例である。

ところが、紛争が起こりそうな気配であるという意味には用例がなく、いつ頃からその意味が生じたのか残念ながらよくわからないのである。

辞書を引くと、ことばに関する疑問が次々に生まれ、それが最終的に解決できない場合もあるのだが、あれこれ芋づる式に調べていくという楽しみ方ができる。「きな」問題は結局解決できなかったのだが、その学生さんには辞書を引く楽しみの一端に触れてもらうことはできたのではないかと思っている。

ぎゃくて【逆手】〔名〕

「ぎゃくて」と「さかて」は区別して使おう

日本語には読み方が複数あって声に出して読むとき判断に迷う語がかなりある。この「逆手」もそのひとつで、「ぎゃくて」とも「さかて」とも読めるのでやっかいである。

「ぎゃく」は字音、「さか」は字訓で、「て」は字訓だから「ぎゃくて」と読むのは重箱読みになる。だが、どちらの読み方もかなり一般化している。

たとえば、鉄棒などでは手のひらを自分のほうに向けて下から握ることを「さかてに握る」と言うのだが、最近では「ぎゃくてに握る」という言い方をすることもあるようだ。これは鉄棒では手の甲を上にしたふつうの握り方を「順手＝じゅんて」と言っていて、これは〈字音＋字訓〉であるところから、反対語として同じ〈字音＋字訓〉の「ぎゃくて」が使われるようになったものと思われる。

また、「相手のことばを逆手に取る」などのように、相手の攻撃を利用して逆に攻め返すという比喩的な意味では、従来は「ぎゃくてにとる」と言っていたが、近年は「さかてにとる」と言う人も増えている。そのためNHKなどでも「ぎゃくて」を第一、「さかて」を第二の読みとして、どちらも認めるようになった。

ただし、『現代国語例解辞典』（小学館）などを見ると、「ぎゃくて」と読むか「さかて」と読むかで、以下のような個別の意味があるようだ。

ぎゃくて…「逆手を取って投げる」などのように、柔道などで、相手の関節を反対に曲げて痛めつける技。

さかて…「刀を逆手に持つ」などのように、短刀などを、普通の持ち方とは逆に小指の方が刃に近いように持つこと。

つまり、柔道や剣術などのときに「ぎゃくて」「さかて」を区別して使えれば、通常はどちらを使っても間違いではないということになる。これからは安心して声に出して読めそうだ。

揺れる読み方

きんきん〔形動〕〔俗語〕

新しい擬態語「さくさく」「ほっこり」「うるうる」……

２０１２（平成24）年度の文化庁「国語に関する世論調査」では、新しい擬態語に関する調査結果が話題になった。それらのことばの中から4語を選んで、国語辞典としてはどう扱っているのか述べてみたい。

ただ、4語まとめてとはいっても、意味はまったく異なり、また文化庁の調査結果でもわかるように認知度にもばらつきがあるので、念のために各語の使用例を示してみる。

「きんきんに冷えたビール」
「パソコンがさくさく動く」
「気持ちがほっこりする」
「うるうるした瞳」

皆さんはどの語を使っているだろうか。調査では、これらの語の中で「さくさく」が最も認知度が低く、約60％の人が聞いたことがないと答えている。逆に認知度が一番高いのは「うるうる」で、85％の人が聞いたことがあると答えている。

これらの語を使ったことがあると答えている人は、「ほっこり」以外は30代がピーク で、私が属する50代以上になると使用率は少しずつ下降線をたどっていく。

辞書の扱いはどうかというと、新語を積極的に取り入れている『大辞泉』（小学館）では、さすがにすべての意味が載っている。「きんきん」は「しっかり冷えているさま」、「さくさく」は「手際よく行うさま」、「ほっこり」は「いかにも暖かそうなさま」、「うるうる」は「涙があふれそうなさま」といった具合である。

ほかの辞書も同様で、扱いにばらつきはあるが、ほとんどが俗語としながらもこれらの語の存在を認め始めている。

私自身はどうかというと、これら4語は親しい人との会話では使うこともある。ただし辞書に載っているからといって、自分より上の世代に使うのは要注意の語であるとは思っている。

方言・俗語

きんせん【琴線】〔名〕

触れるとどうなるか？

何か素晴らしいものに触れて感銘や共感を覚えるとき、「（心の）琴線に触れる」という言い方をすることがある。「琴線」は物事に感動する心情を琴の糸にたとえて言ったことばである。

この「琴線に触れる」の意味が、最近揺れているらしいのだ。

2007（平成19）年度の文化庁「国語に関する世論調査」では、本来の意味である「感動や共鳴を与えること」で使う人が37・8%、従来なかった意味「怒りを買ってしまうこと」で使う人が35・6%、わからないと答えた人が24・6%という結果が出ている。従来なかった意味で使っている人は男性では30歳代、女性では40歳代が最も多い。だが、いずれも突出した数ではなく、全世代に満遍なく広がっている。

「怒りを買ってしまうこと」という従来なかった意味で使っている人は、おそらく「琴線」を相手の心の急所と考えて、それに触れると相手の心を不快にさせ、逆に怒らせてしまうと考えているのであろう。いつの頃からそのような意味が生まれ広まったのだろうか。

蛇足ながら、「琴線に触れる」ということばを聞くといつも心に浮かぶ詩がある。八木重吉（1898～1927年）の「素朴な琴」という詩である。短いので引用しておく。

この明るさのなかへ
ひとつの素朴な琴をおけば
秋の美しさに耐へかね
琴はしづかに鳴りいだすだらう

余計な説明は不要であろう。

揺れる意味・誤用

ぐっすり　〔副〕

英語が語源という説は本当？

「ぐっすり」の語源は英語の「good sleep（グッドスリープ）」の略だという説が、かなり広まっているらしい。

だが、残念（?）ながら「ぐっすり」は江戸時代からある正真正銘の日本語なのである。『日本国語大辞典（日国）』には、「ちゃんと爰《ここ》へ来てグッスリと寝て」という『清書帳』という江戸時代の雑俳の例が引用されている。『清書帳』の刊行年は1725（享保10）年なので、徳川8代将軍吉宗の時代である。その時代に「good sleep」はないであろう。

だが、本当の語源は何かと聞かれるとにわかに怪しくなる。昭和初期に大槻文彦が編纂した辞書『大言海』には、「クヅチ」すなわち「鼾《いびき》」の転だとしているがちょっとまゆつばものである。結局語源ははっきりしないのだと思う。

ただ、「ぐっすり」には深く眠るさまという意味だけでなく、江戸時代には「其身六十にあまる比《ころ》は、人も知る金持となりしを、ぐっすり息子に譲り」（黄表紙『即席耳学問』）のように「すっかり」「そっくりそのまま」といった意味の例もあるので、なにか「十分なさま」を表す語から生じたのかもしれない。確かに「ぐっすり眠る」も浅い眠りではなく熟睡状態をいう語ではある。

大和ことば・伝統的表現

くれなずむ【暮れなずむ】〔動マ五（四）〕

海援隊の歌で誤用を防ごう

「暮れなずむ」という見出し語を見て、すぐに海援隊の「贈る言葉」を思い出した方も大勢いらっしゃると思う。この歌は私が辞書の世界に飛び込んだ頃に流行しており、『日本国語大辞典（日国）』の初版に項目はあるが用例のない語だということで、編集部内でしばしば話題になった記憶がある。その後重点的に用例を探して、『日国』の第2版では窪田空穂《くぼたうつぼ》、三島由紀夫、竹西寛子の用例が加わった。これらの例はすべて海援隊の歌よりも古い例なので、「暮れなずむ」はそれほど新しいことばではないということがわかる。

この「暮れなずむ」に、少し前から異変が起きている。どういうことかというと、本来の意味ではない意味で使われているようなのである。たとえば「公園はすっかり暮れなずんでいた」といった使い方である。

「暮れなずむ」は、日が暮れそうでなかなか暮れないでいるというのが本来の意味である。ところが、「公園はすっかり暮れなずんでいた」という文章だと、「すっかり」という副詞がくせ者なのだが、「日が暮れてしまった」という意味になってしまう。「暮れなずむ」は、暮れるという変化や事態の進行を表すことばではないのである。

そもそも「なずむ」とは何かというと、『日国』によれば、人や馬が前へ進もうとしても、障害となるものがあって、なかなか進めないでいるという意味である。そして、それから転じて物事がなかなかうまく進行しなくなることを表すようになる。漢字を当てると、「泥む・滞む」となる。つまり、「暮れなずむ」は「暮れる」状態がなかなか進まないといった意味合いなのである。

したがって「暮れなずむ空」「暮れなずむ山々」といった言い方が最も適切であり、「春の日は暮れなずんでいた」のような場合でも、暮れそうで暮れない状態を意味しているのであれば正しいということになる。

海援隊の歌の歌詞は本来の意味で使われた典型的でわかりやすい例なので、それを覚えていれば使い方を間違えることはないであろう。

揺れる意味・誤用

くんしひょうへん【君子豹変】〔名〕

本来は「変わり身が早い」ことではなかった

皆さんは「君子は豹変《ひょうへん》す」という成句をどのような意味で使っているだろうか。実はこの成句も本来の意味とは違う意味が広まりつつあるのである。

この成句の出典は、中国の『易経』という書物である。『易経』とは、中国五経（儒学で尊重する五部の経書《けいしょ》）のひとつで、陽と陰の印を組み合わせた六十四卦《け》によって自然と人生の変化の道理を説いた書である。

「君子」とは、徳行のそなわった人、学識、人格ともにすぐれていて立派な人のこと。「豹変」とはヒョウの毛が季節によって抜け替わり、斑文も美しくなるということで、このヒョウの毛が抜け替わるように、君子は時代の変化に適応して自己を変革するという意だという。

すなわち、本来の意味は、君子はあやまちを改めて善に移るのがきわめてはっきりしている、君子はすぐにあやまちを改めるという意味になる（『日本国語大辞典』）。

ところが、「豹変」は元来善い方に変わる意であったにもかかわらず、悪い方に変わるという意味が生じてしまう。それによって「君子は豹変す」にも、節操なく変わり身が早いという新しい意味が加わっていく。それがいつ頃からかは特定できないのだが。

この新しい意味はかなり広まりを見せていて、辞書でもこれを無視できなくなっている。そのため「君子は豹変す」を見出しとして載せている辞書のほとんどが、「俗に」という但し書きを付けつつも、この新しい意味を加えている。

ただ、個人的な考えを述べさせていただくと、いくら新しい意味が広まっているとはいえ、出典がはっきりしていることばの意味を本来の意味とは変えて辞書に載せるのは、あまり気持ちのよいことではない。

揺れる意味・誤用

げきをとばす【檄を飛ばす】〔連語〕

励ますときに使ってよいか？

「社長が会議で今年度の売り上げ計画について檄《げき》を飛ばす」と言ったとき、皆さんはどういう状況を想像するだろうか。大方は、社長が机をドンとたたいて唾《つば》を飛ばしながら、「万難を排して目標を達成しなければならない」と叫んでいる姿を思い浮かべるのではなかろうか。

だが、それは「檄を飛ばす」の本来の意味とはいえないのである。

「檄を飛ばす」の本来の意味は、自分の主張や考えを広く人々に知らせて同意を求めたり、それによって人々に決起を促したりするということ。したがって、冒頭の社長の場合も決して激高しているのではなく、単に自分の主張を社員に説明していることになる。

ところが最近は、冒頭の例文で多くの方が想像したような「がんばれと励ます」「激励する文書を送る」という意味で「檄を飛ばす」が用いられることが多い。

2007（平成19）年度の文化庁「国語に関する世論調査」でも、本来の意味で使う人が19・3％、もともとはなかった「励ます」の意味で使う人が72・9％という逆転した結果が出ている。

なぜこのような結果になったのかというと、おそらく「げき」が同音である「激励」の「激」と誤解されているのではないだろうか。だが正しくは木偏の「檄」で、「檄」とは古代中国で、召集または説諭のための文書のこと。それが、一般大衆に自分の主張や考えを強く訴える文章の意味になったのである。

この70％以上も誤解している人がいるという結果は重く、どの国語辞典もこのことばの扱いに苦慮している。

揺れる意味・誤用

ごうきゅう【号泣】〔名〕

映画館で「号泣」できる？

「映画館で悲しい映画を見て号泣したことはありますか？」
そう聞かれて、「ある」と答えたとしたら、その人はかなり勇気のある人だと思う。というのは、「号泣」の本来の意味は、大声を上げて泣き叫ぶということだからである。

自宅で一人で映画を見ているときなら、大声を出して泣くこともあるかもしれない。だが、ほかの人がいる映画館で周囲もはばからずにそうすることは、かなり勇気がいることだろう。

「ある」と答えた人は、おそらく「号泣」は「激しく泣く」という意味のことばだと思っているのではないだろうか。しかしそれは、本来の意味ではないのである。

しかも、その従来なかった意味が優勢になりつつあるらしいのだ。

2010（平成22）年度の文化庁「国語に関する世論調査」では、本来の意味である「大声をあげて泣く」で使う人が34・1%、従来なかった意味の「激しく泣く」で使う人が48・3%と、逆転した結果が出てしまったのである。

確かに最近は「号泣」ということばを使いながら、これは明らかに声を出して泣いてはいないな、と推察できるような文章や会話に出会う機会が多くなった気がする。似たような意味の語に「慟哭《どうこく》」があり、「慟」も「哭」も大声を上げて泣くという意味である。だが、ともに常用漢字外の漢字であるせいか、この語もあまり使われなくなってしまった。

最近の国語辞典でも、まだ少数派ながら、声は出さずに「激しく泣く」という意味を載せるものが出てきた。「映画館で号泣できる人はすごい」と言っても、何のことだかわからない人が今後さらに増えていく可能性は高い。

それにしても日本人は、最近は声を上げて泣くことをしなくなってしまったのだろうか。

揺れる意味・誤用

こしつ【固執】〔名〕

「コシュウ」が本来の読み方だった

かれこれ40年近くも前の話である。大学の同級生に「従来のやり方に固執する」などと言うときの「固執」を「コシュー」と言う友人がいて、あれ？　と思ったことがある。自分は「コシツ」と言っていたからである。失礼な話だが、彼は地方の出身だったので、最初は方言か何かなのだろうかとさえ思った。

だが、ずいぶんたってからではあるが、彼は「固執」の本来の読みをしていることがわかった。

「執」という漢字の字音は「シュウ」「シツ」と二種類ある。違いは、「シュウ」が漢音で「シツ」は慣用音であるということ。慣用音とは、中国で生まれた漢字音ではなく、日本で独自に生まれた漢字音である。

「執」の慣用音「シツ」が生まれた理由は、「執（シュウ）」が漢語の熟語の上部にくると「シッ」と促音に読まれたため、やがて「シツ」という音が生じたと考えられている。

文献例を見ると、「固執」を「コシツ」と読む例は近世末まで見当たらない。同様の語に「確執」がある。

こちらも今でこそ「カクシツ」と読まれているが、古くは「カクシフ（シュウ）」と読まれていて、室町から江戸初期までの辞書類もほとんどこの読みとなっている。

常用漢字表はどうかというと、同表は特に断ってはいないが、字音が複数存在する場合は代表する字音で配列されていて、「執」の場合それは「シツ」である。つまり慣用音の方が代表音だと考えているわけである。そして、「シツ」の語例としては「執務、執筆、確執」を、「シュウ」の語例としては「執念、執心、我執」を挙げている。

「執務」と「執筆」は問題なかろうが、「確執」を「カクシツ」と読ませているということは、もはや常用漢字表でも「カクシュウ」や「コシュウ」は認めていないということになるのであろう。放送の世界でもNHKは、「コシツ」のみを認め、「コシュウ」は認めていない。

だから、「固執」を「コシュウ」などと言うと、40年前の私のように変な顔をする人がいるかもしれないが、漢字の知識としては知っていてもよさそうな気がする。

揺れる読み方

こそく【姑息】〔名・形動〕

「しばらく休む」のはずるいか？

文化庁が毎年秋に結果を発表している「国語に関する世論調査」では、毎回意味の誤りやすいことばの調査も行っている。「姑息な手段」などと言うときの「姑息」も、そんなことばのひとつである。

このことばは今までもたびたび調査の対象になっている。

2003（平成15）年の調査では、「一時しのぎ」という本来の意味で使う人が12・5％、「ひきょうな」という従来なかった意味で使う人が69・8％という結果が出ている。

2010（平成22）年調査では、「一時しのぎ」15・0％、「ひきょうな」70・9％とほとんど変化が見られない。ということは、それだけ「ひきょうな」の意味が定着しているともいえそうである。

「姑息」の「姑」はしばらく、「息」は休むの意味で、しばらくの間、息をつくことから、一時の間に合わせにすること、一時のがれ、その場しのぎという意味になった語である。

「ひきょうな」という意味は、その場だけの間に合わせであることから、それをずるいと感じて生じた意味だと思われる。

それにしても、本来の意味ではないのに「ひきょうな」の意味だと思っている人が70%もいるというのは驚くべきことである。

だが、辞書編集者としてはただ驚いてばかりもいられない。規範性を盾に、誤用であると主張することもひとつの見識だとは思うが、もはや辞書がそう訴えたとしても70%という数字は動かしようもない気がする。

柔軟に考えて「新しい用法」「誤って」と断って、「ひきょうな」という意味を載せるのもひとつのやり方だと思う。実際、徐々にではあるが、そのようにして「ひきょうな」の意味を載せている国語辞典も出始めている。

揺れる意味・誤用

こだわる〔動ラ五（四）〕

「味にこだわる」は市民権を得たか？

「地元の食材にこだわった料理」

このような文章を目にしたことはないだろうか。

この「こだわる」は、物事に妥協せずそのことだけは譲れないという意味であるが、これは従来なかった新しい使い方である。

「こだわる」は、本来「気にしなくてもいいようなことが心にかかる。気持ちがとらわれる」という意味で、どちらかといえば否定的な意味合いで使われることが多かった。たとえば「ささいな失敗にこだわる」などのように。

これが、気持ちがとらわれるという意味から、妥協しないという肯定的な意味に転じ、新しい言い方が生まれたものと思われる。

「こだわる」の原義は、「すらすらと行かないで、ひっかかったりつかえたりする」（『日本国語大辞典〈日国〉』）というもので、もともとは、たとえば、

「脇指《わきざし》の鍔《つば》がよこっぱらへこだわっていてへのだ」（『東海道中膝栗毛』十返舎一

九、１８０２〜１８０９年）

「それ程拘泥《こだ》はらずに、するすると私の咽喉を滑り越した」（『硝子戸の中』夏目漱石、１９１５年）

のような使い方をしていたのである。

「こだわる」は漢字を当てると「拘る」だが、同様の意味の漢語に「拘泥《こうでい》」がある。ただし、「拘泥」は肯定的な意味は生じておらず、あくまでも、「あることを必要以上に気にしてそれにとらわれること」（『日国』）という否定的な意味で使われる。

最近の国語辞典は、この「こだわる」の肯定的な意味を、新しい言い方だと注記するかどうかの違いこそあるが、ほとんどが載せ始めている。「味にこだわる」は完全に市民権を得たと考えてよさそうである。

揺れる意味・誤用

こぢんまり【小ぢんまり】〔副〕

誤りとは言い切れない「こじんまり」

最近のパソコンの文書作成用ワープロソフトはたいへん親切で、「ここはこぢんまりとしたいいお店だ」と書こうとしてつい「こじんまり」と入力してしまうと、《「こぢんまり」が本則》のような文章が出て、仮名遣いの間違いを指摘してくれる。

確かに現代語の仮名遣いの拠《よ》り所となっている「現代仮名遣い」（昭和61年内閣告示）では、「5　次のような語は『ぢ』『づ』を用いて書く」として、「二語の連合によって生じた『ぢ』『づ』」の語例の中に「はなぢ（鼻血）」「そえぢ（添乳）」などとともに「こぢんまり」を掲げている（「現代仮名遣い」の詳しい内容は文部科学省のホームページを参照のこと）。

だから「こぢんまり」が本則であるということに異議を差し挟む余地などないのかもしれないが、どうしてもそれで本当にいいのだろうかという疑問が消えないのである。

というのは、一般に言われているこの語の語源説が納得できないからである。ふつうこの語は小さくまとまっているさまを表わす意味の「ちんまり」に「こ」がついた語だと説明されている。だが、『日本国語大辞典』を見ると、「小〆（コジンマ）り」（人情本『春色梅児誉美《しゅんしょくうめごよみ》』〈1832〜1833年〉）や「小締（コジンマ）り」（永井荷風『地獄の花』〈1902年〉）という表記の例がある。このような例から「こ＋ちんまり」ではなく、「コシマリ（小締）の音便。コは、やや意を強めていう接頭語」（『大言海』）という説もある。そうであるなら「こじんまり」で正しいことになる。

内閣告示「現代仮名遣い」では、「現代語の意識では一般に二語に分解しにくいもの等として、それぞれ『じ』『ず』を用いて書くことを本則とし、『せかいぢゅう』『いなづま』のように『ぢ』『づ』を用いて書くこともできるものとする」という、仮名遣いはどちらでもよいとする語例も掲げている。

「こぢんまり」は語源に疑問があるし、「こ＋ちんまり」が正しい語源だと言ってももはやそれを理解している人も少なくなっているであろうから、この「ぢ」と「じ」のどちらでもいいというグループに入れても構わないような気がする。

自分が正しく仮名遣いを理解していないことを棚に上げて何を言っているのだとおっしゃる方もいらっしゃるかもしれないが、「現代仮名遣い」の見直しをお願いしたいのである。

揺れる読み方

こども【子供】〔名〕《「ども」は接尾語》

「子供」と書くか「子ども」と書くか？

「常用漢字表」は一般の社会生活で使われる漢字の目安を示したものである。ところが、あくまでも筆者の好みなのだが、使うのにいささか抵抗を感じる漢字がないわけではない。たとえば「子供」という表記がそれである。

「常用漢字表」では「供」の訓「とも」の例欄に「供、子供」が掲げられていて、公用文などでも何ら問題なく使えることになっている。にもかかわらず、つい「子ども」と書きたくなってしまうのだ。どうしても、「供」が当て字のような感じがしてならないからである。

「子ども」は、元来は親に対する「子」の意味で、複数を表す語であった。たとえば、『万葉集』に見える山上憶良の有名な歌、「瓜《うり》はめば　胡藤母（コドモ）思ほゆ　栗《くり》はめば　ましてしぬはゆ（＝しのばれる）」（巻5・802）の「こども」は一人っ子ではない。それというのも、「ども」は複数を表す接尾語だからである。ところが「常用漢字表」に載せられた漢字「供」には、そもそも複数を表す意味はない。

さらに「供」には、「社長のお供をする」などと使われるように、人に仕えるといった意味もある。そのため、考えすぎかもしれないが、大人に従属する存在というニュアンスすら感じさせてしまうのである。

そういったこともあって、教育現場などでは「子ども」と書く人がけっこう多いらしい。また、新聞などでも「子供」「子ども」両用の表記を認めているのが現状である。さらに5月5日の祝日は、「国民の祝日に関する法律」での表記に従って「こどもの日」と書かれる。国語辞典でも「子供」「子ども」の両用の表記を示しているもものが多い。

別に「常用漢字表」に盾突こうというわけではないが、何でも漢字で書かなければいけないなどと、あまり杓子《しゃくし》定規に考えなくてもいいのかもしれない。

揺れる読み方

ごめん【御免】〔名〕

本当に謝っているの？　不遜な表現では？

謝罪をするとき「ごめん」と言うが、よくよく考えてみると「ごめん」とは不思議なことばである。元来は「許可」を意味する「免」に、尊敬を表す接頭語「御」の付いたもので、正式に許可や認可することを、その決定を下す者を敬っていう語であった。「天下御免」などというときの「御免」である。それがどうして謝罪を意味することばになったのだろうか。

正式な許可を下すことを敬って言う意味での用例はけっこう古く、鎌倉時代から見られる。それが後に、「御免」の下に命令形が付いて、軽い断りや詫びの意を表す「ごめんあれ」「ごめんくだされ」「ごめんなされ」「ごめんなさい」などの形が生じた。意味合いとしては「許して（御免して）ください」ということなのであろう。

この表現がやがて定着すると、省略形としての「ごめん」も用いられるようになっていく。それがだいたい近世中期頃のことといわれている。

それにしても「御免」を命令形にして、「許せよ」とばかりに謝罪のことばとするのだから、考えようによってはかなり不遜な表現ではある。いつの間にか、元来の「御免」の意味とは大きく隔たったものとなってしまったわけである。

ところで『日本国語大辞典』を見ると、「御免芸」などということばも載っている。これは、もちろん「謝罪させたら天下一品」という芸ではなく、天下に並ぶ者のない優れた芸のことである。

天和ことば・伝統的表現

こやけ【小焼け】

「夕焼け小焼け」の「小焼け」って何？

「夕焼け小焼け」(詞・中村雨紅《うこう》)という童謡は、ほとんどの方がご存じであろう。だが、タイトルにもある「小焼け」っていったいどういう意味なのかと疑問に思ったことはないだろうか。

「小焼け」だから、夕焼けになりかかった状態のことだろう、などと想像した方もいらっしゃるかもしれない。それなら国語辞典に「小焼け」が載っていてもよさそうなものだが、ほとんどの辞典に「小焼け」は載っていない。

『日本国語大辞典(日国)』には「夕焼小焼」の形で見出し語がある。それには、

(「こやけ」は、語調を整えるために添えたもの)「ゆうやけ(夕焼)」に同じ。

と説明されている。つまり「小焼け」はそれ自体あまり意味をもたない語だというのである。さらに北原白秋の「お祭」という童謡が初出例として引用されている。

「真赤だ、真赤だ。夕焼小焼《ゆうやけこやけ》だ」

この童謡の発表は1918年である。中村雨紅の「夕焼け小焼け」はその5年後の1923年であるから、「夕焼け小焼け」は北原白秋の造語だった可能性もある。

童謡詩人で童謡の研究家でもあった藤田圭雄《たまお》(1905~1999年)は『童謡の散歩道』という著書の中で、この「小焼け」について、「日本語のような音数律の詩の場合、リズムを整えるために、意味のない枕言葉だとか対語が使われます」と述べて、わらべうたの中にも「大寒小寒」「大雪小雪」など例句はたくさんあると指摘し

ている。また、北原白秋にも「栗鼠《りす》栗鼠《りす》小栗鼠《こりす》」「涼風《すずかぜ》小風《こかぜ》」「仲よし小よし」など同様の例がたくさんあると述べている。

揚げ足を取るつもりはないのだが、これらのわらべうたや白秋の例は語調を整えるということでは共通しているが、成り立ち自体はかなり異なる気がする。たとえば「大寒小寒」だが、この「大」はもともとは感動詞の「おお」だったという説もある。「おお！　寒い！」というわけだ。この「おお」が「大」になり、「大」に対する「小」がついて「大寒小寒」になったという説明もできるのである。

また、白秋の例の「涼風小風」だが、「涼風」はもちろんすずしい風のことだが、「小風」も意味のない語ではない。そよ風のことなのである。つまり白秋はすずしい風とそよ風をリズムよく並べたことになる。

「仲よし小よし」だけは「小よし」には意味がないので、成り立ち的には「夕焼け小焼け」に一番近いかもしれない。

ところで、「小焼け」は「夕焼け」に付くのだから「朝焼け」にも付けられるだろうと考えた童謡詩人がいた。金子みすゞ（１９０３〜１９３０年）である。皆さんもよくご存じの「朝焼小焼だ　大漁だ」で始まる「大漁」（１９２４年）という詩がそれである。

こんにちは　〔連語〕〔感動〕

誤用から生まれた俗語「こんちわ」「ちわー」「ちわっ」

最近メールやマンガなどで、「こんちわ」「ちわー」「ちわっ」などという表現を見かけるようになったが、このような書き方に抵抗はないであろうか。さらには「こんにちわ」という表記すら見られる。もちろんこれらはすべて誤用からきているのである。

言うまでもないことだが、正しくは「こんにちは」と書く。「わ」ではなく「は」と書くのは、元来は「今日はよいお天気で…」などの後ろの部分が略されたものだからである。「こんにちは」の「は」は助詞（副助詞）の「は」で、「こんばんは」の「は」も同様である。

現代語の仮名遣いの拠り所となっている「現代仮名遣い」（昭和61年内閣告示）によれば、助詞の「は」は、「表記の慣習を尊重して」、「は」と書くとしている。そしてその中に「今日は日曜日です」「あるいは」「いずれは」「恐らくは」などとともに、「こんにちは」「こんばんは」もその例として挙げられている。助詞の「は」は「は」

と書くというのはちょっとわかりにくいが、要するに助詞の「は」はワと発音されるが、表記する場合は「は」とするということである。

確かに、「こんにちは」はそう書かなければ間違いである。だが、「こんちわ」「ちわー」「ちわっ」などになると、もはや語源意識が薄れて、「は」という助詞であることも忘れられているので、新しい一語の俗語と考えてもいいのかもしれない。実際に仮名遣いは正しくすべきだと言って「は」を使って書いてみると、「こんちは」はまだわかるが、「ちはー」「ちはっ」は読みにくいし、何のことだかわからない。

このような俗語の誕生を苦々しく感じる向きもあるかもしれないが、「こんちわ」「ちわー」「ちわっ」を否定することが難しくなっていることは確かである。

方言・俗語

さいはい【采配】〔名〕

「振る」のか「振るう」のか？

「采配《さいはい》」とは、大将が軍勢の指揮をとるときの持ち物のことで、柄の先に裂いた白紙などを束ねて、房状に取り付けたものが多い。これを手にした指揮官が、それを振り動かして合図をしたところから、「采配を振る」「采配を取る」という言い方が生まれ、陣頭に立って指図をする、指揮をするという意味になった。

ところでこの「采配を振る」だが、近年になって従来なかった「采配を振るう」という言い方が広まっているのである。

２００８（平成20）年度の文化庁「国語に関する世論調査」でも、従来の「采配を振る」を使う人が28・6％、「采配を振るう」を使う人が58・4％という逆転した結果となり、「振るう」派が完全に「振る」派を圧倒してしまったのである。

『日本国語大辞典（日国）』でも第2版に、初版にはなかった井上靖の以下の例が加わり、「采配を振るう」の形も認めるようになってしまった。

「その下で編輯《へんしゅう》の采配を揮ふばかりでなく」（『闘牛』１９４９年）

采配

「揮ふ」は「ふるう」と読み、歴史的仮名遣いでは「ふるふ」である。

この例のみで「采配を振るう」を認めるのは、いささか時期尚早である気もしないではないが、「ふるう」を無視できなくなっているのは確かである。

そもそも「ふるう（揮）」とは、思うままに取り扱う、棒状のものを縦横に駆使して用いる、という意味なので、「采配」に「ふるう」を使ってもあながち間違っているとはいえない気もする。ちなみに「ふる」は、全体を前後または左右に数回すばやく動かすという意味である。「ふる」「ふるう」は、音も似ているし意味も近いため混同してしまったのであろう。だが、「采配をふるう」が『日国』以外のほかの辞書に登録される日も、そう遠くない気がする。

揺れる読み方

さくさく【嘖嘖】〔名・形動〕

悪評や不評に使ってよいか？

「さくさく」といっても、「パソコンがさくさく動く」などというときの「さくさく」ではない。漢字で書くと「嘖嘖」。これはこれでけっこう難読語だと思う。意味は、「口々に言いはやすさま。また、盛んにほめたてること」（『日本国語大辞典〈日国〉』）である。「名声さくさく」「世評さくさく」などと使う語だといえば、聞いたことがあるという方も大勢いらっしゃることだろう。

漢字「嘖」は、口々に言いはやすさまを意味する。そして「嘖嘖」の形で、評判がよい場合にのみ使う語とされてきた。ところが、である。「悪評さくさく」「不評さくさく」といった、悪い評判などと結び付いて使われることがけっこう広まりを見せているらしいのだ。そのためNHKの『ことばのハンドブック』では、プラスの意味で使い「悪評さくさく」は誤りであるとわざわざ注記している。

しかし灯台もと暗しと言うべきか、『日国』に「嘖嘖」の誤用とされる用例が、ごく当たり前のように入り込んでいることに今さらながら気がついてしまったのである。このような例だ。

「私のやうな悪評嘖々たる人間が」（織田作之助『可能性の文学』1946年）

今にして思う。『日国』第2版の編集を担当した者として、この用例を十分に吟味しなかったのは、かなり軽率だったのではなかったかと。いくら「さくさく」の用例であるからといっても、明らかに誤用とされるものである。特殊な例であるだけに、扱いには何よりも慎重であるべきではなかったかと思うのだ。

今、第2版の編集を行っていた過去に戻れるのなら、この例は補注にして、注意すべき典型的な誤用例として示すようにすると思う。作家の誤用例を、いくら用例主義の辞書だからといってわざわざ載せるのも、あまり趣味のよいやり方ではない気もするが。 揺れる意味・誤用

さされる【刺される】〔動サ五（四）〕

蚊には「かまれ」たり「くわれ」たりもする

SNSのフェイスブックをやっているのだが、あるときこんな書き込みについ反応してしまった。

「完全装備で庭の雑草とりをしていたら、やはりやつらはすごい！ 唯一カバーしていない鼻と目をひどく嚙《か》まれた。もう、蚊は大大大嫌い。明日は会社に行け

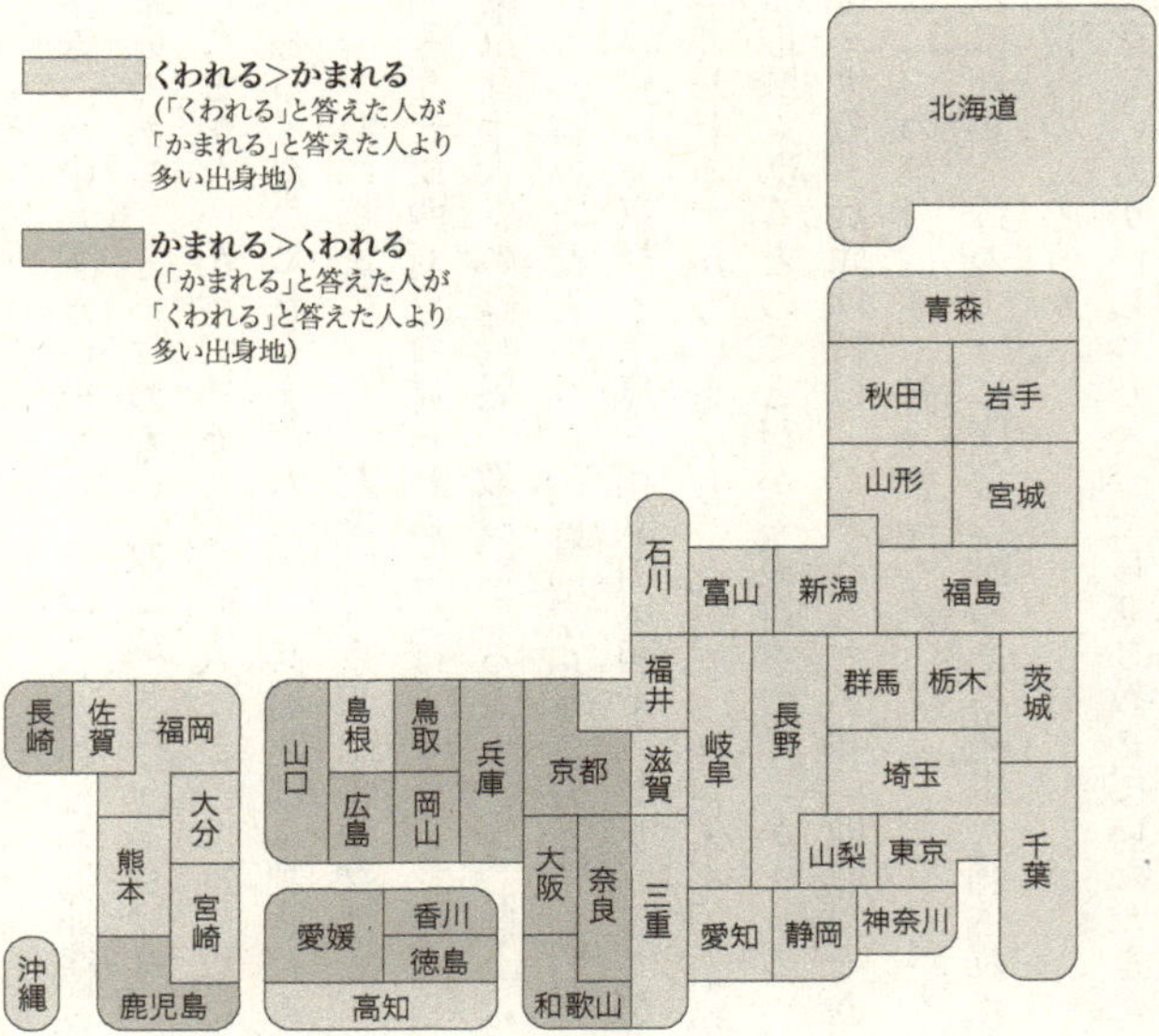

出典：篠崎晃一＋毎日新聞社『出身地がわかる方言』（幻冬舎）

ないぞぉ」

本人には申し訳ないのだが、反応したのはその悲惨な体験ではなく、「嚙まれる」の部分である。というのも、「蚊にかまれる」という言い方は、千葉県出身の私は使ったことがないからである。千葉県人にとっては、蚊にはふつう「くわれる」ものなのである。だがこれもまた方言で、共通語は「刺される」なのである。

この「蚊に嚙まれ」た〝友達〟は京都出身の女性で、「かまれる」「くわれる」は、はっきりと東西対立の見られることばらしい。

東京女子大学の篠崎晃一教授によると、「かまれる」は西日本、「くわれる」は東日本に多い言い方だという（『出身地《イナカ》がわかる方言』篠崎晃一＋毎日新聞社、幻冬舎文庫）。その境界は、京都・奈良・和歌山以西で「かまれる」が多く、福井・滋賀・三重以東で「くわれる」が多いという。ただし、西日本でも「かまれる」「くわれる」が併存する地域もあるとのことだが、東日本では「かまれる」はほとんど見られないという。京都・大阪・兵庫は特に「かまれる」が多い地域だそうだ。

蚊は口の部分にある針で刺すため「かまれる」「くわれる」という言い方は納得できるのだが、蜂のように腹部に針のある昆虫に刺されたときもそれらの地域は同じように言うのだろうか。

ご存じの方がいらっしゃったらぜひ教えていただきたい。

ざっくり　〔副〕

辞書にない新しい意味

まずは以下の文章をお読みいただきたい。私が編集を担当した『現代国語例解辞典第4版』（小学館、2006年刊）に立項されている、「ざっくり」という語の語釈（解説）部分である。

⑴力を込めて物を切ったり、割ったりするさま。
⑵深くえぐれたり、大きく割れたりするさま。
⑶布地などの手ざわりや目などの粗いさまをいう語。

いかがであろうか。これを読んで、あれ、あの意味が足りないのではないかと思った方もいらっしゃるかもしれない。おそらくその方は、「今日のところはざっくりとしたところだけでも決めておこう」「論文の要旨をざっくりととらえる」などという文章を思い浮かべたものと思われる。そう、この辞典には「ざっくり」の、大ざっぱなさまや、全体を大きくとらえるさまという意味はないのである。

だが逆に、ここまで読んで「えっ、『ざっくり』にそんな意味はないでしょ」と思った方も少なからずいらっしゃるに違いない。

実は、この大ざっぱという意味の「ざっくり」は、最近見かけるようになった言い方なのである。したがって、２００６年発行の『現代国語例解辞典第4版』の編纂《へんさん》時にはまだあまり一般化していなかったために、掲載を見送ったわけである（ただし、２０１６年発行の第5版では、「俗に、おおまかなさま」という意味を追加している）。新語をいち早く収録することで有名な『三省堂国語辞典』も、この意味を載せるようになったのは第6版（２００８年）からである。

なぜ、「ざっくり」に大ざっぱ、大まかという意味が生まれたのか、詳しいことはよくわからない。「ざっくりしたセーター」などのように、元来あった「布地などの手ざわりや目などの粗いさまをいう語」という意味からの類推なのかもしれない。

国語辞典の扱いは現時点ではまちまちなのだが、もし辞書に載せるとしても、俗語という表示は必要だと思われる。

揺れる意味・誤用

さびしい【寂しい】〔形〕〔文〕さび・し〔シク〕

NHKは「さみしい」も認めている

お近くに国語辞典があったら、「さみしい」という語を引いていただきたい。いかがであろうか。大方の辞典は「さびしい」を見よとなっているのではないだろうか。

だが、「さみしい」と「さびしい」は本当に同じなのだろうか。

『日本国語大辞典』によれば「さみしい」「さびしい」の関係は以下の通りとなる。

「上代の『さぶし』が平安時代に『さびし』となり、それがさらに変化した語。近世以降『さびし』『さみし』は並んで用いられ、のち『さむしい』『さぶしい』の形もみられる。(『さみしい』の語誌)」

日本語ではバ行音とマ行音の交代はよく見られる現象で(たとえば「けぶり→けむり」など)、「さびしい」→「さみしい」もそれで説明ができる。

また、この語を漢字で書くとすると「寂しい」か「淋しい」であろうが、常用漢字表には「寂」しか載っていない。しかも訓で示されているのは「さびしい」だけなのである。つまり常用漢字表ではさびしいかな、「さみしい」は無視されてしまったわけである。

だが、NHKは「さみしい」の存在もしっかり認めていて、「〔サビシイ〕〔サミシイ〕両用の読みがある」(『ことばのハンドブック第2版』)として、優先順位は設けていない。

ではどこが異なるかというと、たとえば「ふところがさびしい」「さびしい山道」と言うときに「さみしい」を使う人はあまり多くないであろう。また、「さみしい」に主観的、詩的なニュアンスを感じる人も多いのではなかろうか。発生から言えば「さびしい」「さみしい」は同義と扱って間違いないであろうが、微妙なニュアンスの違いはこのように存在するのである。それを辞書でも表現できればと思う。

揺れる読み方

さようなら〔感動〕

江戸時代後期に別れのことばとして一般化

「さようなら」はもちろん別れのあいさつに用いることばであるが、どうして「さようなら」と言うのかご存じだろうか。

「さようなら」は「さようならば」の変化した語で、もともとは、それならば、それではという意味の接続詞である。それが、「ごきげんよう」「のちほど」などのほかの別れの表現と結び付いた形で用いられるようになり、江戸時代後期に独立した別れのことばとして一般化するのである。

たとえば、江戸時代の洒落本《しゃれぼん》（江戸後期の遊里の風俗を描いた小説）の『曾我糠袋《そがぬかぶくろ》』（1788年）には、『さやうなら、御きげんよふ』『行ってまゐりやせう』」などとある。面白いことに「さようなら」が独立した別れのことばになるのと同様、「ごきげんよう」も別れのことばとして独立する。このことばがNHK朝の連続テレビ小説「花子とアン」で使われ話題になったことは記憶に新しい。

江戸時代には「さようなら」のほかに、打ちとけた間柄で用いる町人ことば「おさらば」や、ぞんざいな言い方として「そ（す）んなら」なども使われた。これらは庶民が使ったことばだが、今でもちゃんと生きている。「おさらば」は「さらば」に接頭語「お」が付いたことばで、本来は丁寧な言い方なのだが、近代以降は文語的な表現としては「さらば」が用いられている。一方武士階級はどうであったかというと、「しからば」が用いられた。

「さようなら」「さらば」「しからば」はいずれにしてもすべて接続詞で、後にほかの別れ表現が続いていたのが独立して使われるようになったものなのである。

蛇足ではあるが、「さようなら」について書こうと思った理由について少し触れておきたい。それは、境野勝悟さんという元ミッション系高校の教師だった方がお書きになった『日本のこころの教育』（致知出版社）という本に触発されたからである。この本は東京都江戸川区にある「読書のすすめ」という書店の名物店長・清水克衛さんから、辞書編集者なら絶対に興味をもつはずだと薦められた。「読書のすすめ」は、ベストセラー本を置かずに、お店が薦める本だけを棚に並べるというたいへんユニークな書店である。この本の中に、「さようなら」ということばにまつわる次のようなエピソードが語られているのである。

著者の境野先生が教師に成り立てのときに、ドイツ人神父の校長から「さようなら」の意味を尋ねられたのだが、とっさには答えられなかったのだという。するとその校長先生はこう言ったのだそうだ。

「日常の身の辺りの日本語について深い関心を持って研究してみてください。そうしているうちに、だんだん、日本人のこころというものがわかってくると思います」

まさにその通りではないだろうか。

大和ことば・伝統的表現

さわり〔名〕

曲の「さわり」とはどこのこと？

「その曲のさわりを歌ってみて」と言われたとき、皆さんは曲のどの部分を口ずさむであろうか。

２００７（平成19）年度の「国語に関する世論調査」では、「話のさわりだけ聞かせる」という例文に対して、「話などの要点のこと」の意味で使う人が35・1％、「話などの最初の部分のこと」の意味で使う人が55・0％という結果が報告されている。

実は、この「さわり」とは、元来は義太夫一曲の中で、一番の聞かせどころ、あるいは、聞きどころとされている箇所のことが転じて、一般に話や曲などの最も情感に富み、感動的な部分を言うようになったものである。歌謡曲だったら「サビ」と呼ばれる部分に当たる。つまり「最初の部分」というのは本来は誤りなのである。

ちなみに「サビ」の語源は、寿司のメシとネタに挟まれているワサビにたとえた語だという説、「サビのある声」と同語源という説などがある。英語ではブリッジ(bridge)と呼ばれる。

「さわり」は間違った意味で使う人の方が半数を超えてしまい、逆転現象が起きてしまった語である。辞書の立場としては、最初の部分をいうのは誤用であると指摘し続けなければならないのであろうか。

揺れる意味・誤用

さんずん【三寸】〔名〕

ことばだけで心や中身が込もっていないことを「○先三寸」というのだが、この「○」に入る漢字は何かおわかりであろうか。答えは「舌」である。だが、「口」と答えた方も多いのではないか。

「舌先」か「口先」か？

2011（平成23）年度の文化庁「国語に関する世論調査」でも、「舌先三寸」を使う人が23・3％、「口先三寸」を使う人が56・7％という逆転した結果が出てしまっている。しかもこの調査では、「口先三寸」を使う人の率は年齢が上がるほど高くなるという傾向が見られる。60歳代以上になると60％を超えてしまっているのである。

年齢が上がるにつれ誤用の割合が多くなる理由はよくわからないのだが、「舌先」を「口先」だと思ってしまう理由はある程度推察ができる。辞書では「舌先三寸」の意味は、心がこもらず、口先だけであると説明されることが多いので、「舌先」を「口先」と混同してしまったのではないか。

「三寸」とは、一寸が約3・03センチなので10センチ近くになり、決して短くはない。「舌先三寸」は、古くは「舌三寸」「三寸の舌」という形でも使われ、舌が長いのはお喋《しゃべ》りだと考えられていたのである。『日本大百科全書（ニッポニカ）』（小学館）によれば、日本人の舌の長さの平均は、男7・3センチ、女7・2センチだそうだから、それよりも長いことになる。だが、舌が長いとお喋りかというと、男性よりもお喋りだと思われている女性の方が舌の長さの平均は短いので、あまり当てにはならない。

いずれにしても、調子のいいことばは、実際の長さではないが、〝舌の先三寸〟の部分から生み出されると考えられてきたわけである。

揺れる意味・誤用

し【四】〔名〕

「し」か「よん」か、読みの法則は？

ある日本映画を見ていて、主演の女優さんがベートーベン作曲の弦楽四重奏曲のことを「げんがくヨンじゅうそうきょく」と言っているのを聞いて驚いた。「四重奏曲」の「四」は「ヨン」ではなく、「げんがくシじゅうそうきょく」のように「シ」と読むのが一般的だからである。その映画は笑いとサスペンスに富んだしゃれた映画で、

「四重奏」を何と読もうが映画そのものの出来とは何の関係もない。ただ、そのベートーベンの曲が映画の中では重要な意味をもっていたため、悪い癖が出てすぐに反応してしまったというわけである。

漢字「四」の読みだが、常用漢字表を見ると以下のようになっている。

シ…四角、四季、四十七
よ…四人、四日（よっか）、四月目
よつ…四つ角
よっつ…四つ
よん…四回、四階

見ておわかりのように、「四」を「シ」と読むのは音読みで、ちょっと意外だが「よん」と読むのは訓読みなのである。「四重奏」の場合は、「重（じゅう）」も「奏（そう）」も音なので、「四」も音、すなわち「シ」と読むのがふつうである。だが、物事には必ず例外があるもので、「四」を「し」「よん」または「よ」のいずれで読むかは、語によって異なるのである。

ＮＨＫアナウンサーの発音やことばの用法の基準を示した『ＮＨＫことばのハンドブック第2版』によれば、「四」が頭に付く語の場合はほとんどが「ヨン」または「ヨ」と読むが、「四月」「四条（「ヨンジョウ」とも）」「四分六分」「四分咲き」などは例外として、「シガツ」「シジョウ」「シブロクブ」「シブザキ」のように、「シ」と読むとしている。

つまり「四」を何と読むかに法則性はまったくない。「四重奏」を「シじゅうそう」と読むのもそのように読み慣わしてきたからそうなっただけである。

ちなみに、酒好きの人間にしかなじみがないかもしれないが、「四斗樽（斗は約18リットル、現在は三斗二升の樽が多い）」「四合瓶（720ミリリットル）」というのがある。これらには「しとだる」「よんとだる」、「しごうびん」「よんごうびん」と両用の読み方が存在する。どちらも間違いではないのだが、NHKは「四斗樽」は「しとだる」と読ませている。「四合」も「しごう」が古い言い方だとしている。かくいう私もNHKに従っているわけではないが、「しとだる」「しごうびん」派である。

「四」を「シ」と読むのは「死（シ）」につながるので避ける向きもあるのかもしれないが、そのように読み慣わしてきたものはやはりそう読みたいと思うのである。

揺れる読み方

じぇ〔感動〕〔方言〕

「あまちゃん」と坂本龍馬のつながり

私はNHKの連続テレビ小説が大好きである。2013年の「あまちゃん」にもすっかりはまってしまった。とにかく宮藤官九郎《くどうかんくろう》さんの脚本が素晴らしく、朝から元気な気分になれた。

芸達者な役者さんたちが話す字幕付きの岩手弁も心地よかった。第2回には、「じぇ」という方言について楽しいやりとりがあった。主人公の母がもらったメールにある「(j")/」という顔文字の中の、アルファベットの「J」はなんだという話で、地元方言の「じぇ」だというのである。

ドラマの舞台は岩手県久慈市《くじ》。地元では驚いたときに「じぇ」と言うのだそうだ。なんとも愉快な方言なので、いったいどこからきているのだろうかと調べてみたくなった。

まずは方言も掲載されている『日本国語大辞典（日国）』を引いてみた。すると「じゃあ」という項目の方言欄に、「驚いたりとまどったりする時に言う語。おや。やあ。これはこれは」とあるではないか。だがドラマの中では「じゃあ」ではなく「じぇ」だったはずだ。そう思いながらよく読んでみると、「《じぇあじぇあ》岩手県九戸《くのへ》郡088」という異形が見つかった。

地名はその方言の分布地域を表し、岩手県北東部で太平洋に面する現在の久慈市は江戸時代以降、九戸郡に含まれていたのでまさにどんぴしゃりである。ただし、発音は「じぇあじぇあ」と表記されている。実際に地元の人が言うと「じぇじぇ」ではなく、「じぇあじぇあ」と「あ」という音が聞こえることもあるのかもしれない。

なお、088という数字は元になった方言資料の出典を表していて、この場合は1936（昭和11）年に岩手県教育会九戸郡部会が刊行した『九戸郡志』という本によっているということである。

この「じゃあ」だが、狂言に多く用いられた感動詞に由来しているらしい。『日国』には、

「其当りにするゑひろがりは御ざらぬか。ジャア。ここもとにも無いさうな」（虎寛本狂言『末広がり』）

という狂言の例が引用されている。「末広がり」は扇のこと。この「ジャア」は、驚いたり、失望したり、あざけったりするときに発する語で、さまざまな意味で使われる「じゃ」にかなり近い。

なお、蛇足ではあるが、『日国』の「じゃあ」の方言欄をさらに読み進めていくと、「ちゃっちゃっ」という異形が出てくる。そしてその分布は山形県と高知県とある。

ここまで読んで、「あれか」と思った方も大勢いらっしゃると思う。そう、NHKの大河ドラマなどで坂本龍馬の口癖として有名になったあの「ちゃっちゃっ」なのである。

思わぬところで岩手県と高知県がつながってしまった。

方言・俗語

しおどき【潮時】〔名〕

ちょうど良い時期か、終わりのときか？

「潮時」とは、元来は海の潮が満ちるときや、引くときをいう。

「ソーラン節」の中に、

沖の鷗に　潮《しお》どき問えば
わたしゃ立つ鳥　波に聞け　チョイ

と出てくる、あの「潮時」である。

これが転じて、ものごとを行ったりやめたりするのに適当な時期といった意味になる。

「話しかける潮時をうかがう」とか、「そろそろ引退の潮時かもしれない」などと使う。つまり「潮時」とは、ある流れの中で何かを行うのにちょうどよい時期になるといった意味で、「好機」に近いと言ってもいいかもしれない。

ところが、この「潮時」を「好機」の意味ではなく、「ものごとの終わり」という意味だと考えている人が増えているようなのである。2012(平成24)年度の文化庁「国語に関する世論調査」でも、本来の意味である「ちょうどいい時期」で使う人が60・0%、従来なかった「ものごとの終わり」で使う人が36・1%という結果が出ている。

しかも、この調査結果にはもうひとつとても気になる点がある。従来の意味で使っている人が、10歳代と60歳以上では6割を超えているのに対して、20歳代から50歳代までは、従来の意味で使う人は5割を少し上回る程度で、逆に「ものごとの終わり」という従来なかった意味で使う人が4割以上と、増加しているのである。いったい、この世代に何があったのであろうか。語彙を獲得する時期に共通する何かが起こっていたのであろうか。

だが、今となってはその原因を追究することはあまり意味がない。むしろ、これからの日本語を担う10代の若者たちが、「潮時」を本来の意味のままで使い続けてくれるように仕向けていくことの方が大切だと思うのである。

揺れる意味・誤用

しきいがたかい【敷居が高い】〔連語〕

「敷居が高い店」はあるのか?

菊池寛の『父帰る』(1917年)という戯曲をご存じだろうか。妻子を捨てて情婦と出奔した父親が、20年後に落ちぶれて帰ってきたことで、家族一人ひとりに生じる複雑な心情を描いた作品である。母親と次男は父を迎え入れようとするが、家族の父親代わりとなってさんざん苦労をしてきた長男は父を拒絶する。

消沈して再び家から去ろうとする父親の独白にこんな一節がある。

「夜になると毎晩家の前で立っていたんぢゃが敷居が高うてはいれなかったのぢゃ……併《しか》しやっぱり這入《はい》らん方がよかった」

まくらが長くなってしまったが、父親のせりふの中にある「敷居が高い」という慣用句に注目していただきたかったのである。

この父親が言う「敷居が高い」は、自分の家族を捨てるという非道なことをしたため、家に入りにくい状態であることを語っている。「敷居が高い」とは、この父親の言うように「相手に不義理をしたり、また、面目のないことがあったりするために、その人の家に行きにくくなる。また、その人に会いにくくなる状態をいう語」（『日本国語大辞典』）なのである。

ところが、２００８（平成20）年度の文化庁「国語に関する世論調査」では、「あそこは敷居が高い」を、『父帰る』のように本来の意味である「相手に不義理などをしてしまい、行きにくい」で使う人が42・1％、従来なかった誤った意味の「高級すぎたり、上品すぎたりして、入りにくい」で使う人が45・6％という逆転した結果が出てしまったのである。

実際インターネットで検索すると、「あの店は高級すぎて敷居が高い」「初心者には敷居の高いスキー場」といったような「ハードルが高い」と混同したような用例が多数見つかる。

従来なかった意味で使う人が増えているという文化庁の調査結果は無視できないので、国語辞典としては、程度や難度が高いという意味で使うのは誤用であるという注記を、今後載せる必要があるかもしれない。

揺れる意味・誤用

しく【敷く】〔動カ五（四）〕

布団は「しく」もの？「ひく」もの？

まずは以下の文章をお読みいただきたい。

「しゃべらぬじいさんの、チェーン＝ストークス呼吸（大きくなったり静止したりする不規則な呼吸）を聞きながら床の上に布団をひき、じいさんの手の脈を時々取ってみながら」

この文章を書いた徳永進氏は、医師でノンフィクション作家でもある方だという。この文章は、『臨床に吹く風』（新興医学出版社、１９８６年）というエッセイ集による。いかがであろうか、この文章を読んで何か気になる部分はないであろうか。私はというと、「床の上に布団をひき」という部分が引っかかるのである。自分だったら布団は「ひく」ではなく、「しく」と書くはずだから。

確かに私の周りにも「布団をひく」と言っている人はいる。しかし、それは口頭語なのかと思っていたのだが、どうやらそうではなかったらしい。医師である方も使うということとは、医療関係者の間でも「布団をひく」と言う人はけっこう多いのかもしれない。

結論を先に述べると、夜具としての布団を平らに広げることは、「布団をしく」というのが正しく、「ひく」は誤りである。

「しく」は「敷く」で、物を平らに延べ広げるという意味である。布団だけでなく、絨毯《じゅうたん》、畳、茣蓙《ござ》、わら、新聞紙、シートなどを平らに広げる場合はすべてこの語を使う。

一方「ひく（引く）」にはこの意味はなく、小型の国語辞典でも「ひく」にこの意味を載せているものはない。

ただ、『日本国語大辞典』には「引く」の項目に、「一面に敷きつめる。上方で、『敷く』ことをいう」という興味深い意味が載せられている。そして、以下のような用例が引用されている。

「前栽うゑさせたまひて砂ごひかせけるに、家人にもあらぬ人の砂子おこせたればば」（『伊勢集』）

伊勢は平安前期の女流歌人で、宇多天皇の中宮温子《おんし》に仕えた。「前栽《せんざい》」は、庭前に植え込むための草木で、「砂ご」は砂のことである。ここでは「砂を敷く」ではなく「砂をひく」なのである。

さらにもう一例。

「ひく布団抔《など》敷をひくといふ」（『浪花聞書』）

『浪花《なにわ》聞書《ききがき》』は江戸後期の方言辞典で、大坂方言や当時の風俗語などを江戸語と対照させたものである。「しく（敷く）」ことを「ひく」と言うのはもちろん大坂で、「布団をひく」のような言い方は古くは大坂方言だったことがわかる。

だが、最近では大阪出身者以外でも「布団をひく」と言う人はかなりいる気がする。なぜだろうか。

考えられることは『浪花聞書』にもあるように、「ひ」と「し」の発音が交代するという現象である。たとえば大阪弁ではヒチヤ（質屋）、ヒツコイ（しつこい）、シタイ（額）、オシタシ（お浸し）などのような発音がよく聞かれるが、これと同様の現象が東京弁においても存在するからである。また、その発音の混同により、「しく」を方言的だと考え「ひく」の方が共通語だと誤解して使っているということもあるのかもしれない。さらに、物を平らに延べ広げる動作がその物を自分の方に引き寄せると考えて、「ひく」と言っている可能性も考えられる。

いずれにしても「布団をひく」は誤った言い方であるため、よく聞かれる言い方ではあるが、一般向けの国語辞典の「ひく」の項目にこの意味が載るということはないのである。

方言・俗語

したつづみ【舌鼓】〔名〕

誤用はいつの間にか認められる?

「山海の珍味に舌鼓を打つ」などと言うときの「舌鼓」、皆さんは何と読んでいるだろうか。

「舌つづみ」? あるいは「舌づつみ」?

「舌鼓」はおいしいものを飲み食いしたときに鳴らす舌の音の意味なので、語源を考えれば「舌」+「鼓」である。「鼓」は「つづみ」だから「舌つづみ」が正しいことになる。

実際、近世初期にキリシタン宣教師が日本語を習得するために編纂《へんさん》された『日葡辞書《にっぽじしょ》』(1603~1604年)にも「Xitatçuzzumi(シタツヅミ)」とある。

だが、話はそれほど単純ではない。「舌づつみ」もかなり以前から見られる言い方なのである。たとえば、『日本国語大辞典』には、近松門左衛門の浄瑠璃『持統天皇歌軍法《じとうてんのううたぐんぽう》』(1713年)の以下のような例が引用されている。

「母もはなしの舌づつみ宜禰《きね》(=巫覡」とも書き、神官や巫女のこと)がつづみの袖神楽《そでかぐら》（袖をかざして舞う神楽）」

「舌つづみ」は決して発音しにくいことばではないと思われるのだが、「舌づつみ」が広まってしまったのはなぜなのであろうか。語源意識が薄れたことと、「うわづつみ（上包）」「こづつみ（小包）」「こもづつみ（薦包）」などのような、連濁形「〇〇づつみ（―包）」からの類推によって生じたことなどが考えられる。同じ〈名詞＋「鼓」〉の語に「腹鼓」があるが、面白いことにこの語もやはり「腹つづみ」ではなく「腹づつみ」という言い方が江戸時代に生まれている。

このような実態を踏まえて、ＮＨＫなどでは「舌つづみ」を第一の読み、「舌づつみ」を第二の読みとしている。「腹鼓」も同様である。また多くの国語辞典も「舌づつみ」「腹づつみ」を認めている。

みんなが間違えて使っていると、いつしかその語の用法として認められてしまうという好例であろう。

揺れる読み方

したのねのかわかぬうち【舌の根の乾かぬうち】〔連語〕

「舌の先」も誤りとは言い切れない？

前に言った事柄に反することを、すぐに言ったり行ったりするときに、非難の気持ちを込めて「舌の○の乾かぬうちに」と言うことがある。この○の部分に入る漢字一字は何だとお思いだろうか。

正解は「根」である。つまり、「さんざん謝罪をしておいて、舌の根の乾かぬうちに、またうそをつく」などのように使う。ところが最近これを、「舌の先の乾かぬうちに」と使う人が増えているらしい。

2006（平成18）年度の文化庁「国語に関する世論調査」でも、本来の言い方である「舌の根の乾かぬうちに」を使う人が53・2％とかろうじて過半数を超えているものの、従来なかった言い方「舌の先の乾かぬうちに」を使う人は28・1％という結果が出ている。世代的に見ると、本来の言い方を使う人の率は年齢が高くなるとともに高くなり、40代では6割台半ばに達する。だが、どうしたわけか、50代や60歳以上では、5割台前半から5割台半ばに下がってしまう。しかも、本来の言い方ではない「舌の先の乾かぬうちに」が、16～19歳、50代、60歳以上で3割台と多くなっているのである。

このような調査で毎回気になることがある。私も属する50代以上に、従来なかった言い方（誤用とする人もいる）をする人が増加する語があるのは、いったいどうしたわけなのであろうか。この世代には若者のことばの乱れを指摘する人が比較的多い気がするのだが。言語形成期の教育に何か問題があったのであろうか。はたまた単に使わなくなって忘れてしまっただけなのであろうか。

だが、「舌の根の乾かぬうちに」の場合はちょっと別の問題がありそうだ。それは何かというと、「舌の先」だと思っている私と同世代の人たちを擁護しようというわけではないのだが、絶対に「舌の根」でなければ間違いだという根拠はどこにもないのである。

なぜそのようなことが言えるのかというと、『日本国語大辞典（日国）』の用例を見る限り、「舌の根の乾かぬうちに」は、それほど古い言い方ではないからである。その用例は、明治時代になってからの歌舞伎のものが現時点では初出である（『日国』では補注で「人情本・清談若緑」に見える「その舌の根もひかぬ（＝乾かない）うち」という用例も紹介しているが、これは19世紀中頃、つまり幕末の用例である）。

ところが、同じ意味の言い方に「舌も乾かぬ所《ところ》」という言い方もあり、こちらの方は、もっと古い1766年刊行の浮世草子『諸道聴耳世間猿《しょどうききみみせけんざる》』（上田秋成作）の用例が存在するのである。

これらの用例からすぐに結論を導き出すのは危険かもしれないが、本来は単に「舌」だけで使われていて、のちにそれを強調する意味合いを込めて「舌の根」という言い方が生まれたのではないか。

「舌の先の乾かぬうち」は、「舌先三寸」との混同で生まれたのかもしれないが、少なくともそれを頭から否定する根拠は存在しないのである。

揺れる意味・誤用

しっしょう【失笑】〔名〕

笑いを失ったわけではない

皆さんは「場違いな発言に失笑する」と言う場合、どういう意味で「失笑」を使っているだろうか。「失笑」の本来の意味は、思わず（こらえきれずに）吹き出して笑ってしまうということである。

ところが、2011（平成23）年度の文化庁「国語に関する世論調査」では、思わず吹き出してしまうという本来の意味で使う人が27・7％、笑いも出ないくらいあきれるという本来なかった意味で使う人が60・4％と、逆転した結果が出てしまったのである。

「失笑」の「失」はあやまってとか、やり損なってとかいった意味で、「失禁」「失言」の「失」と同じである。つまり、そんなつもりはないのについ、といった意味合いである。あきれるとか軽蔑するとかいった意味はない。もちろん、思わず吹き出す笑いには冷笑や嘲笑《ちょうしょう》も含まれるだろうが、それに限定した笑いではないのである。

だが、なぜこのような逆転現象が生じてしまったのであろうか。

以下はあくまでも推測である。「失笑」には「失笑を買う」という言い方があるのだが、その言い方にはあきれるという意味が込められていると勘違いして、「失笑」だけで同じ意味になると思われるようになったのかもしれない。だが、「失笑を買う」は愚かな言動のため他人から笑われるといった意味で、あきれるという意味合いは本来はないのである。

もうひとつ、「冷笑」との混同も考えられる。「冷笑」は、紛れもなくさげすみ笑うという意味である。

ただ実際には、「失笑」という語を使ったとき、本来の意味なのか、新しい意味なのか紛らわしい場合が多いことも事実である。そのため、国語辞典の編集者もこの語の扱いには苦労している。

それにしても、「爆笑」もそうだが（P292参照）、どうして「笑い」に関することばは意味の揺れが生じやすいのだろうか。

揺れる意味・誤用

じめん【地面】〔名〕

なぜ「ぢめん」ではないのか？

読者から、「地面」という語を辞書で引くと見出し語の読みは「じめん」になっているが、「地」という漢字の読みは「ち」なので、正しくは「ぢめん」ではないか、という質問を受けた。

このような仮名遣いに関しての決まりは、1986（昭和61）年7月1日の内閣告示第一号「現代仮名遣い」に記載されている。そこで、それを基に説明しようと思って該当箇所を探したところ、ぴったりの部分はあるにはあったのだが、どのように説明したらよいのか、はたとことばに詰まってしまった。

それは、「じ」「ず」と「ぢ」「づ」の関係について述べた、「5　次のような語は、『ぢ』『づ』を用いて書く」という部分の〔注意〕に書かれている。このような内容だ。

次のような語の中の「じ」「ず」は、漢字の音読みでもともと濁っているものであって、上記(1)、(2)のいずれにもあたらず、「じ」「ず」を用いて書く。

例　じめん（地面）　ぬのじ（布地）

ずが（図画）　りゃくず（略図）

この部分を読んで、皆さんは何を言わんとしているのかすぐに理解できたであろうか。「上記⑴、⑵」の⑴というのは、同音語の連呼によって生じた「ぢ」「づ」のことで、たとえば「ちぢむ」「つづく」などである。⑵は二語の連合によって生じた「ぢ」「づ」のことで、たとえば「はなぢ」「まぢか」「みかづき」などである。

正直に告白すると、私自身この仮名遣いの「じ」「ず」と「ぢ」「づ」の関係はかなり怪しく、説明を求められてもすぐには答えられないことがある。

そんな自分のことを棚に上げて言うわけではないのだが、このような国語施策に関する約束事は、できるだけわかりやすく記述してほしいと思うのである。

それにしても、この部分はなんともわかりづらい。この内閣告示が出されてからすでに30年近くになり、わかりづらいという指摘もかなりあるようだが、放置されたままなのである。

では、この〔注意〕の部分は何を言わんとしているのかというと、「常用漢字表」に「地」の音として「チ」「ジ」が載っているように、「チ」も「ジ」も元から「地」という漢字に存在する音であり、この「ジ」は「はなぢ（鼻血）」などのように「チ」がほかの語に続いたために濁ったものではない。したがって、「地面」は「じめん」、「布地」は「ぬのじ」と書くのが適切だということなのである。

「じ」は「地」のもともとの音であると一言付け加えてくれれば、それだけでかなり理解の助けになると思うのだが、なぜそう言ってくれなかったのか残念でならない。

揺れる読み方

しゅうまつ【週末】〔名〕

「いつ」「どの範囲」のことか?

「今度の週末に会おうよ」と言われたとき、皆さんはいつのことだと考えるだろうか。

『日本国語大辞典』で「週末」を引くと、「一週間の末。一週間の終わり頃。金曜から土曜日、また土曜の午後から日曜日にかけてをいう」とある。

また、「週末」に当たる英語「weekend」について、『小学館ランダムハウス英和大辞典』では、「(特に金曜［土曜］日の夜から月曜日の朝までの)週末(以下略)」と説明されている。

ほかの辞典類はどうかというと、おおむね以下のように分けることができた。

(1)土曜日

(2)金曜日と土曜日
(3)土曜日と日曜日
(4)金曜日の夜から日曜日の夜（または月曜日の朝）まで

こうしてみると、「週末（ウィークエンド）」の範囲は辞典によってかなり揺れていることがわかる。

一般的な感覚としては(3)の「土曜日と日曜日」と考える人が多そうである。かくいう筆者も「土日」派である。だが、(1)(2)(4)と考える人も決して少数派ではないであろう。

このように、「週末（ウィークエンド）」の指す範囲はかなり幅があり、人によって受け止め方も違うため、意味の曖昧な語だということができる。

相手に的確に情報を伝えなければならない場合には、特定の「曜日」や「日にち」を具体的に示したり、言い添えたりした方が無難なようである。揺れる意味・誤用

しょうちくばい【松竹梅】〔名〕

等級を表すことばなのか？

うなぎが好きでよく食べに行く。

先日、上野池之端にあるうなぎ屋に行ってお品書きを見たところ、うな重は「松」と「竹」があり（「梅」はなかった）、値段は「松」よりも「竹」の方が高い設定になっていた。普通、「松竹梅」で値段の違いを示すときは「松」が一番高く、以下「竹・梅」と続くことが多いのでおやっと思った。

だが、この「松竹梅」は実は順序や等級の優劣を表すことばではないのである。元来は、松と竹は冬の寒さに耐えて緑を保ち、梅は花を咲かせるところから、「歳寒《さいかん》の三友《さんゆう》」と称して、めでたいもののしるしとされていたのである。「歳寒」とは冬の時節のことで、「歳寒の三友」は東洋画の画題や祝い事の飾り、立花などに用いられる。

まさにその名が付けられた清酒もあるが、これもめでたいものであるところからの命名であろう。

つまり、「松竹梅」が順序や等級の優劣を表す語として使われるようになったのは最近のことで、どれが上でどれが下ということはないのである。

ちなみにくだんのうなぎ屋では安い方の「松」を食べたのだが、ふっくらとしたうなぎで実に美味であった。

揺れる意味・誤用

じょうちょ【情緒】〔名〕

消えていく「ジョウショ」という読み

皆さんは「情緒あふれる城下町」などというときの「情緒」を何と読んでいるだろうか。おそらく「ジョウチョ」と読むという方がほとんどなのではないだろうか。だが中には、いや自分は「ジョウショ」と読むという方もいらっしゃるかもしれない。「ジョウチョ」「ジョウショ」はどういう関係かというと、「ジョウショ」の方が伝統的な読み方なのである。「緒」という漢字は「ショ」が漢音、「チョ」が慣用音だからである。慣用音とは、もともとはなかった日本で通用している漢字音のことをいう。

このため、「常用漢字表」(1981年告示、2010年改定)の前身である「当用漢字表」の「音訓表」(1948年)では、「緒」には「チョ」という音は示していなかったのである。

それが「常用漢字表」では、「チョ」という音が認められるようになっただけでなく、「ジョウチョ」の読み方が「ジョウショ」よりも広まっていると判断したためか、「チョ」の語例の欄に「情緒」を挙げ、さらに備考欄に「『情緒』は『ジョウショ』とも」として、「ジョウチョ」を優先させる扱いに変わってしまった。わずか三十数年で読みが交代してしまったわけである。

確かに現在では「ジョウチョ」の方が広まっていると言えそうである。たとえばNHKでも、アナウンサーが用語の目安としている『ことばのハンドブック』で、初版（1992年）では「○ジョーチョ　×ジョーショ」と揺れの存在を認めつつ「ジョウチョ」が正しいとしていたのだが、第2版（2005年）ではその注記さえも削除してしまった。「ジョウショ」か「ジョウチョ」で悩む者はもはやいないという判断なのであろう。

国語辞典では、「ジョウショ」は見出しとしては残されているが、解説は「ジョウチョ」にゆだねるというやり方をとっているものがほとんどである。

私自身も、大方が「ジョウチョ」と言っているのにあえて「ジョウショ」が正しいと言い張る気は毛頭ない。ただ、何となくこのまま日本人の記憶の中からその読みが消えてしまうのも惜しい気がする。願わくは「常用漢字表」が再度改定されたときに、「ジョウショ」について触れた備考欄はそのまま残し続けてもらいたいと思うのである。もっとも、その備考欄の意味するところを理解できる人が、今後ますます少なくなっていくかもしれないという危惧《きぐ》はあるのだが。

しょうねんおいやすく【少年易老】〔連語〕

辞書にも思い込みはある

「少年易老学難成（少年老いやすく　学なりがたし）」という漢詩の一節をご存じの方も大勢いらっしゃると思う。「若いと思っているうちにすぐに年老いてしまい、志す学問は遅々として進まない。年月は移りやすいので寸刻をおしんで勉強せよということ」（『日本国語大辞典〈日国〉』）という意味である。

この詩句は長い間、中国・南宋の思想家朱熹《しゆき》の作だと信じられてきた。朱熹（1130〜1200年）は朱子《しゆし》とも呼ばれ、その学説である朱子学は日本にももたらされ、江戸時代には幕府から官学として保護を受けている。

この詩はその朱熹の「偶成詩」だといわれていた。なぜそうなったのかというと、明治時代の漢文教科書に朱熹の作として掲載されていたかららしい。各辞典は何の疑問も抱かずにそれを踏襲していたのである。ただ、朱熹の詩文集にこの詩がないことは、一部では知られていたことであったらしい。

先行するほかの辞典をまねるからそういうことになるのだといわれればそれまでな

のだが、朱熹作という思い込みはごく最近まで続いていた。

ところが、平成になって間もない頃、作者問題を論じた画期的な論文が、柳瀬喜代《やなせきよ》志《し》氏、岩山泰三《いわやまたいぞう》氏という2人の研究者から相次いで発表された。紙面の都合で詳細は省くが、いずれも日本の禅僧の作であるという説である。

たまたまではあるが、岩山泰三氏には『日国』第2版の編纂作業にご協力いただいていた。そのため岩山氏のご教示もあって、第2版では朱熹説は疑問で、江戸時代初期に五山派の禅僧の詩を集成した『翰林五鳳集《かんりんごほうしゅう》』に収録されている、室町前期の五山僧惟肖得巖《いしょうとくがん》（1360〜1437年）の作ではないかという補注を付け加えた。

だが、さらに第2版刊行後の2005年に、朝倉和《あさくらひとし》氏が室町時代に京都の相国寺《しょうこくじ》の住持だった観中中諦《かんちゅうちゅうたい》（1342〜1406年）の語録・詩文集『青嶂集《せいしょうしゅう》』にこの詩が見えるとし、これが出典としては最も古い作品であると指摘した。朝倉氏の説は第2版には間に合わなかったが、今後第3版の改訂作業ではこの説も検討することになるであろう。

これらの諸説を受けて、近年は朱熹説は疑問であるとしている辞典も増え始めている。作者問題は必ずしも決着をみたわけではないが、地道な研究が長年の辞書の思い込みを変えつつあるのである。

しょくし【食指】〔名〕

動くのか、そそられるのか？

「食指《しょくし》が動く」という言い方をお聞きになったことがあると思う。だが、最近「食欲をそそる」との混同からか、「食指をそそる（そそられる）」と言う人が増えているらしいのだ。

２０１１（平成23）年度の文化庁「国語に関する世論調査」でも、本来の言い方である「食指が動く」を使う人が38・1％であるのに対して、本来の言い方ではない「食指をそそられる」を使う人が31・4％というかなり拮抗《きっこう》した結果が出ている。しかも、10代と50代では「食指をそそられる」を使う人の割合の方が多いという逆転した結果が報告されているのである。私と同世代の50代は、いったいどうしたのだろうか。

「食指」とは人さし指のことで、「食指が動く」は中国の『春秋左伝』（中国・魯《ろ》の歴史を書いた『春秋』の解釈書）という書に見える故事による。中国・鄭《てい》の子公（公子宋《こうしそう》）が、人さし指が動くのを見て、これはごちそうにありつける前兆だと言ったというのである。そこから、食欲が起こるという意味になり、さらに転じて、ある物事に対し欲望や興味が生じるという意味になった。

ところで、「食指をそそる」という人が50代に多いと書いた。もちろん「食欲をそそる」との混同が最大の原因であろうが、私はそれだけでなく新聞や雑誌の主に経済関係の記事の見出しも影響しているのではないかとにらんでいる。たとえば「A社、○○事業売却へ／B社など食指か」といったようなたぐいのものである。「食指を動かすか」ではなく「食指か」で、興味を示しているということを表現しようとしているわけで、見出しの書き方としてわからぬでもないのだが、やはり無理がある気がする。このような中途半端な使い方が蔓延《まんえん》すると、本来の言い方が忘れ去られてしまうのではないかと危惧《きぐ》される。正しい日本語を後世に残すためにも、見出しといえども省略などせずにきちんと書いてもらいたいと思うのである。

揺れる意味・誤用

しんとう【心頭】〔名〕

怒りはどこで生まれるか

「怒り心頭に◯する」。さて、◯の部分に入る漢字は何か？

クイズではないのだが、2012（平成24）年度の文化庁「国語に関する世論調査」によれば、◯の部分に入るのは「達」だと思っている人が、67・1％もいるらしい。

だが、正しくは「達」ではなく「発」なのである。

この調査では「怒り心頭に発する」と答えた人はわずか23・6％しかいない。しかも「達する」だと思っている人の方が、全世代にわたって数が多いということも判明したのである。

「発する」と「達する」。確かに音は似ていなくもない。だが、なぜこれほどまでに間違って覚えている人が多いのであろうか。

「達する」だと思っている人は、怒りのメーターのようなものがあって、それが一番上の「心頭」というところまでいたると思っているのであろうか。あるいは勝手な想像なのだが、「に」という助詞がくせ者なのかもしれない。この「に」は動作・作用の行われる場所を表す「に」なのだが、「心頭において」という言い方であったら間違える人は少なかったのかもしれない。

怒りは心頭に行きつくわけではなく、心頭において生じるという言い方なのである。

「心頭」とは何かというと、心、心の中という意味である。

「心頭」といえば、甲斐国（山梨県）恵林寺の僧快川紹喜《かいせんじょうき》が織田信長の子・信忠によって寺に火を放たれた際に言ったという

「心頭を滅却《めっきゃく》（＝すっかり無くすこと）すれば火もまた涼し」

ということばを思い起こされる方も大勢いらっしゃることであろう。

従来なかった言い方がこれほど広まっていても、間違った言い方なので、「怒り心頭に達する」は辞典に載せることはできない。

揺れる意味・誤用

すいぞくかん【水族館】〔名〕

「すいぞっかん」と言うのは大阪のおっさんだけ?

大晦日《おおみそか》の夜は、お酒をちびりちびりやりながらテレビ漬けになるのが慣例になっている。その年の大晦日もチャンネルをいろいろ変えながらそうしていたところ、お笑いコンビのダウンタウンの二人が、何やら力の抜けたいい雰囲気で会話をしている場面に出くわした（日本テレビ系列「ダウンタウンのガキの使いやあらへんで!!」）。

会話の内容は正確ではないかもしれないが、以下のようであった。

松本人志さんが「パンツを洗う機械って何て言う?」という質問をしたところ、相方の浜田雅功さんは「せんたっき」と答えた。さらに「魚がいっぱい泳いでいるのをガラスの向こうから見るところを何と言う?」という質問に、浜田さんは「すいぞっかん」と答える。それを聞いた松本さんが、お前のそういうとこ嫌やねん、大阪のおっさんみたいで、気色の悪い、とツッコミを入れていた。

だが、〝大阪のおっさん〟ではない筆者も、浜田さんと同じように、「せんたっき」「すいぞっかん」と言っているのである。もちろん「洗濯機」「水族館」の正しい読みは、「せんたくき」「すいぞくかん」で、国語辞典の見出し語もすべてその語形で表示されている。「せんたっき」「すいぞっかん」で引ける書籍版の辞典はひとつもない。

ところが、日常語の標準的なアクセントと発音を示し、NHKアナウンサーのアクセントや発音の指標ともなっている『NHK日本語発音アクセント辞典』（日本放送出版協会）には、「せんたっき」はないのだが、「すいぞっかん」の方は記載されており、しかも「すいぞくかん」が併記されているのである。つまり、「すいぞっかん」の方が標準的な発音であるとNHKも認めているというわけである。

これは、NHKのアクセント辞典と並んで定評のある『新明解アクセント辞典』（三省堂）も同様である。

どちらの辞典も、「すいぞっかん」は認めて「せんたっき」を認めない理由は不明である。というのも、たとえば「濯（タク）」「族（ゾク）」のような二拍目が「ク」となる漢字は、その後に「k」の音で始まる漢字が続くと促音化、すなわち小文字の「ッ」で表記される発音になることがあるからである。「学校」を「ガッコウ」と発音するのもそれである（P91参照）。

もちろんすべてそのようになるというわけではなく、また、促音化は二拍目が「ク」となる漢字以外でも起こるのだが、「すいぞっかん」「せんたっき」はどちらもまさしくそれに当てはまるのである。

上記のアクセント辞典で示された発音は共通語の発音で、共通語＝東京語ではないのだが、だからといって大阪語だというわけではない。松本さんが抱いている「大阪のおっさん」のイメージはよくわからないが、「すいぞっかん」「せんたっき」と言っているのは、浜田さんや「大阪のおっさん」だけでないことは確かである。

揺れる読み方

ずがいこつ【頭蓋骨】〔名〕

「トウガイコツ」という読み方

皆さんは「頭蓋骨」を何と読んでいるだろうか。大方は、何を言っているんだ、「ズガイコツ」に決まっているではないか、とおっしゃるに違いない。だが、お近くに国語辞典があったらぜひ引いてみていただきたい。実は、すべての国語辞典が「ズガイコツ」を本項目にしているわけではないのである。「頭」を「トウ」と読んで、「トウガイコツ」を本項目として解説しているものも少なくないのである。

主な辞典をズガイコツ派、トウガイコツ派で分けると以下のようになる。

ズガイコツ派…『日本国語大辞典』、『岩波国語辞典』、『新選国語辞典』（小学館）、『三省堂国語辞典』、『新明解国語辞典』（三省堂）

トウガイコツ派…『大辞泉』（小学館）、『大辞林』（三省堂）、『広辞苑』（岩波書店）、『明鏡国語辞典』（大修館）

『明鏡国語辞典』は別にして、国語辞典と言いながら百科事典色の濃い中型辞典3冊がすべてトウガイコツ派なのは面白い。ズガイコツ派は辞典の規模は違っても、純粋な国語辞典と言えるものに多いのである。

「頭」は「ズ」とも「トウ」とも読むので、「トウガイ」も「ズガイ」もどちらも正しいのだが、一般には「ズガイコツ」と言うことの方が多いであろうから、各辞典の扱いは気になるところである。

NHKも、「頭」の読みは、〔トー〕頭髪　頭部外傷、〔ズ〕頭がい骨　頭寒足熱　頭痛、と使い分けている（『ことばのハンドブック第2版』）。

新聞はどうかというと、たとえば時事通信社の『用字用語ブック』では「ズガイコツ」としながらも、「トウガイコツ」も認めている。

知人の医師の話では、解剖用語としては「トウガイコツ」であるらしい。以前、ある医学ライターから、医学系の大学は系統によって、トウガイコツ派とズガイコツ派があり、さらにはトウガイコツ派は「頭痛」を「トウツウ」と言っているという話を聞いたことがあるが、確実な話かどうかはわからない。

トウガイコツ派の各辞典も「ずがいこつ」を空見出しとして設けているので、引くことに関して問題はないのだが、一般的な感覚としてはズガイコツの方が優勢な気もしないではない。

トウガイコツとズガイコツ、どちらが先に生まれたのかはまったくわからないのだが、ズガイコツが一般的になったのは、『日本国語大辞典』にも引用されている「尋常小学読本（明治36年）」の、「頭蓋骨（ズガイコツ）といふ骨が、へやのかべになってゐて」などのような読み仮名が影響しているのかもしれない。

それにしても学術的な読みと国語的な読みが異なり、それが辞典にも影響しているという、面白いことばではある。

揺れる読み方

すくう【掬う】〔動ワ五（ハ四）〕

掬われるのは「足」か「足もと」か？

すきをつかれて、思いがけない手段で失敗させられることを、「□を掬《すく》われる」と言うが、□に入る語は何か？

またクイズのような書き出しになってしまったが、正解はと言うと「足」である。ところが、２００７（平成19）年度の文化庁「国語に関する世論調査」では、「足をすくわれる」を使う人が16・7％、本来の言い方ではない「足もとをすくわれる」を使う人が74・1％と、圧倒的に「足もと」派が多かったのである。

なぜ本来の言い方ではないとされる「足もと」派が多数を占めているのであろうか。ただの言い間違い、誤用であるとしてしまえばそれまでなのだが、ことはそれほど単純ではなさそうなのである。

従来この語は、足を払うようにして支えを失わされるという意味から生じた言い方なので、「すくわれる（＝横に払われる）」のは「足」であって「足もと」ではないと説明されてきた。だが、「足もと」にも「足のあたり」という意味だけではなく、「足の下部」という意味が存在するのである。その用例は『日本国語大辞典（日国）』によれば平安時代から見られ、近代の例だが「慄《ぞっ》と足元から総毛立ちまして」（三遊亭円朝『怪談牡丹燈籠《ぼたんどうろう》』１８８４年）などというたいへんわかりやすい用例もある。

その『日国』によれば、「足をすくわれる」の用例で最も古いのは、１９４１年に発表された、文芸評論家岩上順一の次のような用例である。

「なによりも大切な心構へは一体どんなことであらうか。それは現実に足をすくはれない生命の構へを築くことであらう」（岩上順一『文学の饗宴』）

では「足もとをすくわれる」の用例はどうであろうか。この言い方自体が辞典では認められていないため、『日国』にはその例はない。だが、劇作家で詩人でもあった三好十郎の『廃墟』という一幕物の戯曲の中にこんな例があったのである。

「三平…（スッカリ酔って）ヒヒヒ、えらい所で、足もとをすくわれたねえ」（三好十郎『廃墟』）

この戯曲が発表されたのは１９４７年なので、『文学の饗宴』の「足をすくわれる」例と、わずか6年しか違わない。

もちろん三好十郎のこの例を誤用だと見なすことも可能であろうし、この例だけで判断するのは早急すぎるということも十分承知している。だが、「足もと」には「足の下」という意味も古くからあるわけで、「足もとをすくわれる」を本来なかった言い方、あるいは誤った言い方だと決めつけてしまうのも危険な気がするのである。

スコップ【（オランダ）schop】〔名〕

シャベルとどちらが大きいか？

当然のことではあるが、辞典では細心の注意を払ってことばの意味を記述するようにしている。だが、そのようにしたはずなのに、刊行した後で正確さに欠ける語釈だったと悔やまれるものがまったくないとは言い切れない。

私にとっては、たとえば、２０００〜２００１年に刊行した『日本国語大辞典（日国）』第2版の「スコップ」という項目がそれであった。

語釈の内容は実に簡単だ。「小型のシャベル」。これだけである。もちろんこの語釈のどこがおかしいのかとお思いになる方も大勢いらっしゃることであろう。だが、ちょっと待てよ、と思った私を支持してくださる方もかなりいらっしゃるのではないかと思うのである。

この語釈のどこが問題なのか。それは「スコップ」を「小型のシャベル」だと言い切っている点である。

私は従来、「スコップ」の方が「シャベル」よりも大きいと思っていた。

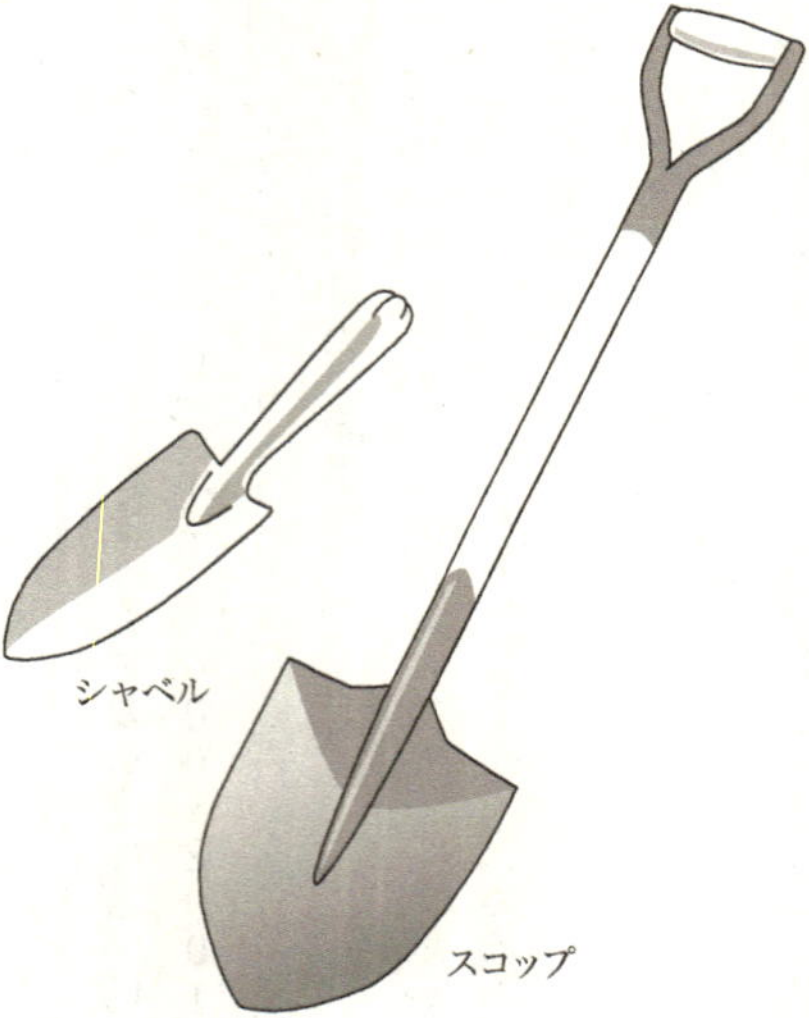

個人的な経験でいうと、学生時代に手伝った縄文遺跡の発掘現場で、表土（遺跡の上をおおっている土層）をはぎ取るのが「スコップ」で、土器などの遺物が出土したときに周りの土を丁寧に取り除く小型のこて状のものが「シャベル」であった。

だから『日国』の語釈は私とまったく逆なのである。『日国』を担当した者としては、うかつではすまされないことである。50万項目すべてに目を通すわけにはいかなかったなどという言い訳も通用しないであろう。

ちなみに『日国』では、「シャベル」は「土、砂などをすくったり、穴を掘ったりするための金属製の道具」と解説している。

では、なぜスコップよりシャベルの方が大きいと思っている人間と、私のようにスコップよりシャベルの方が小さいと思っている人間がいるのであろうか。その謎は『大辞泉』(小学館)が見事に解き明かしてくれる。

「東日本では大型のものをスコップ、小型のものをシャベルといい、逆に西日本では大型のものをシャベル、小型のものをスコップということが多い。(以下略、『シャベル』項の補説より)」

つまり、『日国』は西日本型だったのである。

このような東西の対立がある語の語釈は、どちらか一方の立場からではなく、両方に配慮しながら記述する必要があるものと思われる。

だが、この「スコップ」と「シャベル」の扱いは辞書によって、西日本型か東日本型かバラバラなのである。お手元に国語辞典を複数お持ちの方は比較していただくと面白いと思う。　方言・俗語

すし【鮨・鮓・寿司】〔名〕

表記は地方によって異なる

好きな食べ物は？　と聞かれたら、間違いなく「すし」を挙げると思う。仕事で地方に出かけたときも「すし店」に立ち寄ることが多い。

この「すし店」の表記が、地方によって違いがあることをご存じだろうか。私がこのことを知ったのは、早稲田大学の笹原宏之教授の『方言漢字』（角川学芸出版）という本からである。

「すし」の表記は、「鮨」「寿司」「寿し」「鮓」「すし」が大半であろう。「すし」は元来、魚介類を塩蔵して自然発酵させた「熟《な》れずし」だったということはご存じだと思う。平安中期の法典である『延喜式《えんぎ》』には、現在も「熟れずし」の代表格といえる近江の鮒《ふな》ずしも出てくる。

現在のような「握りずし」が登場するのは、江戸時代の後期、文化・文政年間（1804〜1830年）頃で、主に江戸で大流行したようである。大坂（大阪）でも文政末には握りずしの店が出現したが、ほとんどはやらなかったらしい。代わりに、具を酢飯と混ぜて蒸す蒸鮨や、押鮨が主流であったという。関西では今でも蒸鮨や押鮨の店は多いのではないだろうか。

その表記だが、平安中期の漢和辞書『和名類聚抄《わみょうるいじゅしょう》〔十巻本〕』に「鮨〈略〉和名須之鮓属也」とあることから、「鮨」と「鮓」は同義に用いられたと考えられている。ただし、白川静の『字通』には、「鮨」は「うおびしお、魚の塩から」、「鮓」は「塩・米などで醗酵させたさかな」とあるように意味が異なることから、同じ「すし」でも調理法が異なっていた可能性もある。

「寿司」という表記は、縁起をかついだ当て字と考えられていて、明治以降に生まれたものらしい。

さて、その「すし」の表記の地域差だが、前掲の『方言漢字』には2006年のタウンページに基づいて作成した県別の「すし店名の漢字表記の種類」という興味深い日本地図が掲載されている。そこで取り上げられた表記は、「鮨」「鮓」「寿司」「寿し」の四種である。

それによると、ほとんどの県で「寿司」という表記が一番多いのだが、北海道、富山、石川、福井、島根、山口、香川、徳島、愛媛、高知、佐賀は「寿し」という表記の方が多い。「鮨」という表記が一番多い県はないが、どちらかといえば、東日本の方が西日本よりも表記の割合が多いようだ。たとえば、母数が異なるので単純な比較はできないかもしれないが、「鮨」の割合は東京が34・3%なのに対して、大阪は12・1%である。ちなみに、「寿司」は東京53・6%、大阪61・7%である。「鮓」は全国的にも少数であるが、奈良6・6%、京都6・4%、大阪4・0%と、近畿圏にやや多いようだ。東京は0・7%なので、その表記を使った店を探すのはけっこうたいへんかもしれない。面白いことに北海道は、「鮨」31・7%、「寿司」32・8%、「寿し」35・2%と、「鮨」「寿司」「寿し」の表記がほぼ同じような割合になっている。地方で「すし店」に行く楽しみがひとつ増えたようだ。　方言・俗語

すずらん【鈴蘭】〔名〕

異名はロマンチックな響きの「君影草」

スズランの異名をご存じだろうか？　私も知らなかったのだが、「きみかげそう」というらしい。漢字で書くと「君影草」。

その名を知ったのは、ある読者からのお手紙であった。その方は亡くなられた奥様の追悼文集を執筆なさっていて、文中で奥様のことを、奥様が愛したスズランの異名

「君影草」で呼びたいとお考えになったらしい。そしてその呼び名の根拠として『日本国語大辞典（日国）』でも引用している植物学者の松村任三が編纂した『日本植物名彙』（１８８４年）の用例の該当箇所を教えてもらえないだろうか、というお便りをいただいたのである。

「君影草」なんていい名だな、と思いながら早速編集部にある『日本植物名彙』を見て、はたと困惑してしまった。辞典では引用していない部分にローマ字で「kimikakesō」とあるではないか。つまり、「キミカゲソウ」ではなく、「キミカケソウ」だった可能性が出てきたのだ。

辞典の内容に関わることなので、いろいろと調べてみることにした。すると、「キミカケソウ」の古い例は『草木弄葩抄《そうもくろうはしょう》』（１７５３年）で、これには「君かけ草」とある。漢字で書くと「君懸（掛）草」であろうか。

また「キミカゲソウ」は、確認できたのは『稿本草木図説』（１８４５〜１８６５年頃）が最も古い例であった。

江戸時代の文献は清音濁音の区別を付けないものがあるので、「キミカケ」になっていても「キミカゲ」だった可能性も十分あるのだが、『日本植物名彙』のローマ字表記を見る限り、かなり早い時期から「キミカケ」「キミカゲ」両様あったことが判明した。

「君影草」と「君懸（掛）草」。清濁の違いはあるが、どちらもきれいな名である。その後、その読者からは、いまだに奥様に〃懸想〃しているので、「君懸草」としたいというお手紙をいただいた。『日国』の語釈にも少し手を加えなければならない。

大和ことば・伝統的表現

すていし【捨て石】〔名〕

布石か犠牲か、どちらの意味で使ったの？

古い話で恐縮だが、民主党政権時代に野田《のだ》佳彦《よしひこ》氏が総理大臣を務めていたとき、若手企業経営者の会合で、環太平洋連携協定（ＴＰＰ）交渉参加と消費税率の引き上げなどについて「捨て石になってけりをつける」と述べたことがあった。首相の強い決意を感じさせる発言ではあったが、そのとき正直言って「捨て石」ということばにいささか違和感をもった。というのは、「捨て石」は意味が揺れていることばで、その威勢のよさとは裏腹に、総理の意図が必ずしも正確に伝わってこない気がしたからである。

そもそも「捨て石」とは、『日本国語大辞典』によれば「道ばたや、野や山にころがっている、誰も顧みない岩石」のことで、文字通り何の役にも立たずに捨て置かれた石のことである。だが一方では、一見無用のようでいて実は何かの意味をもたせるために据え置かれる石のことも言う。たとえば、日本庭園で風趣を添えるためにところどころに配した石や、堤防、橋脚などの工事のとき、水勢を弱めるために水中に投入する石も「捨て石」と呼ばれるのである。さらに囲碁で、自分の形勢を有利に導くためにわざと相手に取らせるように打つ石も言う。

このような意味から、今すぐには効果はなく無駄なように見えるが、将来役に立つことを予想してする投資や予備的行為を言う比喩《ひゆ》的な意味が生じ、それが現在「捨て石」の最もポピュラーな意味となっている。つまり、将来の布石といった意味合いである。

だが、「捨て石」本来の、用がなく捨て置かれる石という意味から転じた、大きな目的のために見捨ててしまう事柄、つまり犠牲の意味で使われることがまったくないわけではない。「会社を守るためにここは君が捨て石になってくれ」などという言い方がそれである。

野田発言の真意は、布石か犠牲か、いったいどちらの意味だったのだろうか。

さらに付け加えると、その「捨て石」になる主体は、発言の文脈からすると総理自身のことだと思うが、思い過ごしかもしれないが、われわれ国民にもそうしろと強いているような気がしてならなかった。しっくりこなかった最大の理由は、そこだったのかもしれない。

すてき【素敵・素的】〔形動〕

魅力的という意味ではなかった？

まずは以下の例をお読みいただきたい。

　和英語林集成（初版）〔1867〕「Sztekini（ステキニ）サムイ」

今の「すてき」の意味とはまったく違うので不思議に思われた方も大勢いらっしゃることであろう。この『和英語林集成』は、アメリカの宣教師で医師でもあったヘボンが編纂《へんさん》した日本最初の和英辞典である。ヘボンの名前は「ヘボン式ローマ字」でご記憶の方もいらっしゃると思う。この辞書は幕末から明治にかけての日本語の貴重な資料となっている。ここでの「すてき」は、程度がはなはだしいさまといった意味である。

今でこそ「すてき」は、非常にすぐれているさま、心を引かれるさまといったプラスの意味で使われているが、元来は程度がはなはだしいという意味で、必ずしもいい意味で使われていたわけではなかったのである。

「すてき」の語源は、「すばらしい」の「す」に「てき（的）」が付いたものだと言われている。大方の辞典はこの語源説を採用している。ただ、もうひとつ「デキスギ（出来過）の倒語」（『大言海』）だという語源説もある。こちらはいささか無理があるような気がしないでもないが。

「すてき」も「すばらしい」同様、江戸時代に生まれた語だと考えられている。「すてき」が使われるようになったのは、文献例を見ると文化年間以降のようである。たとえばその時代に書かれた式亭三馬の滑稽本（江戸町人の会話を通じて人物の滑稽さを描いた小説）にその例が頻出する。中でも『浮世床』には、「すてき」が口癖になっているために「すてき亀」とあだ名された人物まで登場する。「すてき」はどうやらこの頃の流行語だったようだ。

この『浮世床』には、「壱歩（＝金一分。一両の四分の一）出しゃア、すてきなやつ（＝ここでは鯉のこと）が買らアな」というプラスの意味で使われた例もあり、マイナスの意味にしか使われなかったわけではないこともわかる。このプラスの意味が、明治以降になると優勢になるわけである。

最後に、「すてき」の表記について触れておこう。多くの辞典は、その表記を「素的」「素敵」などとしているが、初期の例は仮名書きがほとんどである。語源説からすれば「素的」が適当なようだが、実際には「素敵」の表記もかなり見られる。だが新聞などは、「素的」も「素敵」も当て字と考えてか、仮名書きを採用している。

揺れる意味・誤用

すててこ〔名〕

外来語ではない

夏の節電対策としてすててこがはやっているようだ。それも天才バカボンのパパがはいていたようなものではなく、そのまま部屋着にも使えるおしゃれなものが主流だという。

「すててこ」というのはなんだか愉快な名称だが、語源はご存じだろうか。

インターネットで「すててこ」を検索すると「ステテコではありませんか？」などと聞いてくるが、外来語ではなく立派な日本語である。もともとは、宴席などで踊った滑稽な踊りで調子をとるはやしことばだったのである。

『浮世床』（1813〜1823年）にも「アすててこすててこてんてこてんとんとん」という、どういう節回しなのか知りたくなるようなはやしことばが紹介されている。

明治初期には「すててこ踊り」という滑稽な踊りが宴席などで起こる。後ろ鉢巻きをして、じんじんばしょり（着物の背縫いの裾の少し上をつまんで、帯の結び目の下に挟み込むこと）の下にだぶだぶな下ばきをはき、鼻をつまんで捨てるまねをして踊ったらしい。

この踊りを、1880（明治13）年頃、東京の落語家三遊亭円遊（三代目）が寄席で踊って以後流行した。円遊がこの踊りを踊るときにはいた、ひざの下まであるズボンの下ばきが現在のすててこの原型である。

今風のおしゃれなものは、確かにステテコなどと片仮名書きにしたくなるのもわからないではない。

方言・俗語

すばらしい【素晴らしい】〔形〕〔文〕すばら・し〔シク〕

昔はいい意味ではなかった⁉

まずは以下の例文を読んでいただきたい。

「浪々の身となり、かかるすばらしき店に面をさらすは」

江戸時代の、宝暦（1751〜1764年）から安永・天明（1772〜1789年）にかけて江戸を中心に流行した「談義本《だんぎぼん》」と呼ばれる通俗小説の『当世穴噺《とうせいあなばなし》』（1771年）に出てくる文章である。

文中の「すばらしき（すばらしい）」だが、今われわれが普通に使っている「すばらしい」の意味で解釈すると、何やら違和感がないだろうか。「浪々の身」、つまり仕える主人のいないさすらいの身となって「面をさらす」店が、いい店であるはずがない。ここで使われている「すばらしき」は、今とは違う、ひどいとかあきれるとかいった意味なのである。

今でこそ、好ましい、見事であるというプラスの意味で使われる「すばらしい」だが、古くは、程度のはなはだしいさまをいうことばで、このように悪い意味でも使われていたのである。

プラスの評価の「すばらしい」の例は、たとえば『当世穴噺』とほぼ同時代の雑俳に、

「すばらしい咳も大屋（＝大家）の道具也」（1763年）

というものがある。句意の説明は不要であろうが、江戸時代中頃は、プラスの意味もマイナスの意味も同時に使われていたものと思われる。

「すばらしい」の語源は、小さくなる、狭くなるという意味の動詞「すばる（窄）」からだという説がある。「すばる」には「すぼる」という語形もあり、その形容詞形「すぼし」は古くから、みすぼらしい、肩身が狭いという意味で使われていた。この意味の例は鎌倉時代の初頭までさかのぼれるので、マイナスの意味の方が先だった可能性が高い。

このようなマイナスの意味は方言に残っているようで、『日本国語大辞典』の方言欄にも、「すばらしい」「すば（わ）ろおしい」「すばろしい」などの語形で、鳥取、岡山、香川、愛媛などでは、みすぼらしい、不景気である、貧弱である、情けない、ゆううつである、という意味で使われているとある。

共通語の「すばらしい」の方はというと、明治以降ほぼプラスの意味だけに固まっていくのである。

以下余談ながら、「すばる（窄）」は多くのものが集まって一つ所にまとまるということが原義で、同音の統一されるという意味をもつ「すばる（統）」と同源だと考えられている。もうお気づきであろう。この「すばる（統）」こそ、散開星団プレアデスの和名「昴《すばる》」の語源だと言われているのである。

すべからく【須く】〔副〕 揺れる意味・誤用

「すべて」の意味で使うのは誤り

高校時代に習ったであろう、漢文のことを思い出していただきたい。その中に「再読文字」と呼ばれる、特殊な読み方をする漢字があったことをご記憶だろうか。訓読の際に、一度読んだ後、下から返ってもう一度読む漢字のことである。たとえば、「当」を「まさに（…す）べし」、「未」を「いまだ（…せ）ず」、「猶」を「なお（…の）ごとし」などと読むたぐいである。

「須」という漢字もその仲間で、「すべかラク～ベシ」と読まれる。「須」という漢字の字音は「シュ」「ス」で、この「すべかラク～ベシ」という読みは、この漢字を訓読する際に生み出されたものである。文法的に説明するなら、サ変動詞「す」に推量の助動詞「べし」の補助活用「べかり」の付いた「すべかり」のク語法ということになる。ふつう下に推量の助動詞「べし」を伴って、ある事をぜひともしなければならないという気持ちを表す。当然なすべきこととしてとか、本来ならば、というような意味合いである。

たとえば中国・唐の時代の詩人李白の詩「月下独酌」にある「行楽須及春」は、「コウラクすべからくはるにおよぶべし」と読む。「春の去らないうちに十分遊んでおくべきである」という意味である。

この漢文の訓読独自の用法が後に一般に広まり、たとえば鎌倉末期の随筆『徒然草』にある、「徳をつかんと思はば、すべからく、まづその心づかひを修行すべし(＝富を得ようと思うならば、当然、まずその心構えを修行しなければならない)」のような使われ方をするようになる。

第二次世界大戦後、学校での漢文教育が大幅に縮小されたことが直接の原因ではなかろうが、近年この語を本来の意味ではない「すべて、皆」の意味で使う人が増えているという。

国立国語研究所のコーパスを見ても、明らかにその意味で使っている例が散見される。

「これがすべからくトラック輸送に肩がわりをしていくということになると、現行の道路の幅員ではとうてい間に合うわけもない」（国会会議録、1983年）

「ここは企業規模百人以上、事業所規模五十人以上ではなくて、企業規模十人以上すべからくすべてを対象にしていると」（国会会議録、2005年）

たまたま国会議事録から2例引用したが、安倍晋三首相も以前「すべての責任はすべからく私にある」と言って、この「すべからく」の使い方はおかしいと話題になったことがあり、口頭語ではこの新しい意味がかなり広まっていることを思わせる。

2010（平成22）年度の文化庁「国語に関する世論調査」でも、本来の意味である「当然、ぜひとも」で使う人が41・2%、本来の意味ではない「すべて、皆」で使う人が38・5%と、かなり拮抗《きっこう》した結果が出ている。

なぜ、このような意味が広まっているのか。想像の域を出ないのだが、「すべからく」の「すべ」が「すべて」の「すべ」だととらえられてしまったのかもしれない。また、李白の漢詩の読み下し文や、『徒然草』の引用部分をご覧いただきたいのだが、「すべからく」は「べし」とともに使われることが多い。しかし、口語の助動詞ではない「べし」があまり使われなくなったことによって（実際、国会議事録の2例は「べし」を伴っていない）、意味の変化を加速させてしまったということも考えられる。

人のことば遣いの誤りをいちいちあげつらおうと思っているわけではない。現時点では本来の意味の方がやや優勢であるとはいえ、その差は数パーセントである。今のうちに、本来の意味が少数派にならないようにする手立てを考えないといけないのではないかと思うのである。 揺れる意味・誤用

すんか【寸暇】〔名〕

[1]寸暇を「惜しまず」勉強できるか？

わずかな時間も無駄にせずに勉強に励むことを皆さんは何と言っているだろうか。「寸暇を惜しんで勉強する」だろうか。それとも「寸暇を惜しまず勉強する」だろうか。

２０１０（平成22）年度の文化庁「国語に関する世論調査」によると、「寸暇を惜しんで」を使う人が28・1％、「寸暇を惜しまず」を使う人が57・2％という結果が出ている。

この調査では「寸暇を惜しまず」を使うと答えた人の方が圧倒的に多いのだが、実は「寸暇を惜しんで」が本来の言い方で、「寸暇を惜しまず」は従来なかった言い方

なのである。

「寸暇」とは少しの暇のことで、「寸暇を惜しんで」とはそのわずかな時間すら惜しんで物事に取り組むという意味である。「寸暇を惜しまず」だとわずかな暇をも惜しまないということなので、無駄な時間を過ごすという意味になってしまう。

なぜこのような従来なかった言い方が生まれたか。おそらくこれは、苦労をいとわないという意味の類似の慣用表現「骨身を惜しまず」との混同によるのではなかろうか。

だが、この文化庁調査でかなり浸透していることが判明した「寸暇を惜しまず」を国語辞典としてはどう扱うべきなのであろうか。すでに「寸暇を惜しまずという言い方もされる」として、その用法を認めている辞典も出始めている(『明鏡国語辞典』大修館)。

だが、「寸暇を惜しまず」を「寸暇を惜しんで」と同じ意味だということは無理な話なので、やはり辞書で同義だとするのには躊躇《ちょうちょ》させられる。

揺れる意味・誤用

[2]「寸暇を置く」という表現

「寸暇」の使い方についてはもうひとつ気になることがある。

「現代日本語書き言葉均衡コーパス」と名付けられた、国立国語研究所が構築した言語のデータベースがある。「コーパス」というのは、コンピューターを利用してデータベース化された大規模な言語資料のことである。

このコーパスで「寸暇」を検索してみたところ、「寸暇」の後に「を」という助詞が続く用例が21例見つかった。その内訳は以下の通りである（数字は頻度）。

寸暇を惜しむ　15／寸暇をさく　2／寸暇を割く　2／寸暇を盗む　1／寸暇を置く　1

この「寸暇を惜しむ」15例の中に「寸暇を惜しまず」の例が1例だけ紛れ込んでいる。できれば「寸暇を惜しんで」「寸暇を惜しまず」を分けて表示してもらいたいところだが、気になるのはそのことではない。

「寸暇を置く」という言い方が出てくるのである。こんな例だ。

「そして寸暇を置かず、渦巻く火炎が解き放たれた」（安井健太郎著『ラグナロク』1999・9『文学』）

おそらく「寸暇を置かず」は「間を置かず」との混同によるもので、即座にというような意味で使われたものと思われる。だが、「寸暇」はわずかな暇という意味であり、（わずかな）時間という意味はない。これは私にとっては初めて出会った用法であった。

念のためにインターネットで検索してみると、驚いたことに「寸暇を置かず」は徐々に浸透していることもわかった。

明らかに誤用ではあるが、「寸暇を惜しまず」同様、さらに一般に広まる可能性は否定できない。将来的には辞書での扱いに悩まされるやっかいな存在になるかもしれない。

揺れる意味・誤用

せいしょく【生食】〔名〕《「なましょく」とも》

耳で聞くとわかりづらいから湯桶読みもOK?

焼き肉店でユッケを食べた方が亡くなるという痛ましい事件が起きてから、残念なことに焼き肉店で生のユッケが食べられなくなってしまった。ユッケはいうまでもなく牛肉の生肉から作るのだが、食べ物を加熱せずに生のままで食べることを「生食」という。

だが、文字で書く場合はいいのだが、皆さんはこの「生食」を迷わずに読んでいるのだろうか。かくいう私もその時々で、「せいしょく」と言ったり「なましょく」と言ったり、かなり揺れている。

「生」の音読みは「せい（しょう）」。「なま」は訓読みなので、「なましょく」は湯桶《ゆとう》読《よ》みになってしまう。ところが、「せいしょく」は同音異義語が数多くあるため、耳で聞くとわかりづらい。だから、「なましょく」という言い方もかなり広まっているようなのである。

余談になるが、「生」を「せい」と読むか「なま」と読むかと考えると、小説『阪急電車』（有川浩《ありかわひろ》著、幻冬舎文庫）の冒頭の部分を思い出す。図書館ですれ違うだけの男女が、たまたま阪急電車で一緒になり、車窓から見える川の中州に書かれた「生」の字の読み方をめぐって思い思いの読み方を相手に語るうちに急接近するという出会いの場面である。「生」は「なま」「せい」と読まれ、「なま」の連想で男が女を「生ビール」を飲みに誘うのである。

閑話休題。

結論を言えば、「生食」は「せいしょく」でも「なましょく」でも、どちらでも間違いではない。それにしても、日本語は声に出して読むことの難しい語が本当に多いと思う。

揺れる読み方

せけんずれ【世間擦れ】〔名〕

意味がずれてしまった……

最初は何かの冗談かと思った。「世間ずれ」ということばのことである。世の中の考えから外れているという意味だと思っている人が増えていると聞いたからである。本来の意味は、世間を渡ってきてずる賢くなっているということなのだが。

冗談かと思ったのは、世の中の考えから外れているという意味だと、「世間ずれ」の「ずれ」を「ずれている」と理解していることになるからである。もちろん「ずれ」は「ずれる」ではなく、「擦《す》れ」すなわち、世間でもまれて純粋さを失ったり、悪賢くなったりするという意味の「擦れる」である。「擦れる」を「ずれる」にするというのもしゃれなら面白いかもしれないが、日常使うことばの意味だと、ことは重大である。

２００４（平成16）年度の文化庁「国語に関する世論調査」では、「世間を渡ってきてずる賢くなっている」の意味で使う人が51・４％、「世の中の考えから外れている」の意味で使う人が32・４％と、まだ世の中からずれていると思っている人は少数派で余計な心配は必要なかった。

ところが、２０１３（平成25）年度の同調査では、「世間を渡ってきてずる賢くなっている」で使う人が35・6％、「世の中の考えから外れている」で使う人が55・2％と、何とわずか10年ほどの間に逆転してしまったのである。しかも、10代では8割台半ば、20代でも8割近くの人が、世の中からずれているだと思っている。このまま、こうした世代が年を重ね世代交代が進むと、みんなが理解していることばの意味が完全に変わってしまう可能性だってある。

辞書としては今のところ本来の意味を掲げ、補注か何かで、世の中からずれているという意味で使うのは誤り、などといった一文を添えるしか手立てはなさそうである。しかし、それだけではこの流れを食い止めることは不可能であろう。なんとももどかしい。

揺れる意味・誤用

せつじょく【雪辱】〔名〕

「果たす」のか「晴らす」のか？

「雪辱を○○○」の○に入る三文字のことばは何か、という問題があったとする。

正解は、「果《は》たす」である。

つまり、「雪辱を果たす」で、「昨年の雪辱を果たして優勝した」などと使う。「雪辱」は「以前受けた恥を、仕返すことによって消し去ること。現代では多く、競技などで、前に負けたことのある相手を破って、負けた恥をすすぐことをいう」（『日本国語大辞典〈日国〉』）という意味である。

ところが最近、本来の言い方ではない「雪辱を晴らす」と言う人が増えているようなのである。実際に、インターネットで「雪辱を晴らす」を検索するとかなりのヒット数がある。

２０１０（平成22）年度の文化庁「国語に関する世論調査」でも、「雪辱を果たす」を使う人が43・３％、「雪辱を晴らす」を使う人が43・９％と、わずかではあるが「晴らす」派が多くなっている。

「雪辱」とは、辱《はじ》を雪《すす》ぐという古くからある漢語のようだが、日本最大の漢和辞典『大漢和辞典』（大修館）にはこの語は載っていない。『日国』の唯一の用例は、

日本野球史〔1929〕〈国民新聞社運動部〉「四対〇、一高美事雪辱す」

という、スポーツ（野球）に関するものである。上に引用した『日国』の語釈にも「競技などで」とあるように、日本のスポーツ関係者の間で生まれたことばなのかもしれない。

「果たす」は成し遂げる、目的を達するという意味であるから、「雪辱を果たす」は、辱《はじ》を雪《すす》ぐことを成し遂げるという意味となる。

これが「雪辱を晴らす」と言ってしまうと、「晴らす」は不快なものを払い除いて快くするということだから、意味不明の言い方にしかならない。「雪辱を晴らす」は、おそらく「屈辱を晴らす」との混同から生まれた言い方だと思われるが、残念ながら誤用であるとしか言いようがない。

揺れる意味・誤用

ぜんぜん【全然】〔副〕

[1]「全然大丈夫」は全然大丈夫である

新聞の投書で、「全然大丈夫」という言い方に対して一般読者が苦言を呈しているのを、たまたま目にすることがあった。どうやらNHK教育テレビの子ども番組で使われた歌の歌詞に「全然大丈夫」というフレーズがあったらしく、「全然」の正しい用法は「全然何々ではない」と否定形で受けなければならないはずで、否定形で受けていない「全然大丈夫」を使うなんて、番組の担当者はちゃんとチェックをしているのだろうか、という内容であった。

だが、別にNHKの肩をもつわけではないのだが、「全然」は否定の言い方でなければならないという根拠は歴史的に見ると存在しないのである。

「全然」の本来の意味は、「残るところなくすべて」という意味で、古くは後に肯定・否定どちらの表現も使われていたのである。

たとえば、夏目漱石の『それから』には以下のような用例がある。

「腹の中の屈托《くったく》は全然飯と肉に集注《しゅうちゅう》してゐるらしかった」

この例は、「全然」を肯定形で受けていて、この場合の「全然」は「すべて」という意味なのである。

では、多くの人が違和感をもつのはなぜかというと、このような「すべて」の意味の用法ではない、本来なかった別の意味の用法が広まりつつあるからなのである。

それは何かというと、『日本国語大辞典』編集委員の松井栄一《しげかず》氏によれば、「全然面白い」のような「とても」という意味の用法である（『「のっぺら坊」と「てるてる坊主」』小学館）。私自身も、このような意味での「全然」の使い方は不自然だと感じる一人である。

日本語の規範性を考えるのであれば、「全然」の場合は、後が否定か肯定かよりも、「すべて」という本来の意味で使われているのか新しく生まれた「とても」の意味で使われているのかの方が重要な問題なのである。

「全然大丈夫」は、もちろん「すべて」という本来の意味である。　揺れる意味・誤用

[2]「とても」の意味の「全然」は気持ち悪い？

朝日新聞にｂｅという土曜発行の別刷り版がある。その紙面に、読者が選んだ「気持ちの悪い日本語」のランキングというのが載り（２０１３年６月１日付）、第２位に「全然似合いますよ」がランクインしていた（第１位は「１０００円からお預かりしま

す」)。

ｂｅ紙では、読者が気持ち悪いと感じたこの「全然似合いますよ」の「全然」を、「『全然』の肯定形で、かなり一般化した言い方。服装を気にする相手にこう言うなら、『まったく問題がなく』の意味がこもる」。だから、誤りとは言えないと説明していた。「『全然大丈夫』は全然大丈夫である」でも書いたのだが、「全然」は必ず否定形を伴って使わなければならないという根拠は、歴史的に見ればまったく存在しない。「全然」は、元来はすべてにわたって、残らずといった意味で、肯定、否定どちらの表現でも使われていたのである。だから「全然似合いますよ」は、そういった意味では、記事の内容通り決して間違いだとは言えない。にもかかわらず、この「全然似合いますよ」には違和感というか引っかかるものがあるのである。

というのは、「全然似合いますよ」の「全然」は、記事にあるように「まったく問題がなく」という意味なのか、いささか疑問だからである。私には「ひじょうに」「とても」といった程度の強調の意味のように思えるのだ。そもそも服装を気にしていたり、自分に似合っているかどうか悩んでいたりする人に、「〝まったく問題がなく〟似合っている」という消極的な言い方をするであろうか。「〝とても〟似合っている」というプラスのことを相手に伝えようとするのではなかろうか。

「まったく問題がなく」の意味の「全然」も最近増えてきた言い方であることは確か

だ。「この程度の痛みなんか全然平気だ」などと言う場合である。だが、これは否定的な状況や懸念を覆す意味で、程度を強調する「全然」とは意味が異なるためか、私には抵抗感はあまりない。

「全然」にとって問題なのは、後に続くのが否定か肯定かということではなく、「全然おいしい」「全然きれい」「全然えらい」のような、新たに生まれた程度を強調する「とても」の意味の「全然」をどう考えるかということである。

やがてはこの「とても」の意味の「全然」も市民権を得ていくのかもしれない。だが、私はまだその意味には違和感がある。「全然似合いますよ」も以上のような理由から、〝気持ちが悪い〟と感じるのである。　揺れる意味・誤用

そうばな【総花】〔名〕

「羅列的」は本来の意味ではない

たとえば講演会の最後に、講師が「今回は総花的なお話になってしまいましたが、次回からはもう少し詳しくご紹介していきたいと思っています」と言ったとする。皆

さんは、この「総花的」の使い方をどのように感じるだろうか。

この発言者はおそらく、内容が羅列的で話があちこち飛んでいるため、メリハリのない話になってしまったと言いたかったのだと思う。だが、この「総花的」の使い方は本来の意味のものではない。

ところで、本論に入る前に「総花」の読みについて確認しておこうと思う。漢字自体はそれほど難しくはないのだが、読み方に迷う方がけっこういると聞いたからである。「総花」は「そうばな」と読むのが正しい。

さて、「総花」の本来の意味についてである。元来は料亭、遊女屋などで、客が使用人など全員に出す祝儀のことを「総花」と言っていたのである。「総花」の「花」は祝儀のこと。そこから、すべての関係者を満遍なく立ててやること、あるいは皆に恩恵を与えることという意味になったのである。

『日本国語大辞典』では、大正時代の新語辞典『現代大辞典』（１９２２年）の「総花（ソウバナ）　人気取り政略を云ふ」という例を引用している。「総花的な予算案」とか「総花的な提言」などの言い方をお聞きになったことがあると思うが、それらは皆に恩恵を与えることを意図したという意味で使われており、『現代大辞典』の「人気取り政略」という解説はかなり的を射ているのである。

しかし最近は、皆に恩恵を与えることを意図したのではなく、ただ羅列的な状態であることを総花的ということがかなり広まっているようで、インターネットで検索しても使用例がかなり見つかる。

そのため、国語辞典の中にはこの新しい意味を載せるものが出始めている。ただし、それらのほとんどは、単に新しい意味を追加しているだけなのである。辞典に新しい意味を積極的に載せることはいいとしても、「総花」の場合、何の注記もなしに新しい意味を載せることにはまだ抵抗がある。

揺れる意味・誤用

そじ【粗辞】〔名〕

いつ頃から使い始めたことばなのか

社員の結婚式でスピーチを頼まれたという知り合いの社長さんから、「最近〝そじ〟っていうことばをよく聞くんだけど、知らない？」と尋ねられた。

そじ？

知らないことばを聞くと、職業病ゆえか、同音の熟語を頭の中で検索してしまう。すぐに思い浮かんだのは「措辞」「素地」「楚辞」の三語なのだが、どれも結婚式とは関係なさそうだ。「措辞」はことばの使い方のことだし、「素地」は何かをするときの基礎という意味、「楚辞」に至っては中国古代の文学書の名前である。

だが、もちろんそれらの語とはまったく違う、「粗品」の「粗」に「辞書」の「辞」と書く「粗辞」だというのである。スピーチやあいさつの最初に、「はなはだ粗辞ではございますが、一言ごあいさつ申し上げます」などと使うらしい。確かに「粗」という漢字には、「粗茶」「粗餐《さん》」のように贈り物に付けて、贈り主の謙遜《けんそん》の気持ちを表す意味がある。だから「粗辞」も自分のあいさつをへりくだる気持ちで言ったものだということはよくわかる。だが、私自身は最近結婚式に招待されることがめっきり減っていることもあって、初めて聞くことばであった。そのように答えると、その社長さんは「自分もスピーチで使いたいのだが、どの辞書にも載っていないことばなので、昔からあったことばなのだろうか」とかなり気になる様子であった。

「粗辞」は少なくとも私が関わった辞書には載せていないという妙な確信はあったのだが、念のためにいくつかの辞書を調べてみた。案の定『日本国語大辞典』はもとより、他社の中型の国語辞典や漢和辞典にも載っていない。だが、『明鏡国語辞典』(大修館)や『三省堂国語辞典』(三省堂)などといった新語に敏感な辞典には立項されていたのである。しかも、『明鏡国語辞典』の編者である元筑波大学長の北原保雄氏は、「辞書を知る」(国立国語研究所編)という冊子の中で、『明鏡国語辞典』の初版からではなく、初版の翌年に刊行された『同〔携帯版〕』で収録したという経緯を語っている。『明鏡』の『携帯版』の刊行は２００３年なのだが、その第一刷からではなく、２００６年以降の重版の際に追加収録したらしい。だとすると「粗辞」はそれ以前から使われていたことになる。

今後改訂される国語辞典では「粗辞」を収録するものが増えてくることであろう。辞書に関わる者としては、いつ頃からだれが使い始めたことばなのか、できれば知りたいところである。

方言・俗語

だいじしん【大地震】〔名〕

NHKは「おおじしん」しか認めない

2011（平成23）年3月11日に発生し、東日本の各地に甚大な被害を及ぼしたマグニチュード9・0の地震は東北地方太平洋沖地震と名付けられたが、この地震のようにマグニチュード7以上の地震は、特に「大地震」と呼ばれている。

だが、この「大地震」という語、実は「おおじしん」と読むか「だいじしん」と読むのかで揺れているのである。厳密な調査をしたわけではないのであくまでも印象でしかないのだが、一般には「だいじしん」と読まれることの方が多いような気がする。かくいう私も「だいじしん」派である。

ところがNHKは、「おおじしん」とだけ読むようにしているのである。その根拠として、「おおじしん」の方が以前からの慣用的な読み方だったからと考えているようだ。

だが、室町時代末期のキリシタン資料である『サントスの御作業』（1591年）、『天草本平家物語』（1592年）（ともにイエズス会が刊行した活字本）には「だいじしん」の確実な例が確認できる。
たとえば、『サントスの御作業』には、

「ブッゼンニテ Deus（でうす＝神） エ Oratio（オラショ＝祈禱） シタマエバ、タチマチ daigixin（ダイヂシン） ヲコッテ メイドウスルコト ヲビタタシ」（原文はすべてローマ字）

とある。このことからも、「おおじしん」「だいじしん」は古くから併用されてきたことがわかる。とすると、今やどちらの読みでもかまわないのではないかと思えるのであるが、いかがであろうか。

揺れる読み方

だいじょうぶ【大丈夫】〔形動〕〔文〕〔ナリ〕

新しい意味を加えても「大丈夫」？

理髪店で髪を切り、シャンプーをしてもらっているときのことである。店員さんから「おかゆいところはありませんか」と聞かれて「大丈夫です」と答えてしまったのだが、自分で使っておきながら、この「大丈夫」の意味は残念ながら今の国語辞典では説明できないんだよなと考えた。

多くの国語辞典はこの形容動詞の「大丈夫」を、たとえば『日本国語大辞典』などのように、
(1)きわめて丈夫であるさま。ひじょうにしっかりしているさま。
(2)あぶなげのないさま。まちがいないさま。
の二つの意味に分けて解説している。

だが、私が理髪店で使った「大丈夫」はこの二つの意味では説明できない。「問題ない」といった意味合いである。

この新しい「大丈夫」の扱いが辞書編集者を悩ませているのだ。そんな中で、少数派ながらこの意味に触れる辞典も出てきた。

たとえば、『大辞泉』(小学館)。補注で、

「近年、形容動詞の『大丈夫』を、必要または不要、可または不可、諾または否の意で相手に問いかける、あるいは答える用法が増えている。『重そうですね、お持ちましょうか』『いえ、大丈夫です(不要の意)』、『試着したいのですが大丈夫ですか』『はい、大丈夫です(可能、または承諾の意)』など」

と記述している。また、『明鏡国語辞典』(大修館)第2版は、やはり補注でこの使い方に触れ、「本来は不適切」としている。

自分で何気なく使っているから言うわけではないのだが、従来なかった新しい意味だからといって、私には不適切と決めつける勇気はない。むしろこの新しい「大丈夫」が辞書に登録される日も遠くないような気がしているのである。

揺れる意味・誤用

たぎる【滾る】〔動ラ五（四）〕

水と関連し、火や炎とは結び付かない

「暖炉の火が燃えたぎる」のような文章を見せられたらどう思うだろうか。なんだ、普通の言い方ではないか、と思う方もたぶんいらっしゃることであろう。だが、この「燃えたぎる」は誤用だと言われている語なのである。

何が問題なのか。それは「たぎる」は『日本国語大辞典』に

(1)川の水などが勢い激しく流れる。さかまく。わきあがる。

(2)湯などが煮えたつ。沸騰してわきかえる。

とあるように、「滝」と同語源で、水がわきあがったりわきかえったりするという意

味の語だからである。「燃えたぎる」などと火や炎などと結び付く語ではないのである。それを言うなら「燃え盛る」であろう。

ところが、「たぎる」には、「たぎる熱血」のように、感情が激しくわき起こるという意味もあるせいか、「激しい」という意味だととらえられている節がある。そのため「燃える」と結び付いて「燃えたぎる」という語が生まれ、それがかなり広まっているらしいのだ。

たとえば作家の植松三十里さんには『燃えたぎる石』という小説がある。この「石」とは石炭のことである。

また、NHKの世界遺産を紹介したサイトでは、メキシコのカバーニャス救貧院の解説の中で、丸天井に描かれた絵を「燃えたぎる炎は苦しみや悲しみのようでもあり」と説明している。

実は、NHKはこの「燃えたぎる」を認めていないはずなのである。たとえば、NHKアナウンス室編の『NHKアナウンサーも悩む　間違いやすい日本語1000』(2013年)でも、『『燃える』とくっつくことは不可』としている。

現時点で辞書に「燃えたぎる」を載せているのは『大辞林』『三省堂国語辞典』『現代新国語辞典』という同じ出版社の辞典だけである。ただし、それらはすべて実際の炎のことではなく、心や感情などが燃えるように激しく動くという意味だとはしている。

私自身は「燃えたぎる」という言い方が存在することは認識しているが、それを何の注記もなしに辞書に載せる勇気は、まだない。　揺れる意味・誤用

たざんのいし【他山の石】〔連語〕

石の質は良いのか悪いのか?

かなり前の話だが、当時小学生だった子どもが持ち帰った「学校だより」に目を通していて、おやおやと思う表現を見つけたことがある。

他校で起きたいじめ問題に関して、本校ではそのような実態は認められないが、決して他山の石とせず、そのようなことが起きないように注意深く学校生活の様子を見守っていきたい、という内容であった。

もうお気づきになった方も多いであろう。引っかかったのは「他山の石とせず」の部分である。「他山の石」は「自分にとって戒めとなる他人の誤った言行」のことだから、ここでは「他山の石として」でなくてはいけない。

実は、この「他山の石」は、従来なかった意味で使われるケースが増えていることわざのひとつなのである。

文化庁が実施した2013（平成25）年度の「国語に関する世論調査」でも、本来の意味である「他人の誤った言行も自分の行いの参考となる」で使う人が30・8％、従来なかった意味の「他人の良い言行は自分の行いの手本となる」で使う人が22・6％という結果が出ていて、従来なかった意味で使う人の数が本来の意味で使う人の数に迫りつつある。

「他山の石」のもともとの意味は、ほかの山にある質の悪い石でも自分の玉を磨くのには役立つということなので、良い言行を手本にするという意味で使うのはやはり誤りということになる。

そして、冒頭の「学校だより」で使われている「他山の石とせず」だが、文化庁が調査した誤用とも違う、新しい誤用（？）と思われる。文脈からすると、「対岸の火事」「他人事」に近い意味で使っていると考えられるからである。

最初は「学校だより」だけの誤用かとも思ったのだが、念のためにインターネットで検索してみると、「他山の石とせず」で何万件も引っかかるではないか。もちろん中には「他山の石とせず」の言い方が間違いであると指摘しているものもあるのだが。

今や「他山の石」の誤用はかなり複雑になっているようである。国語の世論調査では、こうした実情に合わせて内容を改めて調査していただきたいと思うのである。

揺れる意味・誤用

たちいふるまい【立ち居振る舞い】〔名〕

「立ち振る舞い」の方に古い用例が！

思い込みはいけないという話である。もちろん自戒を込めて。

皆さんは立ったり座ったりする身のこなしのことを何と言っているだろうか。「立ち居振る舞い」？　または「立ち振る舞い」？

私は長い間「立ち居振る舞い」が正しく、「立ち振る舞い」は誤用だと思っていた。ところが、あるとき「立ち振る舞い」も国語辞典の「立ち居振る舞い」の解説に同義語として載せられていて、中には見出し語にしているものまであるということに気がついたのである。

これはかなり衝撃的なことであった。自分のことばの知識なんて、まだまだだということを思い知らされたからである。

だが、そうではあっても若干の疑問は残った。「立ち居振る舞い」は「立ち居」と「振る舞い」が合わさった語であり、「立ち居」は立ったり座ったりすることで、何かを行うときの様子や態度といった意味、「振る舞い」も何かを行う様子といった意味である。これに対して、「立ち振る舞い」だと「立ち」と「振る舞い」で、座るという意味の「い（居）」がないから、「立ち振る舞い」は立ったり座ったりとは言えないので別語なのではないかと。屁理屈に近いかもしれないのだが。

ところが、『日本国語大辞典』を見て完全に打ちのめされてしまった。「立ち居振る舞い」の初出例は臨済宗の僧であった桃源瑞仙《とうげんずいせん》が書いた、中国の歴史書「史記」の講義録である『史記抄』（1477年）であり、「立ち振る舞い」の初出例は世阿弥が書いた能楽論集『風姿花伝《ふうしかでん》』（1400～1402年頃）である。これだと「立ち振る舞い」の方が古いではないか。しかも、キリシタン宣教師が日本語を習得するために編《へん》纂《さん》された『日葡辞書《にっぽじしょ》』（1603～1604年）には、「Tachifurumai（タチフルマイ）。または、タチイフルマイ」という例まである。

これほどまでに確かな証拠を突きつけられては、もはや素直に引き下がるしかない。今では「立ち居振る舞い」も「立ち振る舞い」も、どちらも歴史的にありなのだと思うようにしている。

ただし、明治以降の文学作品の用例は「立ち居振る舞い」が圧倒的に多く、時事通信社の『用字用語ブック』も「立ち居振る舞い」を新聞用語としているので、「立ち居振る舞い」を支持する人の方がまだ多いとはいえそうで、そのことだけは救いである。

揺れる意味・誤用

たに【谷】〔名〕

「や」という読みは辞書にない

もうひとつ自分の恥をさらさなければならない。

発端は、「辞書引き学習」の開発者である深谷圭助氏から聞いた、こんな話である。氏の当時小学校1年生のお子さんが、あるとき同級生とけんかをしたのだそうだ。その理由がまた面白い。けんか相手は「○谷」くんといって、名字に「谷」という漢字を使っているのだが、その「谷」は「たに」と読むのだそうで、「ふかや」である「深谷」くんと、「谷」を「たに」と読むか「や」と読むかで口論になったのだという。

すると2人はどうしたか。それがまたすごいのだが、1年生の2人は辞書を引いて決着をつけようということになったらしい。さすがは「辞書引き学習」の家のお子さんである。

ところが手元の小学生向けの国語辞典を調べてみると、「たに」は辞書に載っていても、「や」は載っていない。けんかに負けた「深谷」くんは、家に帰ってからお父さんに、どうしてなのかと食い下がったのだそうだ。

ここで私は正直に告白しておかなければならない。この話を聞いて、辞書に「谷」の「や」という読みが載っていないのは何かの間違いではないか、少なくとも漢字辞典には載っているはずだと思ってしまったのである。「谷」の訓は「たに」で、音は「コク」と「ヤ」だと思っていたからである。

だが、常用漢字表を見ると、「谷」には訓の「たに」と音の「コク」しかないではないか。ここでようやく今まで自分がとても恥ずかしい誤解をしていたことに気づいたのである。

私が生まれ育った関東地方では、「深谷《ふかや》」「渋谷《しぶや》」「四谷《よつや》」と、地名の中で「谷」を「や」と読むのは当たり前のことである。

だから、何の疑いもなしに「や」という読みを受け入れていた。

ところが江戸中期に越谷《こしがや》吾《ご》山《ざん》が編纂した方言辞典『物類称呼《ぶつるいしょうこ》』（1775年）には、「谷　たに　〈略〉江戸近辺にて、やと唱ふ　渋谷瀬田谷等也」と書かれている。つまり「谷」を「や」と読むのは、江戸近辺の方言だったらしいのだ。

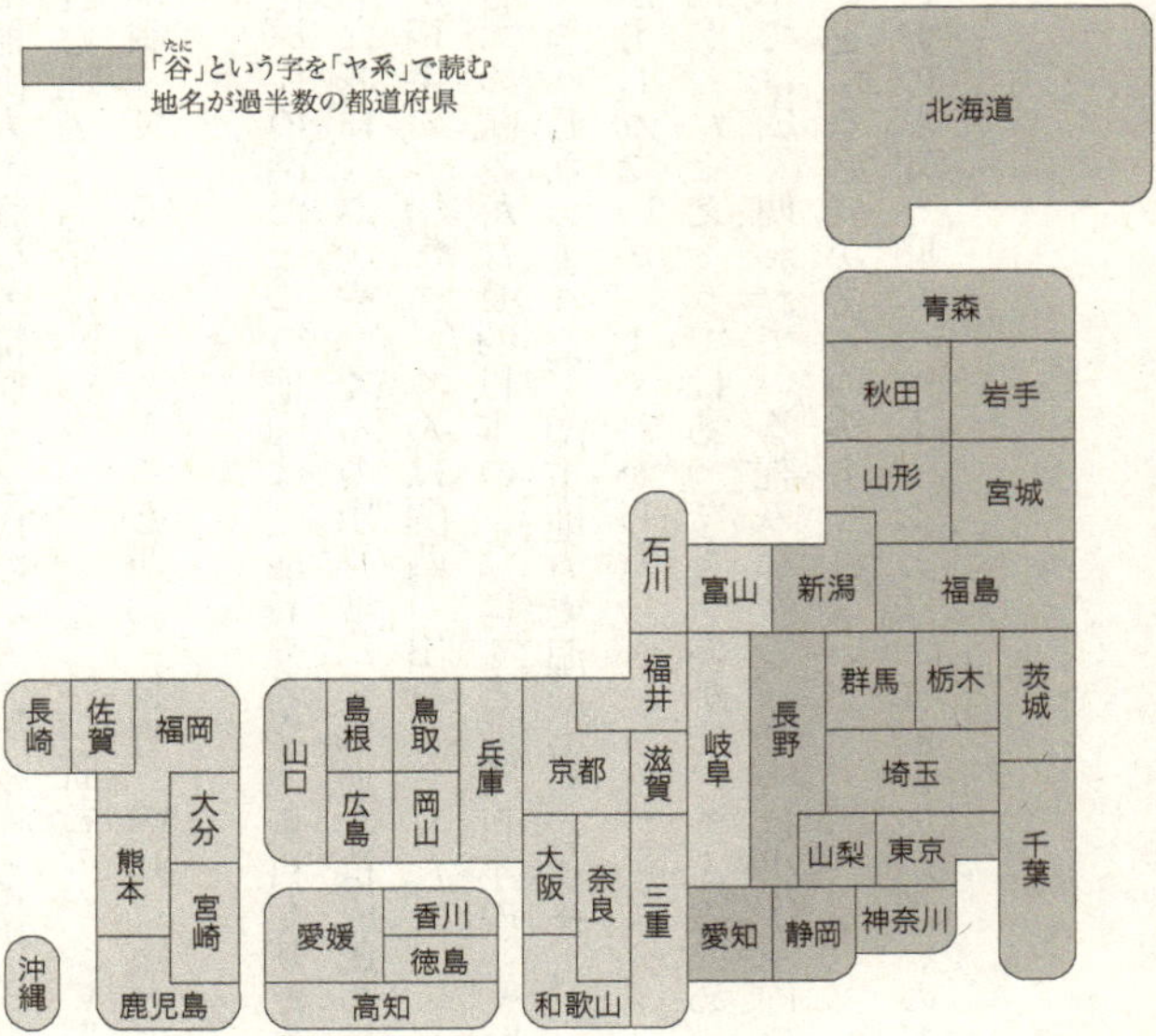

出典:笹原宏之『方言漢字』(角川選書)

早稲田大学教授の笹原宏之氏の『方言漢字』（角川選書）には、「谷」を「たに」系で読む地名や名字が多い県と、「や」系で読むのが多い県とを表示した面白い日本地図が載っている。それによると新潟、長野、愛知以東の県はすべて「や」系となっている。

笹原氏の話だとこの地図は、地名や名字の資料を基に作成したのだそうだ。ちなみに「ふかや」くんの出身地は愛知で、笹原氏の地図とも見事に一致する。けんか相手の「○たに」くんは関西の出身だそうだ。

「谷」の読みがなぜ西日本の「たに」と、東日本の「や」とに分かれるのか、理由ははっきりしないようだ。関東地方で湿地帯を意味する「やと」「やつ」と関係があるのかもしれないが、よくわからない。

だが、たとえそうではあっても「ふかや」くんのためばかりでなく、少なくとも東日本では広く使われている読みなので、今後は小学生向けの辞書といえども何らかの記述をする必要があるのかもしれない。

自分の無知を恥じつつも、ことばとは何と奥が深いのだろうかと思うのである。

方言・俗語

たわいない【たわい無い】〔形〕〔文〕たわいな・し〔ク〕

「たあいない」との使い分けは？

「たわ（あ）いなく眠りこける」「たわ（あ）いない話はよせ」などというとき、皆さんは「たわいない」「たあいない」のどちらで言っているであろうか。私はどうかというと、そのときの気分でどちらも使っているような気がする。

「たわ（あ）いない」は、比較的意味に広がりのある語で、国語辞典ではふつう以下の三つの意味に分けて説明している。

(1)「ビールを一杯飲んだら、たわ（あ）いなく寝入ってしまった」のように、酒に酔ったり、寝入ったりして正体がないという意。

(2)「子どものようにたわ（あ）いない人ですぐにだまされる」のように、幼くて思慮分別がない、あるいは、ごまかしたり言いくるめたりするのが簡単であるという意。

(3)「テニスの試合で、たわ（あ）いなく負ける」のように、手ごたえがない、張り合いがないという意。

『日本国語大辞典』によれば、これらの意味の用例はすべて江戸時代から見られ、また、「たわいない」「たあいない」ともに江戸時代の用例が最も古いことから、すでにその頃から両形があったと推定される。

だが、どちらが先に生まれたかということになると、語源のはっきりしない語であるため推察のしようがない。「他愛ない」と書かれることもあるが、これは当て字なのである。

ただ、現在では「たわいない」の方が一般的であると考えられていて、辞書も「たわいない」「たあいない」ともに見出し語としているものの、「たあいない」は参考項目扱いで、「たわいない」を本項目としているものがほとんどである。［揺れる読み方］

だんトツ【断トツ】〔名〕

最下位なのに使っていいのか？

「断トツの最下位から、つながりやすさナンバーワンへ」

少し前の話だが、ある携帯電話会社のこんな広告が話題になった。携帯電話が「つながりにくい」ということを認めた自虐的なコピーが評判になったようだが、話題にしたいのはそのことではない。「断トツの最下位」という言い方である。

「断トツ」は「ダントツ」と書くことも多いのだが、この語の語源をご存じだろうか。お手元の国語辞典を引いていただくと、ほとんどが「断然トップ」の略と書かれていると思う。「トツ」は英語の「top」の略なのである。意味は2位以下を大きく引き離して先頭にあることをいう。

この語がいつ頃使われるようになったのか、はっきりしたことはわからないのだが、『日本国語大辞典』の用例は、石原慎太郎『死のヨットレース脱出記』の「スタートからダントツ（断然トップ）で出たが」というものである。この文章が発表されたのは1963年で、わざわざ「断然トップ」という注釈を加えているところを見ると、ほぼその時代に生まれた語なのかもしれない。新語を積極的に掲載している『三省堂国語辞典』も「断トツ」を登録したのは1974年発行の第2版からである。

多くの辞書の解説からもわかるように、「断トツ」とは2位を大きく引き離して、首位、先頭、トップの座にあることである。『死のヨットレース脱出記』もヨットはその位置にいる。

ところが、この語は「断然トップ」という本来の意味が次第に失われつつあるようなのだ。そのため、「断トツの首位」などという言い方まで生まれている。これは首位であることを二度言っているわけだから、明らかに同じ意味を重ねた重言である。

また、くだんの携帯電話会社の広告は、首位の座ではなく最下位の座をそう言っていて、本来の意味に即してみると、断然首位の最下位という変な意味になってしまう。

どうやら「断トツ」は、語源がわからなくなったことによって正しい意味まで忘れられ、「大差をつけて」という意味で使われるようになったと言えそうである。

この新しい意味を認めるかどうか悩むところだが、今のところほとんどの国語辞典はこの意味に触れていない。

揺れる意味・誤用

たんのう【堪能】〔名・形動〕

二つの意味はまったく別のことばから生まれた

「堪能」はふつう「たんのう」と読まれることが多いのだが、この語にはとても面白い歴史があるということをご存じだろうか。

「たんのう」は、現在では「英会話に堪能な人」などのようにその道に深く通じるという意味と、「秋の味覚を堪能する」などのように満足するという二つの意味があるとされる。だが、それぞれの意味はまったく別のことばから生まれたものなのである。

その道に深く通じているという意味の方は、ものによく耐え忍ぶ能力という意味の「堪能」という仏教語から生まれたものである。ただし、この仏教語では「堪」という漢字は「たん」ではなく「かん」が正しい読みであり、「かんのう」が本来の読みであった。

一方、満足する意味の「たんのう」は、動詞「たる（足）」に完了の助動詞「ぬ」の付いた「たりぬ」が変化した「たんぬ」から生まれた語だと考えられている。この語の存在は平安後期の『観智院本名義抄《かんちいんぼんみょうぎしょう》』という漢和辞書で確認することができる。さらに、江戸時代に入ると、「たんの」となり、やがて「たんのう」という形に変化する。そして、この「たんのう」に漢字が当てられるようになり、「堪能」という表記が生まれる。ただし「堪能」は、先の仏教語からもわかるように本来は「かんのう」と読むべきものであったが、「堪」とよく似た漢字の「湛」を「たん」と読むことから、「堪」も「たん」と読むのだろうと勝手に類推して、「堪能」と書きながら「たんのう」と読まれてしまったのである。

そして、元来は「かんのう」と読んでいた仏教語由来のその道に深く通じているという意味の「堪能」まで、「たんのう」と読まれるようになってしまうのである。現在ではどちらの意味でも「堪能」を「かんのう」と読む人はまれであろう。

ちち【父】〔名〕

父親の呼称は「チ→テ→ト」と変化

父親の呼称に関しての話である。

「ちち」という呼称は「はは」同様かなり古く、『万葉集』にその例が見られる。ただし、さらに古い例だと『古事記』の歌謡に「まろが知（チ）」という例があることから、「ち」に父の意があったと考えられている。この歌謡自体の意味は、お酒ができたのでおいしく召し上がってください、われらのおやじさんよ、といったものである。「ち」は、「おほぢ」（祖父の意）、「をぢ」（伯父、叔父の意）などのようにほかの語についても使われる語だったのである。

平安時代になると「てて」の形も生まれる。たとえば、平安中期の女流日記『更級日記』（1059年頃）には、「大納言の姫君」と呼ぶと心得顔に鳴いてすり寄ってくるので大切に飼っていた猫がいたのだが、火事で焼け死んでしまったため、「ててなりし人もめづらかにあはれなる事也。大納言に申さむなどありしほどに（＝父も〝大納言の姫君〟などと呼ぶと鳴いてすり寄ってくるなんて不思議で感動的な話だ、大納言さまにご報告しようなどとおっしゃっていたところであったので）」、ひどく悲しく残念に思ったという記述がある。この「てて」は、父親の呼称としてその後も広く使われ続けた。だが、江戸時代後期の『倭訓栞《わくんのしおり》』という辞書に、「てて　父の俗語也」とあることから、次第に俗語的になっていったと考えられている。

また、イエズス会の宣教師が編纂《へんさん》した『日葡辞書《にっぽじしょ》』（1603～1604年）には、「Toto（トト）」という呼称も見られる。『日葡辞書』には「子どもの用いる言葉」という記述もあることから、もともとは幼児語だったことがわかる。この語に「さま」「さん」「ちゃん」「っつあん」などが付いて、「ととさん」「ととさま」「おとっちゃん」「おとっつぁん」「おととさん」「とうさん」「おとうさん」といった、地域によって違いはあるものの、さまざまな語形が生まれていくのである。

ところでここまでお読みくださった方の中に、面白い現象に気づいた方もいらっしゃるのではないだろうか。

父親の呼称は、用例を見る限り「チ」→「チチ」→「テテ」→「トト」と変化している。つまりタとツがないだけで、すべてタ行なのである。しかもイ段、エ段、オ段と上から順番に変化している。なぜそのようなことになったのか。理由をご存じの方がいらっしゃったら、ご教示いただけると幸いである。

ちんする【チンする】〔動サ変〕

同じようなことばは江戸時代からあった！

以下の語の意味をご存じだろうか？
「愚痴《ぐち》る」「事故《じこ》る」「告《こく》る」「きょどる」「サボる」「パニクる」「タクる」「ディスる」「チンする」「お茶する」

いずれも2013（平成25）年度の文化庁「国語に関する世論調査」で、意味の広まり具合の調査が行われた語である。これらは「〜る」「〜する」を伴って動詞化した語だが、世代によって聞いたことがあるかどうか、あるいは実際に使うかどうかの差はかなり大きいのではないか。

かくいう私はというと、「ディスる」などは最近になって知った語であった。だが、さすがというべきか、新語に強い『大辞泉』（小学館）にはすでに載っている。意味は「否定する。批判する。けなす」とある。

「ディス」は英語「disrespect＝ディスリスペクト（けなすこと、否定すること）」からで、『プログレッシブ英和辞典』（小学館）によると、英語の俗語でも「dis」は見くびる、さげすむという意味で使われるらしい。だが、文化庁の調査でもこの語を聞いたことがないという人が73・7％もいるのである。使う場所をわきまえるべきことばだと言えそうだ。

このように「〜る」「〜する」の形で動詞を作るのは、比較的新しい造語法のように感じられるかもしれないが、実はそのようなことはない。江戸時代に、すでにこのようなことば遊びに近い感覚で新語が作られているのである。

『日本国語大辞典』にも、以下のようなことばが江戸時代の用例付きで載っている。

「けんび（剣菱）る」…伊丹産の銘酒である剣菱を飲む。

「じぐ（地口）る」…地口を言う。しゃれを言う。

「しゃじく（車軸）る」…（大雨が降ることを「車軸を流す」というところから）大雨が降る。

「ちわ（痴話）る」…男女がいちゃつく。

「ちゃづ（茶漬）る」…茶漬飯を食べる。

「けんびる」のように、固有名詞まで動詞化させてしまうものまである。そういえば私と同世代だが、元巨人のピッチャー江川卓氏が巨人に入団する際に起きた一連の騒動を、「江川る」と言っていた。これなども同じ造語法である。

茶漬けを食べるという意味の「ちゃづる」も面白い。お茶漬けで有名な食品メーカーとは縁もゆかりもないのだが、ちょっと広めてみたいことばである。 方言・俗語

つーか 〔俗語〕

職場で使うのはちょっと……

ふだん何気なく使っていることばの中には、職場で使うのはちょっと、と多くの人が感じていることばがけっこうあるようだ。少し前にｇｏｏのランキングで、そういったことばが紹介されていた。それによると、

1位「うざっ」

2位「つーか～」

3位「は!?」

だそうである。

第1位の「うざっ」は、かなり以前から使われていて、最近ではあまり聞かれなく

なったような気がしていたのだが、いまだに健在らしい。「うざっ」は「うざったい」の省略形「うざい」からだと考えられている。「うざったい」は、あれこれとうるさい、わずらわしい、不快だという意味の、八王子を中心とする東京多摩地区の方言で、昭和40年代後半から東京の若者が使うようになり、その後全国に広まったといわれている。

第3位の「は⁉」は、相手の発言に対して納得ができないときに発する語で、「はア」と語尾を上げる言い方に問題がありそうだ。

これらのことばは、新語、流行語と言っていいのかどうかわからず、もちろん存在は知っていたのだが、国語辞典としてはあまり縁のないことばだと思っていた。ところが、gooの記事で第2位の「つーか」を取り上げている国語辞典があると知って驚いた。それは『明鏡国語辞典』(大修館)で、この辞典は第2版から積極的に、意味が揺れていることばや最近の新しい若者ことばを登載しているのである。

『明鏡国語辞典』では、「というか(と言うか)」という項目の解説の中で、そのくだけた表現として「っていうか」「っちゅうか」「てか」とともに「つうか」も挙げている。

『明鏡国語辞典』では触れていないが、この「というか」にしろ、そのくだけた言い方にしろ、これらの語が多くの人に職場では避けるべき語だと思われるのは、そのことばを使う側の意識の問題が大きいような気がする。

というのも、会話をしていて相手がこれらの語を使うと、まるでその直前の自分の発言を否定しているように聞こえてしまうからである。「面白い映画だったよね」「つーか、前の席の人の頭がじゃまでさぁ」などと言われると、会話がかみ合わないと感じるだけでなく、自分の発言が無視されたような気にさえなるであろう。

また、会話の中でこの語が使われた場合、「この曲はきれいつーか（っていうか）、泣けるつーか（っていうか）」などのように、はっきりとした自分の意見をもたない（もてない）幼い人間という印象を相手に与えかねない。

結局のところ、「つーか」だけでなく「うざっ」にしろ「は!?」にしろ、嫌われるのは、その言い方によって使う側の人間性を感じさせてしまう語であるからかもしれない。

これらのことばを辞書に載せたとしても、そこまで踏み込んで記述することは難しい。だが、そういった注記をせずに辞典に積極的に載せる勇気は、まだない。

方言・俗語

づくし【尽くし】〔接尾〕

「ずくめ」と「づくし」の違い

「マッタケずくめの料理」「マッタケづくしの料理」。この場合「ずくめ」「づくし」どちらが正しいのか、という質問を受けた。

『マッタケづくし』ではないか」と答えたところ、共同通信社の『記者ハンドブック』を見ると「マッタケずくめの料理」の方が正しいように読めるのだがどう思うかと、さらに聞かれた。

その『記者ハンドブック』には以下のように書かれている。

「ずくめ」は、

〔その物・事ばかり〕規則ずくめ、（略）マッタケずくめの料理　〔注〕同種類の物をある限り列挙する「…尽くし（づくし）」との混同に注意。

「づくし」は、

〔同種類の物のある限りの列挙〕国尽くし、（略）無い無い尽くし　〔注〕「マッタケずくめの料理」など「その物・事ばかり」を示す「…ずくめ」との混同に注意。

つまり同じ列挙を表しても、「ずくめ」は「同じ物」、「づくし」は「同じ種類」という違いがあるので、食材としてマツタケだけを使った料理の場合は「マツタケずくめの料理」が正解だというのである。一方で、マツタケ、マイタケ、シメジなど、さまざまなキノコを調理した料理が並ぶ場合は、「キノコづくしの料理」ということになるというのだ。

この『記者ハンドブック』を見る限り、私もまた「ずくめ」「づくし」を混同している一人ということになるわけである。

だが実態はどうであろうか。インターネットで検索してみると、「マツタケづくし」の方が「マツタケずくめ」よりもヒット数は圧倒的に多い。両者の混同はかなり広まっているということになる。

この「ずくめ」「づくし」の違いについて指摘をしている国語辞典は、私が確認した限りではまだひとつもない。この指摘をしているのは『記者ハンドブック』だけなのである。

自分が曖昧に覚えていたことは確かなのだが、『記者ハンドブック』が言うような違いが本当にあるのか、いまだに結論が出せないでいる。

揺れる意味・誤用

でるくいはうたれる【出る杭は打たれる】〔連語〕

「出る○は打たれる」の○に入る漢字一文字を答えなさい、という問題があったとする。

大方は「杭《くい》」とお答えになるだろうし、正解も通常ならそれで間違いないということになるであろう。

「出る釘」は誤用か?

だが、なぜ断定せずにこのような曖昧な言い方をするのかというと、文化庁が調査した2006(平成18)年度の「国語に関する世論調査」で、「出る杭は打たれる」と答えた人がもちろん多数派を占めていたのだが(73・1%)、それとは異なる「出る釘は打たれる」を使うと答えた人が2割近く(19・0%)いたから、というわけではない。

従来の説明では、この「出る釘は打たれる」は誤用とされていたのだが、本当にそう言い切れるのかという疑問があるからである。

「出る杭は打たれる」ということわざの意味は、才能や手腕があって頭角を現す者や、さし出たことをする者は、とかくほかから憎まれたり、人から非難されたりするということである。

その用例は江戸時代前期から見られる。

「縦《たとえ》ば出るくゐのうたるると俗にいふごとし」（『北条五代記』巻二）

『北条五代記』（1641年）は小田原北条氏に関する記事を収録した江戸時代の軍記である。

これに対して「出る釘は打たれる」はそれよりもかなり新しいものではあるが、『日本国語大辞典』には昭和の初め（1931年）の用例が初出として引用されている。

「そンぢゃけんどわれ、皆がその気なら、あまり憎まれん方がええぞ。出る釘ア打たれるちゅさけな」（須井一『綿』）

須井一《すいはじめ》は本名谷口善太郎。京都清水焼の陶工《とうこう》から政治家となり、須井一名で小説も書いた人である。

さらにこの例よりも6年古い、哲学者で評論家でもあった三宅雪嶺（1860～1945年）の以下のような用例もある。

「中に際《きわ》だって立身出世するものもあるけれど、さういう事をしなくてもよく、出る釘は打たれる、餘計《よけい》な事をしないに若《し》くはないと思はれる」（『新時代の家

庭」『太陽』１９２５年11号所収）

「杭」「釘」と漢字で書くともちろん大きく違うのだが「クイ」「クギ」と声に出して言ってみると、「イ」「ギ」の差はそれほど大きくなさそうな気がする。そんなこともあって「杭」「釘」両方が古くから使用されていた可能性は否定できないと思う。ただし、「杭」と「釘」とでは意味が若干異なりそうだ。「杭」の場合は地面に並べて打ち込むときに高さが出すぎているものは頭をたたいて高さをそろえることであり、「釘」の場合は頭が出ているものは危険なのでたたかれてひっこめさせられるということになろうか。

ただし、ことわざとしての意味には大きな違いはない。

ちなみに、最近「出すぎた杭は打たれない」という表現を見かけることがある。たとえば、堀場製作所の創業者・堀場雅夫氏の著書『仕事ができる人できない人』（三笠書房、２０００年）には、

「『堀場はうるさい』『わがままだ』という人物評になってくれるのであれば、私としてもやりやすくなるからだ。『出すぎた杭』は、もはや打たれないのである」

とある。「出すぎた杭」が括弧《かっこ》付きになっているのは、この言い方が新しいものであることを念頭においてのことであろう。だが、残念ながらだれが言い始めたものかは今のところわかっていない。

てをこまぬく【手を拱く】〔連語〕

語源を見ると「こまねく」は誤りとなるが……

「手をこまぬく」「手をこまねく」、どちらが正しいのかという質問を受けた。結論から言えば、どちらもよく使われる言い方で、一方が間違いということはないであろう。

ただ、テレビ、ラジオではコマヌクを第一、コマネクを第二の読みとしている。これは、コマヌクが伝統的な形で、コマネクは比較的新しい言い方だからである。「こまねく」が新しい言い方だということは、戦前の国語辞典には「こまねく」を見出し語として載せた辞典がほとんどないところからもわかる。

「こまぬく」のもともとの意味は、腕を組む、腕組みをするということで、単独でも使われていたのだが、現在では「手（腕）をこまぬ（ね）く」の形で、傍観するの意で使われることが多い。

語源は高麗《こま》ふうに腕を組み手を袖に貫《ぬ》く所作からという説（『和句解《わくげ》』『日本釈名《にほんしやくみよう》』）

もあるが、両手の指を胸の前で組み合わせて敬礼するのは、高麗ではなく古く中国で行われたあいさつの仕方である。とすると「高麗」は朝鮮の王朝名ではなく、大陸風といったことなのであろうか。

その所作が腕を組むような形になるところから、手出しをせずに傍観するという意味に変化していったものと考えられる。　揺れる意味・誤用

てんちむよう【天地無用】〔名〕

上下を逆にしていいのか、いけないのか？

漢字四字で構成される熟語を、「四字熟語」と呼ぶことはご存じだと思う。だが意外なことに、この呼び名は国語辞典によっては見出し語として載せていないものがけっこうあるのである。さすがに『大辞泉』（小学館）、『大辞林』（三省堂）、『広辞苑』（岩波書店）クラスの辞典には載っているのだが、お手元に小型の国語辞典があったらぜひ一度お調べいただきたい。

漢字四字からなる熟語はすべて四字熟語と呼べるかというと、そういうわけではな

い。ふつうは成語として使われているものをいう。たとえば、「焼肉定食」も「一期一会」も同じく漢字四字から成り立っているが、「焼肉定食」は四字熟語とは言わないのである。

「天地無用」も漢字四字からできているが、成句ではない。だから厳密な意味では四字熟語とは言えない。にもかかわらず、最近はこの語を載せる辞書が増えてきているのである。その意味を取り違えている人が多いからであろう。

「天地無用」はもともと運送業などで使われていた用語で、流通用の箱の表面などに書かれていたものである。そういった意味ではかなり特殊な語といえる。

意味を取り違えている人がどの程度存在するかというと、２０１３（平成25）年度の「国語に関する世論調査」でおおよその実態を知ることができる。それによると、30代以上の世代では、正しい意味の「上下を逆にしてはいけない」と答えた人が、間違った言い方の「上下を気にしなくてもよい」をかなり上回っている。ところが、20代は前者が46・6％、後者が39・3％とかなり割合が接近していて、10代では、前者が30・5％、後者が36・6％と逆転している。若い人ほど正しい意味を理解していない人が多いということであろう。

「天地」は、紙、本、荷物などの上部と下部のこと。「無用」は、してはならないこと、必要でないことの意味で、ある行為を禁止することを示す。たとえば、「問答無用」「立ち入り無用」「開放無用」も同じで、それをしてはならないということになる。したがって「天地無用」は、天地を逆にしてはいけないと言うことになるのだが、表現としてはちょっと無理があるためわかりにくいかもしれない。

運送業などで用いる分には問題なかろうが、一般向けの場合はゆうパックがそうしているように、「逆さま厳禁」などのようなわかりやすい表現を用いた方が無難な気がする。 揺れる意味・誤用

とうだいもとくらし【灯台もと暗し】〔連語〕

岬の灯台ではなかった

ことわざの誤解というと、ほとんどの方は、また「情けは人のためならず」「流れに棹《さお》さす」などの話かとお思いになるかもしれない。だがこの項は、ことわざそのものの意味のことではなく、ことわざの中で使われていることばを間違って理解しているものがあったという話である。

〃あった〃というのは実は私自身のことで、いささか恥をさらすことにもなるのだが

……。というのも、『故事俗信ことわざ大辞典第2版』（小学館）を読んでいて、へぇー、そうだったんだ、知らなかった！　と思うことがしばしばあったのである。

具体例を挙げてみる。

まずは「灯台もと暗し」の「灯台」。何の疑問ももたずに、今まで岬の灯台だとばかり思っていた。だが、『ことわざ大辞典』には、灯火をともす台、つまり室内照明具のことだとあるではないか。なぜなら、「岬の灯台は遠方を照らし、洋上の船に位置の基準を示すもので、周囲を明るくするものではないから、比喩の理解に無理が生じる」というのである。言われてみれば確かにその通り。見事にやられた感じである。「覆水盆《ふくすい》に返らず」の「盆」もそうであった。何で「盆」、つまりトレーに水を入れるのだろうと不思議に思ってはいたのだが、深く追求することはしなかった。『ことわざ大辞典』には、「この場合の『盆』は、食器などを載せる盆ではなく、素焼きで浅めの容器をさす」と解説されている。長年の疑問が氷解したわけだが、変だと思ったことはすぐに調べなければいけないと反省もさせられた。

もうひとつ、「年寄りの冷や水」の「冷や水」。「冷や水」は、冷水で水浴びをすることだと思い込んでいた。だが、『ことわざ大辞典』によれば、「冷や水」は「用例や江戸いろはかるたの絵札をみると飲料水」なのだそうである。つまり元来は、お年寄りが生水を飲むことをたしなめたことわざであったらしい。

皆さんはすべてご存じだっただろうか。

私などは40年近く辞書に関わってきたが、まだまだこの程度である。だからこそ日本語は面白いと言ってみても、負け惜しみにしか聞こえないかもしれないが……。

揺れる意味・誤用

どげざ【土下座】〔名〕

謝罪の意味は戦後から

少し前だが、ＮＨＫの「クローズアップ現代」という番組で、「土下座」を強要する社会風潮について取り上げていた。

話題となったテレビドラマ「半沢直樹」や、北海道の衣料量販店で起きた客のツイッターへの投稿画像などの話題を受けてのことのようで、たいへん刺激的な内容であった。

番組の冒頭でも触れられていたように、今でこそ「土下座」は謝罪の行為であると見なされているが、そのような意味で使われるようになったのはそれほど古い話ではない。元来「土下座」は、貴人の通行の際にひざまずいて額を低く地面にすりつけて礼をしたこと（『大辞泉』〈小学館〉）をいったのである。

「土下座」に謝罪の意味が加わったのは、第二次世界大戦後のことらしい。「クローズアップ現代」のスタッフも最初はそういった方面からのアプローチも考えたようで、「土下座」の意味の変化について『日本国語大辞典（日国）』の編集委員である松井栄一氏のところにわざわざ取材に来た。だが、番組ではなぜかその映像はすべてカットされてしまった。筆者も以前、ＮＨＫのことばに関する番組で長時間お付き合いした映像をすべてカットされるという苦い（？）経験があるので、ＮＨＫにとってはそれも普通のことなのであろう。

「土下座」に謝罪の意味が加わったのは比較的最近のことという話はけっこう面白いと思うので、せっかくだから紹介してみたい。

謝罪の意味で「土下座」が使われるようになったのはどうやら戦後のことらしいと書いたが、『日国』の用例も１９５５年の堀田善衛『記念碑』が現時点では初出である。『日国』の初版ではこの意味は載せておらず、第2版からこの用例とともに載せた意味なのである。ほかの辞典も謝罪の意味を載せるようになったのは１９７０年代以降のことで、戦前の辞書にはこの意味はない。

第二次世界大戦後にどういった事情があって「土下座」に謝罪の意味が加わったの

だろうか。そんな疑問をたまたま「辞書引き学習」の発案者である中部大学の深谷圭助教授にぶつけてみたら、テレビドラマの「水戸黄門」の影響ではないかというご指摘を受けた。「水戸黄門」の放送開始は1969年なので『記念碑』より後だが、時代はほぼ一致する。ただ、クライマックスの「土下座」は葵《あおい》の紋所に畏《おそ》れ入っているのであって、謝罪ではなかったはずである。だが、それが次第に視聴者に謝罪ととられるようになった可能性は否定できない。

どなたかその辺の事情を研究する人はいないであろうか。　揺れる意味・誤用

とりつくしま【取り付く島】〔連語〕

暇がないから取り付かないのではない

「つっけんどんで取り付く○まもない」の「○」の中に入る平仮名一文字が何かおわかりだろうか。

正解は「し」、すなわち、「取り付くしま」が正しい。「しま」の意味は頼りにしてとりすがる所、頼るべき所ということである。「取り付くしまがない」のように打ち

消し表現を伴って用いることが多い。

ところがこの「しま」を「ひま」だと思っている人が増えているらしい。

2012（平成24）年度の文化庁「国語に関する世論調査」では、本来の言い方である「取り付くしまがない」を使う人が47・8％、本来の言い方ではない「取り付くひまがない」を使う人が41・6％と、拮抗《きっこう》した結果が出ている。

「しま」が「ひま」になってしまったのは、別に東京方言などに多く見られるような「し」と「ひ」の混同などではなく、「しま」は正しくは「島」であるのに、これを「暇」だと誤解しているからだと思われる。

「島」とはもちろん周囲を水で囲まれた陸地のこと。この「島」がなぜ頼るべき場所という意味になるのかというと、船人にとって洋上にある島は、航海の際に最も頼りとすべき場所だからである。

井原西鶴の小説『日本永代蔵』（1688年）には、そうした原義を踏まえて、以下のような文章がある。

「何に取附嶋《とりつく》もなく、なみ（波）の音さへ恐しく、孫子《まごこ》に伝て舟には乗まじきと（＝舟には乗せまいと）」

現在では「取り付く島もない」の形で使われることが多いが、以前は「頼る島もない」の形で使われることもあったようだ。要するに「取り付くしまがない」は頼りと

すべき島（所）がないという意味で、人にすがりつく暇（わずかの時間）もないという意味ではないのである。 揺れる意味・誤用

とりはだがたつ【鳥肌が立つ】〔連語〕

恐怖を感じたときか、感動したときか？

以前担当していた小学生向けの国語辞典の「鳥肌が立つ」という項目で、「鳥肌が立つほどすばらしい演奏」という例文を載せたところ、大人の読者から「正しい国語教育」のために削除すべきではないかというお叱りのお手紙をいただいた。

だが、その例文のいったい何が問題なのかとお思いになった方もいらっしゃるかもしれない。

「鳥肌が立つ」は、本来は寒さや恐ろしさのために肌が鳥の皮膚のようにぶつぶつになることを言うのだが、近年「感動で鳥肌が立つ」という言い方をする人が増えているのである。

２００１（平成13）年度の文化庁「国語に関する世論調査」でも、男女とも40歳以

下の世代を中心に、その意味で使う人が増加傾向にあるという調査結果が出ている。

この調査を受けて、それ以降に改訂をした国語辞典では、「感動で鳥肌が立つ」という意味を新たに加えるものが増えてきている。

このような表現を誤用と考えるべきかどうか意見が分かれるところだと思う。辞書は規範を重んじるべきものなのか、ことばの現象を追いかけてそれを記述すべきものなのか、さまざまな考えがあるからだ。

もちろんお手紙をくださった方のお考えもよくわかる。だが、これはあくまでも個人的な感じ方ではあるが、1500年にも及ぶ文字として残された日本語の記録を基に日本語の歴史を記述した『日本国語大辞典』のような辞典に長く関わっていると、ことばの変化や揺れは当たり前の現象なのではないかと思えてしまうのである。

ない〔形〕〔文〕な・し〔ク〕または〔接尾〕

「ない」だけど「無い」わけではない

次のAとBに掲げた語はすべて末尾に「ない」が付く形容詞だが、Aの語例の「ない」とBの語例の「ない」は別のものである。その違いがおわかりだろうか。

A「そっけない」「あじけない」「いくじない」「かぎりない」

B「あどけない」「せわしない」「せつない」「はしたない」

Aの「ない」は名詞に付いて否定の意を含む形容詞を作る語であり、Bの「ない」は性質・状態を表す語（多くの場合、形容詞語幹・形容動詞語幹など）に付いてその意味を強調し、形容詞を作る接尾語である。

つまり、Aはすべて名詞＋「無い」で形容詞となった語ということになる。「そっけない」の「そっけ」は面白みや愛想の意味、「あじけない」の「あじけ」は面白みや味わいの意味、「いくじない」の「いくじ」は困難にめげず物事を貫き通そうとする気力や態度、「かぎりない」の「かぎり」は限度や際限の意味である。これに「ない」が付いて、そうしたことが無いという否定の意味となる。

一方、Bの「あどけない」は「あどけ」が無いということではなく、これ一語で子どもの態度、様子などが幼くかわいらしいということを強めた意味である。以下の語も同様で、「せわしない」は気持ちがせかせかしているという、「せわしい」を強調した語であり、「せつない」は悲しさ、寂しさ、恋しさなどで胸が締め付けられるような気持ちを強めた語であり、「はしたない」は行儀が悪く見苦しい、下品である、という意味を強調した語である。

理屈はおわかりいただけただろうか。だが、この否定の「ない」か強調の「ない」かということは、実はかなり紛らわしいことは確かである。実際、強調の「ない」である「はしたない」を「無端（はしたなく）」などと「無い」だと思って表記している『太平記』のような例も古くからある。

全国紙で用語の審査をなさっている方が書かれた本の中に、この「ない」が否定か強調かを見分けるには、否定の「ない」を「ぬ」に置き換えればわかるとしているものがあった。そこでは、具体例として「落ち着かない」を挙げているのである。確かに「落ち着かない」を「落ち着かぬ」と言い換えることはできる。

だが、Aに掲げた四語の否定の「ない」を「ぬ」に置き換えてみてほしい。いかがだろうか。「ぬ」に置き換えたら何のことだかまったくわからなくなってしまう。

なぜかというと、「落ち着かない」の「ない」は打ち消しの助動詞「ない」であって、否定の意味の形容詞を作るAの語例に共通する「ない」とは違うものだからである。形容詞の一部を打ち消しの助動詞「ぬ」で置き換えることはできない。

だが、形容詞の「ない」を打ち消しの助動詞「ぬ」で置き換えることができると考える人がいないわけではないので、話はややこしい。

そのように考えて生まれたのが「やるせない」の誤用の「やるせぬ」で、古賀政男の『影を慕いて』という歌の歌詞にも出てくる（P377参照）。もちろん「やるせない」は、名詞「やるせ」に否定の意味の形容詞「無い」が付いた形容詞である。

揺れる意味・誤用

ながれにさおさす【流れに棹さす】〔連語〕

傾向に逆らうという意味は誤り

「山路を登りながら、かう考へた。智に働けば角が立つ。情に棹させば流される」

夏目漱石の小説『草枕』の有名な書き出しである。『草枕』は漱石のほかの小説とは異なった味わいをもつ小説で、私の好きな作品のひとつである。

かつてレコードで愛聴していたカナダのピアニスト、グレン・グールド（1932～1982年）が『草枕』に深く傾倒していたと知ったとき、愛好している二つのものが思いがけず結び付いたことに、とてもうれしい思いをしたことがある。グールドはラジオ番組で、英訳本の『草枕』の朗読までしていたらしい。

さて、この『草枕』の冒頭だが、皆さんはどのような意味だとお考えだろうか。「智に働けば角が立つ」は、理性や知恵だけで割り切って振る舞っていると、他人と摩擦を起こすといった意味である。これはあまり問題はないであろう。だが、「情に棹させば流される」はどうであろうか。この部分は、他人の感情を気遣ってばかりいると、足をすくわれるといった意味である。ところが、「棹さす」を「逆らう」という別の意味にとってしまう人がけっこういるらしいのだ。

この「棹さす」は「流れに棹さす」の形で使われることが多いのだが、2012（平成24）年度の文化庁「国語に関する世論調査」でも、本来の「機会をつかんで時流にのる、物事が思い通りに進行する」という意味で使う人が23・4％、従来なかった「逆らう」「逆行する」の意味で使う人が59・4％と、逆転した結果が出ている。

ただ、面白いことに文化庁は数年おきにこの語の調査を行っているのだが、本来の意味で使うという人は2002年が12・4％、2006年が17・5％、そして2012年が23・4％と、調査のたびにわずかながら増えている。しかし、意味がわからないという人も2012年調査では20代以上で10%を超えているので、このことば自体があまり使われなくなっているということも考えられる。

「棹」は、水底を突いて船を前進させる竹や木の細長い棒のことで、「流れに棹さす」は流れに棹を突き刺して船を進め下るように、好都合なことが重なり、物事が思うままに進むたとえから生まれた語である。

たとえば南北朝時代の内乱を描いた軍記物語の『太平記』（14世紀後半）には、

「内状を通じて、事の由を知らせたりければ、流れに棹《さほさす》と悦《よろこび》て、軈《やが》て同心してげり」

という使用例がある。石塔義房《いしどうよしふさ》という武将が、内々の書状を通じて事の次第を知らされてきたので、よい機会を得たと喜んで、すぐさま（南朝方への加勢に）同意した、といった意味である。まさに物事の勢いを増すという意味で使われている。

現時点では、多くの辞書は傾向に逆らうという従来なかった意味は認めておらず、『大辞泉』（小学館）、『広辞苑』（岩波書店）、『大辞林』（三省堂）などの中型の国語辞典もすべてこの意味で使うのは「誤り」だとしている。

「流れに棹さす」は意味を間違いやすいことばの代表例として取り上げられることが多いためか、わずかながら従来の意味で使う人が増えているようではある。だが、多くの辞書が〝誤用〟としている意味で使っている人が依然として60%近くもいる。この人たちをどう救うかは、辞書を編纂《へんさん》する者として今後の重要な課題であると思う。

なにげに【何気に】〔副〕

「なにげない」にはなかった意味も

「なにげにあの人のことを食事に誘ってみたいんだけど」という文章を見かけたり聞いたりしたとき、どう感じるだろうか。「なにげに」っていったいどういう意味？　俗語っぽくてなんだかやだな！　など、反応はさまざまかもしれない。だが、この「なにげに」はじわじわと広まりつつあるのである。

まず「なにげに」の意味を確認しておこう。文法的に説明すると形容詞「なにげない」の「ない」をとって、形容動詞活用語尾である「に」を付けて副詞化した語である。意味は「なにげなく」とほとんど同じで、はっきりした考えや意図がなくて行動するさまを表す。ところが最近は「あいつってさ、なにげにすごくない？」のように、思いのほか、割合にといった、「なにげない」にはなかった意味で使われることもある。

そもそもこの語がいつ頃から使われるようになったのかは不明だが、『大辞泉』(小学館)には「昭和60年代の初めかと思われる」とある。

同様の語に「さりげない」から派生した「さりげに」がある。「さりげに」も形容詞の「さりげない」の「ない」をとり、形容動詞活用語尾「に」を付けて副詞化した語である。たとえば「学生時代の友人と会うので、さりげにおしゃれをする」のように使う。

「なにげに」はじわじわと広まりつつあると書いたが、文化庁が毎年行っている「国語に関する世論調査」でもそれが裏付けられる。というのも2003(平成15)年度と2011(平成23)年度の2回にわたって広まり具合が調査され、2003年では、「なにげに」を使うと答えた人が23・5%、使わないと答えた人が75・7%だったのに対して、8年後には、使う28・9%、使わない70・3%と、使うと答えた人がわずかながら増えている。

使うと答えた人の数はまだあまり多くはないが、意味はわかるという人ならさらにいそうである。

国語辞典の扱いはまちまちだが、最近改訂されたものでは、見出し語「なにげない」の中で、「なにげに」は誤用であると解説しているものと、誤用あるいは俗語ではあると断った上で「なにげに」を見出し語として立てているものとに分かれる。趨勢《すうせい》としては、新しい辞書では肯定派か否定派かは別にして、何らかの形で「なにげに」に言及しているものが増えつつあると言えそうだ。

ちなみに、似た意味の「さりげに」は「なにげに」ほどは目立たない語なのか、この語が見出し語として載せられているのは、現時点では『大辞泉』、『広辞苑』(岩波書店)と限られた辞書だけである。文化庁には「さりげに」の調査も望みたいところだ。

揺れる意味・誤用

なまえまけ【名前負け】〔名〕

誰の名前に負けるのか?

「名前負け」という語の誤用が高校球界で広まっていると知ったのは、日本経済新聞の記事審査部の記者さんたちが書いた、『謎だらけの日本語』(日経プレミアシリーズ)という本によってであった。「名前負け」の意味を本来と違って使っている人がいるということは承知していたのだが、限られた世界で広まっているということまでは知らなかったのである。

この本を読んだ直後に、たまたま手にしたスポーツ新聞でその確かな証拠を見つけ、思わず「これのことか！」と声を出しそうになった。

こんな内容の記事である。

秋季高校野球北海道大会の組み合わせ抽選で、常勝校との対戦が決まると、その監督は、

「名前負けするな、相手に振り回されるな。お前たちも名前のあるチームだ」

（「日刊スポーツ」２０１３年10月9日付）

と言って、選手を鼓舞したというのである。

「名前負け」が使われているのは監督の談話の部分であって、記者が書いた地の文章ではないので、誤用が広まっているのは高校球界の現場だということが、この一例だけで裏付けられると思う。

だが、なぜこのような誤用が高校野球界を中心に広まってしまったのだろうか。

「名前負け」とは、本来は「名前が不相応に立派すぎること。実が名に伴わないために、かえって見劣りすること」（『日本国語大辞典』）という意味である。つまり、自分の名前が立派すぎて、それに負けてしまうことであり、相手の名前が立派なために圧倒される、気おくれを感じることではない。

確かに高校野球には有名な常勝校、強豪校が存在し、対戦相手によっては実力の格差も大きいのかもしれない。だが、それを言うのなら「位負け」であろう。それがいつ頃から「名前負け」になってしまったのか、残念ながらわからない。

ただ、それが新聞の記事になっていることを考えたとき、監督の談話の部分であるため誤用とわかっていてもそのまま掲載せざるを得ないという事情はわからなくもないが、そのまま放っておいてはこの誤用がさらに広まってしまうのではないかと危惧されるのである。

揺れる意味・誤用

ならずもの【成らず者・破落戸】〔名〕

ごろつきとも読む語の歴史

「破落戸」を何と読むかと聞かれたら、すぐに答えられるであろうか。

正解は、「ならずもの」または「ごろつき」である。かなりの難読語だと思う。

なぜ「破落戸」と書いてそう読むのかというと、もともと中国に「破落戸」という語があって、それに日本で「ならずもの」「ごろつき」という読みを付けたからである。「破落戸」は諸橋轍次《もろはしてつじ》の『大漢和辞典』にも「はらくこ」の読みで載せられている語で、「ごろつき」「ならずもの」という意味とともに、中国・明代に完成したとされる『水滸《すいこ》伝《でん》』の例文などが引用されている。

この『水滸伝』は、日本では江戸時代の宝暦7年から寛政2年（1757〜1790年）に岡島冠山《かんざん》編訳と伝えられる『通俗忠義水滸伝』が刊行され広く読まれるようになった。岡島冠山は儒学者で、中国の口語体小説（白話《はくわ》小説）の翻訳に果たした役割は大きい。たとえば曲亭馬琴《きょくていばきん》の代表作『南総里見八犬伝』（1814〜1842年）も直接的な影響を受けている。

実際『南総里見八犬伝』にも「破落戸」の使用例*がある。これが明治以降も残り、「破落戸」は「ならずもの」または「ごろつき」と読まれてきたものと思われる。

「ならずもの」というと、アメリカのブッシュ前大統領が言った「rogue state」を訳した「ならずもの国家」を思い出す方もいらっしゃるかもしれないが、もともとの意味は「成らず者」で、暮らしが思うようにならない者を言ったものである。それがのちに手のつけようがないほどたちの悪い者や、定職がなく、放浪して悪事をはたらく者を言うようになった。

また「ごろつき」は、一定の住所も職業もなく、あちらこちらをうろついて、おどしなどをはたらく者のことである。このような者をなぜ「ごろつき」と呼ぶようになったのかというと、江戸時代の儒学者太田全斎が編纂《へんさん》した『俚言集覧《りげんしゅうらん》』（1797年頃成立）に「ごろつき　近年江戸の流行の詞。無頼の少年が人の許に寄宿せるをいふ」とあるところから、江戸後期に江戸で生まれた流行語だったことがわかる。またこの文章からすると、「ごろつき」の「ごろ」は、「部屋でゴロゴロする」などというときの擬態語「ゴロゴロ」と関係がありそうだ。

「ならずもの」「ごろつき」の意味の語を現代の中国語で何というのかわからないが、日本の一般向けの国語辞典では今でも「ならずもの」「ごろつき」を引くと「破落戸」という表記がちゃんと示されている。私がふだん使っているパソコンの漢字変換ソフトも「ごろつき」「ならずもの」と入力すると、ちゃんと「破落戸」と変換してくれる。中国の古い時代の口語の表記が日本語に残っているという面白い事例だと思う。

＊ただし馬琴は、「破落戸」を「いたつらもの（いたずらもの）」と読ませている。もちろん「いたずらっ子」の意味ではなく、「ならずもの」の意味である。

大和ことば・伝統的表現

ナルシスト【（英）narcissist】〔名〕

ナルシシストか、ナルシストか？

外来語とか片仮名語などと呼んでいる欧米諸国から入ってきた語を国語辞典に載せる場合、その語を片仮名でどのように表記するかといった問題がある。たとえば、「ユニホーム」にするか「ユニフォーム」にするかとか、「メーク」にするか「メイク」にするかとかいった問題である。

国語辞典の場合、外来語の表記は１９９１（平成３）年の内閣告示「外来語の表記」を参考にして決めることが多い。

だが、原語の方が揺れている語もあり、扱いに困ることがある。たとえば「ナルシシスト」と「ナルシスト」。皆さんはふつうどちらを使っているだろうか。『ランダムハウス英和大辞典』（小学館）を引くと、narcissism という見出しのところに派生語として narcissist と narcist が示されている。つまり、原語も語形が二つあることがわかる。

このようなこともあって、この語は国語辞典でも見出し語の語形がまちまちなのである。

整理すると以下のようになる。

・ナルシシストだけ立項しているもの

新選国語辞典、三省堂国語辞典、新明解国語辞典、広辞苑

・ナルシストだけ立項しているもの

現代国語例解辞典、明鏡国語辞典（ただし原語の綴りはなぜか narcissist で表示）、日本国語大辞典

・ナルシシスト、ナルシストは両方立項していてナルシストは空見出しのもの

大辞泉、大辞林

・ナルシシスト、ナルシスト両方とも項目のないもの

岩波国語辞典

では「ナルシシズム」「ナルシズム」はどうであろうか。『ランダムハウス英和大辞典』では narcism という語形は見当たらないが、『医学英和大辞典』（研究社）には見出し語があるので、narcism は原語でも存在するのかもしれない。

国語辞典の扱いはというと、「ナルシシズム」で見出しを立てているものがほとんどである。ただし、『日本国語大辞典』、『大辞泉』（小学館）、『大辞林』（三省堂）はさらに「ナルシズム」を空見出しにして、「ナルシシズム」を見させている。

国語辞典としては、引きやすさを優先させるのであれば、『大辞泉』や『大辞林』のように、「ナルシシスト（ナルシスト）」も「ナルシシズム（ナルシズム）」も「ナルシシスト」「ナルシシズム」を本項目にして、「ナルシスト」「ナルシズム」を空見出

しにする扱いが望ましいのではないかと思う。

にくじゅう【肉汁】〔名〕

「ニクジル」は若者ことば？

先日、焼き肉をおいしく食べるには秘訣があるというNHKの番組を何気なく見ていたら、アナウンサーが「ニクジュウ」と言った後に「ニクジル」と言い換えていたので、おやおやと思った。漢字で書けば「肉汁」だが、皆さんはこれを何と読んでいるだろうか？

かくいう私は「ニクジュウ」派なのだが、若い人の間に「ニクジル」派が増えているという。確かにインターネットで検索すると、「ニクジル」が勢力を伸ばしつつあるという傾向がうかがえる。

『日本国語大辞典（日国）』で「肉汁（にくじゅう）」を引いてみると、

⑴鳥獣の肉を煮出してつくった汁。また、肉を入れた汁。肉羹《にっこう》。

⑵「にくしょう（肉漿）」に同じ。

⑶肉を焼いたときにしみ出る液汁。

とある。⑶がこの項のテーマの意味である。⑵の「肉漿」とは、やはり『日国』によれば「肉をしぼってとった汁」のこと。

これに対して、「ニクジル」は『日国』では「ニクシル」で見出しが立てられ（「ニクジル」という注記もある）、解説は「ニクジュウ」を見るようにとの指示がある。「ニクジル」という言い方は、同じ「肉」の付く「肉厚（にくあつ）」「肉色（にくいろ）」「肉太（にくぶと）」などといった読みの語に引きずられて生まれた、新しい言い方だと思われる。「ニク」は訓読みのようだが実は音読みで、「シル（ジル）」は訓読みだから「ニクジル」だと重箱読みになってしまう。

そのためNHKでは伝統的な「ニクジュウ」を使うようにしているようだ。くだんのアナウンサーは、焼き肉の食べ方を伝授する番組は若者向けだと判断したのかもしれない。

揺れる読み方

につまる【煮詰まる】〔動ラ五（四）〕

結論に近いのか、行き詰まったのか？

「議論もだいぶ煮詰まってきた」というときの「煮詰まる」の意味に関しての話である。皆さんはどういう意味で使っているだろうか。この「煮詰まる」は、正しくは、討議・検討が十分になされて、結論が出る段階に近づくという意味である。

ところが近年、「煮詰まってしまって結論が出せない」のように「行き詰まる」の意味で使われる言い方が増えてきたらしい。

『日本国語大辞典（日国）』によれば、このような意味での使用例は、1950年代頃から見えている。たとえば永井龍男『朝霧』（1950年）では以下のような使い方をしている。

「隣り組を通じてなされた配給品の、日に日に細ることで、戦争の次第に辛く煮詰って来てゐるのが知られた」

『日国』はもう一例、堀田善衛の『記念碑』（1955年）も引用しているのだが、こうした使い方が実際に広まったのは最近のことと思われる。

ただ、ここでひとつ問題があるのだが、『日国』には本来の意味とされる「議論や考えなどが出つくして、問題点が明瞭な段階になる」という意味には用例がないのである。だが、『日国』第2版の後に刊行された『精選版日本国語大辞典』（2006年）には、高木彬光《あきみつ》の『検事霧島三郎』（1964年）の以下の例が引用されている。

「解決は時間の問題というところまで煮つまっているから」

ただし、この例は『朝霧』よりも新しい例なのである。

2013（平成25）年度の文化庁「国語に関する世論調査」では、「七日間に及ぶ議論で、計画が煮詰まった」を、本来の意味である「（議論や意見が十分に出尽くして）結論の出る状態になること」で使う人が51・8％、新しい意味「（議論が行き詰まってしまって）結論が出せない状態になること」で使う人が40・0％という結果が出ている。ただし世代別では、40歳代以下は新しい意味で使う人が5～6割も占めており、世代差がくっきりと表れている。

まだ、この新しい意味を載せている辞典は『日国』以外ほとんどないが、今後この意味を付け加える辞書も増えてくるであろう。

揺れる意味・誤用

にのまい【二の舞】〔名〕

「踏む」は本当に間違いか？

「二の舞を踏む」という言い方をお聞きになったことはないだろうか。

自分はそう言っているよという方もけっこういらっしゃるかもしれない。だが、この「二の舞を踏む」は誤った使い方で、「二の舞を演じる」が正しい言い方だと言われている。私が使っているパソコンのワープロソフトも「二の舞を踏む」と入力しようとすると、親切にも《二の足を踏む／二の舞を演じる」の誤用》と教えてくれる。時事通信社の『用字用語ブック』も「二の舞いを演じる」だけが示されているので、「二の舞を踏む」は認めていないものと思われる。

「二の舞を踏む」が誤用である理由は、「二の足を踏む」との混同から生まれた言い方だからだと説明されることが多い。だが、本当に「二の舞を踏む」は誤用なのであろうか。

「二の舞」とは舞楽（舞が伴う雅楽）の曲名で、「安摩《あま》の舞の次にそれを見ていた二人の舞人（笑い顔の面の老爺と腫れただれ顔の面の老婆）が滑稽な所作で安摩の舞をまねて舞う舞。安摩の舞に対する答舞」（『日本国語大辞典』）のことである。

人の後に出て来て前の人と同じことをしたり、滑稽なしぐさをしたりすることから、「二の舞」は前の人の失敗を繰り返すという意味になる。そしてそのような「二の舞」を〝演じる〟のが本来の使い方だというわけである。

だが、「二の舞を踏む」を載せた辞書が存在しないわけではない。それは、大槻文彦の『大言海』（1932〜1937年）である。ただし見出し語としてではなく、

「案摩《あま》」の解説中に見える。

「俗に笑あま、泣あまと云ふ、其舞ふ手振、足振、案摩を真似て、真似得ざる状なり。世に、前人の所為を、徒らに真似てするを、二舞（ニノマヒ）を踏むと云ふ、是れなり」

大槻文彦は『大言海』の中で「二の舞を演じる」には一言も触れていないので、そもそも「二の舞を踏む」だけを使っていたのかもしれない。また、文中「世に」とあるので、「二の舞を踏む」の方が一般的であると思っていた節もある。

舞楽を舞うことを「踏む」という例は、実は古くから見られる。たとえば室町末期の御伽草子《おとぎぞうし》『唐糸草子《からいとそうし》』には「三番は熊野が娘の侍従、太平楽をふむ」とある。「太平楽」も舞楽の曲名である。

最近の国語辞典は「二の舞を踏む」を、誤用説を紹介せずにそのまま載せるものが増えてきている。新聞の用字用語集よりも国語辞典の方が一歩進んでいるということであろうか。

揺れる意味・誤用

にやける【若気る】〔動カ下一〕

笑えない「にやける」話

本来の意味で使っている人14・7％、従来なかった新しい意味で使っている人76・5％。

何の割合かおわかりだろうか。これは2011（平成23）年度の文化庁「国語に関する世論調査」による、「にやける」ということばの調査結果である。

この調査で少数派となった本来の意味とは、「なよなよしている」というもの。圧倒的多数派は、従来なかった「にやにやする。薄笑いを浮かべる」という意味で使っているのである。皆さんはどちらだろうか。

国語辞典で「にやける」を引いてみると、新しい意味を載せているものはまだまだ少数派といえる。たとえば『大辞泉』（小学館）では、「若者言葉」としてこの意味を載せている。

「にやける」が、「にやにやする」という従来なかった意味になったのは、間違いなく「にやける」の「にや」と「にやにやする」の「にや」との類推からだと思われる。にやにや笑うという意味の「にやつく」などとの混同も考えられる。

薄笑いをする「にやにや」は擬態語だが、「にやける」は「にやけ（若気）」という名詞が動詞化した語だといわれている。

では「にやけ」とは何か。『日本国語大辞典』によれば、「鎌倉・室町時代頃、貴人の側にはべって、男色の対象となった少年」のことなのである。鎌倉時代初期の説話集『古事談』には「長季《ながすえ》は宇治殿若気也」などという用例もある。「宇治殿」というのは、平等院鳳凰堂を建立した摂政関白・藤原頼通のこと。例文の意味はあえて説明するまでもないであろう。

これが後に、男が色めいた姿をしていることや、男が派手に着飾ったり、なまめき媚《こ》びるような態度をとったりすることを言うようになるわけである。いずれにしても「にやにやする」とは別語だったわけだ。

だが、文化庁の調査結果を見る限りでは、4分の3の人が「にやにやする」と関連があると考えていることになる。ことばは変化するものだとはいっても、このままでは、自分の意図したことが相手に正確に伝わらなくなってしまうのではないかと危惧される。

揺れる意味・誤用

にんげん【人間】〔名〕

「じんかん」と読むと意味が変わる

サッカー日本代表の岡田武史《おかだたけし》元監督に、「辞書引き学習」の深谷圭助氏との対談のために編集部までおいでいただいたことがある。その折に岡田氏から、「人間万事塞《さい》翁《おう》が馬」という故事成語をよくお使いになっているという話をうかがった。そして岡田氏は、「人間」を「にんげん」と読んでいたところ、ある人から「じんかん」ではないかという指摘を受けたという興味深いお話をなさった。

「人間」ということばは、「にんげん」と読むか「じんかん」と読むかで厳密には意味が異なる。「にんげん」は「ひと」の意味、「じんかん」だと「世の中、世間」の意味になる。

「人間万事塞翁が馬」は中国古代の哲学書『淮南子《えなんじ》』による故事で、ふつうは、人生の吉凶《きっきょう》、運不運は予測できないという意味で使われる。だからやはり「人間」は「ひと」のことであろう。実際、「じんかんばんじさいおうがうま」と読んでいる例には出合ったことがない。

では、なぜ岡田氏にわざわざ「じんかん」では、などと言う人がいたのだろうか。

勝手な想像だが、「人間いたる所青山《せいざん》あり」と混同したのではないだろうか。この句は、幕末に諸国を巡り、尊王攘夷・海防論を唱えた僧として知られる月性《げっしょう》の漢詩の一節で、「じんかん」か「にんげん」かで揺れている。「じんかん」と読むと「世の中には骨をうずめる場所はいたるところにある」という意味になり、「にんげん」と読むと、「ひとが骨をうずめる場所はいたるところにある」という意味になる。

どちらの意味も不自然ではないが、「にんげん」の方が語としては一般的なので、最近の辞書は「にんげん」を本項目にしているものが多い。揺れる読み方

ねつにうかされる【熱に浮かされる】〔連語〕

「うなされる」と言う人の方が多い

高熱のためにうわごとを言うような状態になることを、「熱に浮かされる」と言うのだが、このことばにはほかに、「ひとつのことに熱中して前後を忘れる、ほかのことを忘れて夢中になる」という意味もある。

ところが最近、後者の意味のときであっても「熱にうなされる」という言い方をする人が増えているという話を聞いた。

実際、文化庁が発表した２００６（平成18）年度の「国語に関する世論調査」では、「熱に浮かされる」を使う人が35・６％、「熱にうなされる」を使う人が48・３％とい

う結果が出ている。驚いたことに、従来なかった言い方の「熱にうなされる」を使う人の方が多いという調査結果なのである。ただし、文化庁は2014（平成26）年度にも同じ調査を行っているが、その際には、本来の言い方である「熱にうかされる」を使う人の方が増えている。

「うかされる」は動詞「うかす（浮）」の未然形に、受身の助動詞「れる」が付いて一語化したもので、ものに心を奪われて夢中になるという意味を表す。「熱に浮かされていて親の忠告など耳に入らない」のような使い方をする。

「うなされる」は、恐ろしい夢を見るなどして、思わず苦しそうな声を立てるという意味である。確かに高熱が出れば「うなされ」はするだろうが、夢中になるという意味にはどうあってもなりそうにない。

「うかされる」「うなされる」は「か」と「な」の違いではあるが、その意味するところはかなり違うのである。

意味を考えずに、音だけでことばを覚えて使っている人がいかに多いかということがよくわかる事例である。

揺れる意味・誤用

のま【々】〔記号〕

「々」は国語辞典に載せられるか？

読者から、「々」を国語辞典の見出しにしてほしいという要望をいただくことがあるのだが、たいへんな難題でいまだにどうしたものかと悩んでいる。というのも「々」には読みがないからである。国語辞典は読みさえあれば見出しとして載せられるのだが……。

「々」は、ワープロソフトなどではふつう「どう」「おなじ」「くりかえし」「おどりじ」と入力すると変換できるのだが、これらは読みや音ではない。また片仮名の「ノ」と「マ」に分解できることから、「ノマ（点）」などと呼ばれることもあるが、これなどは変換もできないのである。

では、この「々」は何かというと、漢字ではなく符号（記号）なのである。したがって漢和辞典では載せていないものも多い。載せたとしても読みがないのだから音訓索引からは引けない。総画索引からしか探せないのである。

「々」のようなくりかえしの符号は、「踊り字」「畳字《じょうじ》」などと呼ばれているので、国語辞典ではふつうそれらを見出しにして、他の「ゝ」「〱（くの字点）」などとあわせて紹介することが多い。

この「々」という符号は、漢籍で使われた「〻（二の字点）」が日本に入って変化したものとも、漢字「同」の異体字「仝」の変化したものともいわれている。二の字点は漢籍では同じ漢字を繰り返す際に漢字の「二」の字が使われていて、そのくずし字に由来する。ただ「仝」の字は「々」とは違い、「おなじ」「ドウ」という読みをもつ、れっきとした漢字である。

「仝」は国語辞典の見出しにすることは可能でも、「々」はやはり難しいのである。

大和ことば・伝統的表現

ばきゃく【馬脚】〔名〕

「晒す」「露わす」「出す」。正しいのは？

「馬脚を晒《さら》す」という言い方をする人がいるらしい。もちろん、正しい言い方は、「馬脚を露《あら》わす」である。「馬脚が露われる」と言うこともある。

これを、やはり間違って「馬脚を出す」という人がいるということは知っていた。実際、国立国語研究所のコーパスを検索すると、ある高名なＮＨＫの元ニュースキャスターが、「馬脚を出す」と使っていることがわかる。ただし、「馬脚を晒す」はそこには一例も出てこない。ところが、インターネットで検索すると、かなりな数の使用例が見つかる。

「馬脚」とは、芝居で馬の足を演じる役者のことである。「馬脚を露わす」は、芝居で馬の足の役者が見せてはいけない姿をうっかり見せてしまう意から で、つつみ隠していた事があらわになる、ばけの皮がはがれるという意味である。

誤用とされている「馬脚を出す」は、「尻尾を出す」との混同だと考えられている。では、「馬脚を晒す」はどこからきたのだろうか。「さらす」は広く人々の目に触れるようにするという意味だが、「恥をさらす」などといった慣用表現と混同しているのかもしれない。

「馬脚を出す」を誤用としている辞書はいくつか存在するのだが（『大辞泉』小学館、『明鏡国語辞典』大修館など）、「馬脚を晒す」に触れている辞書はまだないと思う。だが、この言い方がさらに広まれば、「馬脚を晒す」も誤用としてだろうが、今後取り上げる辞書が出てくるかもしれない。

なお、「馬脚を露わす」の「あらわす」を新聞などでは「露わす」ではなく「現す」と書いている。これは常用漢字表では「露」という漢字には「あらわす」という読みを認めていないからである。

あくまでも主観なのだが、同じ「あらわす」でも、「現」と「露」とでは、「露」の方が隠そうとしていたものがつい表に出てしまって、むき出しになるという意味合いが強いような印象をもつのだが、皆さんはいかがであろうか。

揺れる意味・誤用

ばくしょう【爆笑】〔名〕

〝爆笑〟問題

タイトルと同じ人気お笑いコンビがいるが、彼らの話ではない。「爆笑」ということばの意味の問題である。

手近なところに国語辞典がある方は、まず「爆笑」を引いていただきたい。いかがであろうか。「あれっ、そんな意味だったの？」とお思いになった方も多いのではないだろうか。

大方の国語辞典には、「大勢の人がどっと笑うこと」といった意味が書かれているはずである。だが、たとえば「一人でラジオを聞いていて、太田光の毒のあるトークに爆笑した」などという言い方を皆さんはしないだろうか。つまり、一人であっても大声を上げて笑う場合に使うかどうかということである。

これが「〝爆笑〟問題」なのである。

『日本国語大辞典』を見ると「爆笑」を使った用例は二つある。

一方の辻邦生『秋の朝光のなかで』（1974年）の例は明らかに大勢がどっと笑

う例であるのだが、問題はもう一方の徳川夢声の『漫談集』（1929年）の例で、

「彼れ忽ち無我の境に這入って、呶鳴り、絶叫し、哄笑し、爆笑《バクセウ》しの盛況を呈して」

とある。

ちょっとわかりにくいのだが、個性的な無声映画の見習い活弁（活動写真弁士）の話で、この活弁は不器用で、ガアガア野次るように怒鳴り、さらにはせりふに夢中になるとせりふ通りのしぐさを始めるというのである。つまり前後から判断すると、「爆笑」しているのは観客ではなく活弁本人らしいのだ。

この徳川夢声の例以外にも、確実に「独り笑い」だといえる例を私も何例か見つけているのだが、なぜか今までの国語辞典ではその意味が無視されていたのである。「爆笑」の「爆」ははじけるという意味で、どっと笑う、つまり大勢が一度に笑うというのが本来の意味。しかし、勝手な想像だが、「爆」を単に激しいという意味にとらえて、一人でも激しく笑うという意味が新たに生まれたのではないだろうか。

ほとんどの辞典はまだ「独り笑い」の意味に対応していないのだが、補注などで近年一人の使い方も見られると記述する辞典も出始めている。〝爆笑〟問題が解決する日も近いのかもしれない。

揺れる意味・誤用

はぐる 〔動〕〔方言〕

方言だとは気づかなかった

本当は方言なのに話し手が共通語だと思い込んで使っていることばを、方言研究者は「気づかない方言」と呼んでいる。私は千葉県の出身であるが、東京に近い土地で生まれ育ったため、自分が使っていることばは共通語だと長い間思い込んでいた。

ところがあるとき東京都新宿区出身の知人に、「それ、方言じゃないですか」と言われ、すっかり自信をなくしてしまった。

それが「〜はぐる」という言い方である。

共通語の「〜はぐる」は「〜しそこなう」の意味で、「食べはぐる」「見はぐる」は、食べたり見たりする機会を失うの意味になる。

ところが、私が「遅刻しはぐった」とか「死にはぐった」とか言うと、それは遅刻しそうになる、死にそうになるという、「あやうく〜しそうになる」意味なのである。

このことばが方言であることを指摘した知人は筑波大学に進学し、大学のある茨城の人がやたら「はぐる」を使うのでかなり違和感をもったらしい。この「〜しそうになる」意味の「〜はぐる」は、茨城県だけでなく栃木県にも分布しているそうだ。思い当たるのは私の祖父母が、父方も母方も一方が茨城の出身者だったことだ。文字通り気づかないうちに受け継がれてきたらしい。方言・俗語

はだし【裸足】〔名〕

素人《しろうと》は「はだし」で逃げ出すか?


「素人はだし」ということばをご存じだろうか。何をばかなことを、そんなことばなどあるわけがない、とお思いになった方も大勢いらっしゃることだろう。もちろんそれが正解なのだが、完璧な答えとはいえない。

禅問答のようで恐縮なのだが、実はインターネットでは「素人はだし」が驚くほど多く検索に引っかかるのである。たとえば「ギターの腕前は素人はだし」などのように。

なぜこのようなことになってしまったのだろうか。

言うまでもないことだが、正しくは「玄人《くろうと》はだし」である。「玄人はだし」とは、

玄人もはだしで逃げ出すほどであるということから、素人なのに専門家が驚くほどのすぐれた技芸や学問をもっていることをいう。「専門家はだし」などという言い方もある。

いずれにしても逃げ出すのは玄人、プロなどの専門家であり、アマチュア、素人などの未熟な人間ではない。ところが、素人がはだしになるということがなぜか素人がすぐれていると解釈されて、「素人はだし」という語が生まれてしまったようなのである。あるいは似たようなことばに「素人離れ（素人ながら、技量などがその道の玄人に比べて見劣りのしないこと）」があるので、それとの混同があったのかもしれない。「素人はだし」がどんなに増殖していても、明らかに誤用なので、新語に敏感な国語辞典といえども見出し語にすることは永久にないであろう。だが、辞典編集部に、インターネットなどで数多く見かけるのになぜ辞書に載せないのか、という投書が来る可能性は絶対にないとはいえない。

私が編集を担当している辞典の「玄人はだし」の項目にも、「素人はだしは誤用」という補注を載せるべきかどうか悩んでいる。

ばつ【×】〔記号〕

「×」の話

日本語の文章では、文字以外の記号（符号）に何らかの意味をもたせて使うことが時々ある。そういった記号のひとつ、「×」を取り上げてみたい。

「×」はもとより、同じように使われる「○」「△」ももちろん文字ではない。しかし、まだ少数派ながら見出し語を設けて解説している国語辞典が出始めている。また漢和辞典でも、たとえば『現代漢語例解辞典』（小学館）では、「非漢字」という扱いでこれらの記号を解説している。

『現代漢語例解辞典』では、「×」の読みは「ばつ」と「ぺけ」の二つが示されている。「ばつ」と読むのは、「罰《ばつ》」、または「罰点《ばってん》」からとある。もうひとつの「ぺけ」はあまりなじみがないかもしれないが、「関西などで『ぺけ』とも称する」と書かれている。中国語の「不可」からという説や、マレー語からという説もあるらしい。

また、「×」の使い方として、「悪い評価を示す印として『○』と対をなす」と書かれているが、テストの採点の際に採点者が付ける、正解は○、不正解は×、半正解は

△の記号がこれに当たる。

ちなみに、早稲田大学教授の笹原宏之氏によれば、答案用紙の採点に使われる○×△の記号は、日本と、同じ漢字圏でありながら中国や韓国、ベトナムなどとでは、意味や使われる記号そのものがかなり違うらしい。万国共通だと思って使うと、とんだ誤解を招くこともあるようだ（『漢字の現在―リアルな文字生活と日本語』三省堂）。

この笹原氏の著書は書名を「漢字の現在」としながら、漢字ではない記号まで視野に入れ、なぜ各国でそうした違いが生じたのか文字学の観点から鋭く考察していて、実に画期的である。日本語は、漢字、平仮名、片仮名だけでなく、記号までも文字として取り込んでしまう実に懐の深い言語なので、よくぞ文字以外の記号まで取り上げてくれたと思うのである。

揺れる読み方

はっぽうい【八方位】〔名〕

基準は南北？　東西？

東・西・南・北と、北東・北西・南東・南西の八つの方位を総称して、八方位ということはご存じだと思う。この中で、東・西・南・北のそれぞれ中間の方角を皆さんは何と言っているだろうか。北東・東北、北西・西北、南東・東南、南西・西南、いずれかで揺れているという方が多いと思う。

方位は小学校の社会科で習うことになっているのだが、学習指導要領では、東西南北の四方位は3年生で、八方位は4年生までに習うことになっている。八方位とは、指導要領で明確に定めているわけではないのだが、四方位に北東・北西・南東・南西が加わって総称すると教えているようだ。つまり南北のラインを基準に考えているのである。東北、西北、東南、西南のような、東西のラインではない。指導要領の解説書の中には、「南東を東南と間違って言わないように指導しましょう」と言い切っているものまである。テストで、南東を東南と答えると「×」になるのであろうか。

子どもが混乱しないようにあえて基準を設けているのだろうが、「間違って」と言われると、辞書に関わっている者としては、伝統的な言い方はどうだったのかと余計なことを考えてしまう。

以下は『日本国語大辞典（日国）』から、それぞれの方位の最も古い用例を調べたものである。

北東…『海道記《かいどうき》』（1223年頃）／東北…『菅家後集《かんけこうしゅう》』（903年頃）

北西…『颶風新話《ぐふうしんわ》（航海夜話）』（1857年）／西北…『万葉集』（8世紀後半）

南東…『地方凡例録《じかたはんれいろく》』（1794年）／東南…『菅家文草《かんけぶんそう》』（900年頃）
南西…『胆大小心録《たんだいしょうしんろく》』（1808年）／西南…『延喜式《えんぎしき》』（927年）
いかがであろうか。これらの用例を見る限り、東西のラインを基準にした言い方の方が圧倒的に古いのである。なぜ学校では、古くから使われていた東西ライン基準の言い方が否定され、比較的新しいと思われる南北ラインが採用されたのか。
このことを解く鍵が、『日国』も用例を引用している、『地理初歩』にあるのではないかとにらんでいる。こんな例だ。
「東西南北の間の方角を、北東、北西、南東、南西と云ふ」
『地理初歩』は1873（明治6）年に文部省から刊行された最初の官製教科書のひとつで、中身は、当時アメリカで広く使われていた初等地理の教科書を翻訳、編纂《へんさん》したものである。
英語では **northeast**（北東）、**northwest**（北西）、**southeast**（南東）、**southwest**（南西）と言い、日本語のように北東＝東北となるような両用の言い方は一般的ではないであろうから、この訳語が次第に定着し、現在の文部科学省もこれを踏襲して、北東・北西・南東・南西を正しいとしているのではないかと思うのである。

大和ことば・伝統的表現

はてんこう【破天荒】〔名・形動〕

文字にだまされてはいけない

「破天荒な人生を送る」という文章を読んで違和感を覚えた方はどれくらいいらっしゃるだろうか。

「破天荒」もまた、本来なかった意味が広まっていることばのひとつである。２００８（平成20）年度の文化庁「国語に関する世論調査」で、「彼の人生は破天荒だった」を、「だれも成し得なかったことをすること」という意味で使うか、「豪快で大胆な様子」という意味で使うかという質問に、後者の意味で使うと答えた人が64・２％もいたのである。もちろん本来の意味は「だれも成し得なかったことをすること」である。だが、こちらを使うと答えた人はわずか16・９％であった。

『日本国語大辞典』によれば、「天荒」とはまだ開かれていない荒れて雑草などがはびこっている土地のこと。「破天荒」は、中国・唐代に官吏の採用試験の合格者が一人も出なかったため人々に「天荒」と呼ばれていた荊州《けいしゅう》から、大中年間（８４７〜８６０）に劉蛻《りゅうぜい》という及第者が初めて出たことで、「天荒を破った」と言われた故事によるという。ここから、今までだれも行えなかったことを成し遂げるという意味になったのである。

したがって「破天荒な試み」「破天荒な出来事」は、前代未聞なという意味が正しく、豪快で大胆なという意味ではない。「破天荒な人生」も「破天荒な性格の持ち主」も、どちらも本来なかった意味で使われた用法ということになる。

「破天荒」が「豪快」とか「大胆」とかいう意味と結び付いてしまったのは、恐らく「破」「荒」という漢字に引きずられてのことであろう。漢字表記だけで意味を類推してはいけないということなのかもしれない。

揺れる意味・誤用

はなし【話】〔名〕

「話し」の話

「おはなしする」と書くとき、「お話しする」と書くべきなのか、「お話する」と書くべきなのか、どちらであろうかという質問を受けた。「はなし」を漢字で書いたとき、「し」という送り仮名を付けるかどうかという問題である。

正解は「お話しする」で、送り仮名のルールが完全にわかっている人は、どうしてそんなことで悩むのだろうと思うかもしれないが、よくよく考えてみるとちょっとわかりにくいルールなのである。実をいうと、私も声に出して読もうとすると「し」が二つ並んでいるようで落ち着かず、わかってはいるのだが「お話しする」ではなく「お話する」と書きたくなる。

送り仮名の付け方は、1973（昭和48）年に内閣告示として出された「送り仮名の付け方」が元になっている。それによれば「活用のある語から転じたもの」の送り仮名は、「もとの語の送り仮名の付け方によって送る」とある。これに従えば、名詞「話」は動詞「話す」から生じた語なので、「話し」と「し」を送ることになるのだが、何事にも例外はあるもので、別に「送り仮名を付けない」という欄も設けられていて、「話」は「恥」「光」などと並んでそこに掲げられている。

つまり、名詞「話」は送り仮名なし、動詞「話す」は送り仮名を付けるのが本則ということになる。動詞「話す」は「話さ～」「話し～」「話す～」「話せ～」「話そ（う）」となる活用語尾すべてに送り仮名が必要となる。

冒頭の質問者の疑問は、動詞「話す」の活用形のうち、連用形「はなし～」が名詞と同じ語形になることから生じたものである。

「はなし」を名詞か動詞か判断する方法は、後にどのような語が付くかで判断するとよい。たとえば「に・を・が・の」などの助詞が下に付けば名詞、「た・ます・たい」などの助動詞や「あう・かける・こむ」などの動詞が下に付けば動詞である。「お話しする」は、「お話し／する」と分解できて、「する」は動詞なので、「(お)話し」は動詞ということになる。したがって「話し」と「し」を送るのが確かに正しい。ただし、「お話をする」であったら、後に「を」という助詞が付くことから「話」は名詞となるので、「し」を送る必要はないのである。ああ、やっぱりややこしい。

揺れる読み方

はは【母】〔名〕

室町時代のなぞなぞと音韻史

「母には二度あうけれども父には一度もあわない」というなぞなぞがある。答えは「唇《くちびる》」であることから、このなぞなぞは「はは(haha)」は古くは「fafa」と発音されていたことの証拠になると言われている。

このなぞなぞは室町時代に成立した『後奈良院御撰何曾《ごならいんぎょせんなぞ》』(1516年)という書

物に出てくる（「母には二たびあひたれども父には一度もあはず　くちびる」）。後奈良院は後奈良天皇のことで、在位した1526（大永6）年から1557（弘治3）年は、まさに戦国時代の真っただ中である。『後奈良院御撰何曾』は古くから伝わるなぞなぞを集めたものだといわれている。

だが、この「母には二たびあひたれども……」のなぞなぞの答えがなぜ「くちびる」になるのか、長い間理由がわからなかったらしい。

江戸時代後期の国学者で、紀州侯に仕えた本居内遠《もとおりうちとお》は、このなぞなぞを、「母は歯々の意、父は乳の意にて上唇と下歯、下唇と上歯とあふは二度なり。我乳はわが唇のとどかぬ物なれば、一度もあはぬ意にて唇と解たるなり。是ら変じたる体の何曾《なぞ》にていとおもしろし」（『後奈良院御撰何曾之解』）と解いている。

つまり「母」は「歯歯」で、上歯と下唇、下歯と上唇はそれぞれ二度接すると考えたのである。「父」の方が傑作で、「父」は「乳」で、自分の体の乳には自分の唇は届かないというのである。他人の乳だと唇を触れさせることができるが、自分の乳だとそれは無理だなどとまじめに考えている姿を想像するとちょっとおかしい。もちろんかなり強引な解ではあるのだが。

このなぞなぞを音韻史と結び付けて考察したのが、『広辞苑』（岩波書店）の編者として著名な新村出《しんむらいずる》である（『波行軽唇音沿革考』1928年）。

その根拠となったのは、たとえば『日本国語大辞典（日国）』の語誌にもある、「ハ行子音は、語頭ではp→Φ→h、語中ではp→Φ→wと音韻変化したとされる（Φは両唇摩擦音。Fとも書く）」という説である。つまり、「はは」は **papa** →**ΦaΦa**（fafa）→**Φawa**（fawa）→**hawa** と変化したというのである。

上下の唇を接触させて発音される両唇摩擦音が重なるΦaΦa（fafa）なら、唇は確かに二度会うことになり、「チチ（父）」という語の発音では唇が一度も接することはないので、なぞなぞの答えは「唇」ということになる。ただし、後奈良天皇の時代にはΦawa（fawa）という発音も広まっていたので、その場合、唇が二度出会うと言えるのかどうか疑問だとする立場もなくはない。

このなぞなぞは大学の日本語史の講義の中で、日本語の発音の変遷について言及するときにしばしば紹介されるものである。面白い内容なので、一般の方が知っていても損はない話だと思う。

大和ことば・伝統的表現

はる【張る】〔動ラ五（四）〕

「論陣」「論戦」どっちを張る？

国内最大級と謳《うた》っているオンライン英語辞書を何気なく見ていたときのことである。和英辞典の中に「論戦を張る」という見出しを見つけて一瞬わが目を疑った。よく見ると「論陣を張る」と同義と見なし、to take a firm stand あるいは to argue about などという英語を添えているではないか。インターネットの世界ではついにここまできてしまったのかと、複雑な心境であった。

もちろん正しい言い方は「論陣を張る」である。「専門家を相手に堂々と論陣を張る」などと使う。「論戦を張る」は「論戦」「論陣」の混同で生まれた誤用である。

その間違った言い方が、インターネットなどでかなり広まっているという実感は以前からあった。だがそれはブログなどのことで、まさか英語辞書のサイトとはいえ、ことばを調べるサイトにまで広まっているとは思ってもみなかった。

その混同が一般にかなり浸透していることは事実である。たとえば2007（平成19）年度に文化庁が行った「国語に関する世論調査」でも、本来の言い方である「論陣を張る」を使う人が25・3％、従来なかった言い方「論戦を張る」を使う人が35・0％と、逆転した結果が出てしまっている。

なぜ「論陣」は「張る」のかというと、軍勢が駐屯する場所をいう「陣」に「陣を張る」という言い方があることから、「論陣」も「張る」と結び付いていると考えられる。

近代以降の用例を見ても「張る」のほかに「論陣を／固める・布《し》く」など、やはり「陣」に関する語と結び付いているものが多い。

一方「論戦」は「論戦を／開く・繰り広げる・交わす」など「戦」に関する語と結び付きやすい。

同じ「論○」という熟語ではあるが、その使い方は「陣」「戦」の違いと同じであると覚えておけば、間違えることはなくなるのではないだろうか。揺れる意味・誤用

ひきこもごも【悲喜交交】〔連語〕

合格発表の描写に使うのは間違い？


「大学受験真っ盛りである。全国各地の大学では、悲喜こもごもの合格発表が繰り広げられていることであろう」

と、ここまで読んだところで、アレ？　とお思いになった方も大勢いらっしゃるかもしれない。実は、冒頭の文章には、間違ったことばの使い方をしている箇所がある。

どこかおわかりだろうか。

答えは、「悲喜こもごもの合格発表」の部分。「悲喜こもごも」を、喜んでいる人と悲しんでいる人が入り乱れているという意味で使っているからである。

「悲喜こもごも」は、悲しみと喜びをかわるがわる味わうことや、悲しみと喜びが入り交じることを言い、あくまでも一人の人間の心境を表現することばなのである。

国立国語研究所のコーパスを検索すると、「その日の警視庁は送る者、送られる者、悲喜こもごもの挨拶でごった返していた」（『三人の悪党』浅田次郎著）などという用例が見つかるが、これなどもかなりグレーゾーンだ。「悲喜こもごもの挨拶」をしているのは一人ではないと思われるからである。

ではどういう使い方が正しいのかというと、たとえば、「昨年は自分にとって悲喜こもごもの出来事があった年だった」などといった場合である。

「こもごも」は漢字では「交々」などと書き、多くのものが入り交じったり、次々に現れたりする意味を表す。「悲喜こもごもいたる」などという言い方をすることもある。

だが、最近では誤って多人数の情景描写に使う人が増えてきたことからか、NHKでは、「こういう古めかしい成句はなるべく使わない」（『ことばのハンドブック第2版』）などとしている。

報道では正しくかつすぐに理解できることばを使うべきであるという見地からすれば、確かにその通りなのであろうが、「古めかしい成句」をむやみに排除してしまうのも少し寂しいような気がする。 揺れる意味・誤用

ひげ【卑下】〔名・形動〕

対象は自己か他者か?

「卑下」ということばについて読者から質問を受けた。多くの辞典には「おのれを低くし、いやしめること」と書かれているが、自分以外を卑下することもあるのではないかというのがその内容である。

確かに手元にある国語辞典を引いてみると、ほとんどは「おのれをいやしめる」という意味しか載せていない。

ところが、『日本国語大辞典(日国)』のような大型の国語辞典では、「自己」のほかに「他者」を「いやしめる」という意味も載っているのである。ただ、「おのれをいやしめる」という意味の用例は平安時代から現代まで満遍なく見られるのに対し、

「他者をいやしめる」という意味の用例は、現時点では中村正直訳の『西国立志編』（原典はサミュエル・スマイルズ著『Self Help（自助論）』）や、国木田独歩の『独歩吟』（『抒情詩』所収）という明治期の例よりさかのぼれるものは見当たらない。

これはあくまでも勝手な想像だが、「おのれをいやしめる」というもともとの意味が、のちにその対象が「他者」にも広がって、自分以外のものも「いやしめる」「見下す」という意味が生じたのかもしれない。

だが、そうは言っても現時点では文学作品や評論、新聞などでは「自己をいやしめる」というもともとの意味で使われた例の方が依然として優勢であると考えられる。そのため『日国』のような古語から現代語までを網羅した大型の国語辞典は別にして、通常の国語辞典では「他者をいやしめる」という意味は載せていないのではないだろうか。

ただ、今後「他者をいやしめる」という意味が広く使われるようになれば、その意味を無視することはできなくなるであろう。動向を注意深く見守りたい語のひとつである。

揺れる意味・誤用

ひといちばい【人一倍】〔名〕

「一倍」だと数学的には同等のことでは？

「人一倍」の〝一倍〟は何倍か？　という質問を受けた。

質問者は、「一倍」は数学だと×1なので、「人一倍がんばる」というのは、結局人と同じではないのか。人よりもがんばるのなら、正しくは「人二倍」ではないのか、というのである。

『日本国語大辞典』によれば、「一倍」は「二倍の古い言い方で、ある数量にそれと同じだけのものを加えること」とある。一番古い用例は奈良時代のものなので、かなり古くから2倍の意味で用いられていたことがわかる。

江戸時代には、親が死んだときに返却する約束で借りる「一倍銀《いちばいがね》」というものもあったらしい。もちろん借りた額だけ返せばいいという、慈善事業のようなものではなく、2倍にして返さなければならない、相当な高利貸であったようだ。

無理に理屈を付ければ、「倍」そのものに2倍の意味があるので、「一倍」は倍が一つで2倍なのだと説明できなくもない。しかし、実際の日常語としてはそんな厳密なものではなかったのかもしれない。だから、やがてそれが転じて、「人一倍」のように正確な数量を表すのではなく、ほかと比べて程度が大きいという、「いっそう」「ずっと」の意味になったものと思われる。

したがって、「人一倍がんばる」は人の2倍もがんばる必要はなく、人よりもちょっとだけがんばれば、1・1倍でもいいのだと思う。　揺れる意味・誤用

ひとごと【人事・他人事】〔名〕

「他人」と書いて「ひと」と読むのは江戸時代から

「まるで他人事のような顔をしている」と言うときの「他人事」だが、皆さんはこの語を何と読んでいるだろうか。

　そのまま素直に読めば「たにんごと」だが、伝統的な読み方は「ひとごと」なのである。

「ひとごと」は『日本国語大辞典』によれば、平安時代から用例が見られる（『紫式部日記』）。それ以降も、軍記物の『曾《そ》我物語《がものがたり》』（南北朝頃）、井原西鶴の浮世草子『懐《ふところ》

硯《すずり》』（1687年）、谷崎潤一郎の『蓼喰《たでく》ふ虫』（1928〜1929年）などが引用されている。そして、「ひとごと」の表記も「人こと」「人事」「他人事」とさまざまである。

『蓼喰ふ虫』は「他人事」で「ひとごと」と読ませているが、「他人」と書いて「ひと」と読ませる例は、江戸時代後期から見られる。たとえば、為永春水《ためながしゅんすい》の人情本の代表作『春色梅児誉美《しゅんしょくうめごよみ》』（1832〜1833年）に使用例が見られる。

また、単に「他」と書いて「ひと」と読ませている式亭三馬の滑稽本『浮世床《うきよどこ》』（1813〜1814年）のような例もある。

推測の域を出ないのだが、「ひとごと」は古くは「人ごと」「人事」などと書かれていたが、江戸後期に「他人」と書いて「ひと」と読ませるようになったために「他人事」という表記が生まれ、さらにこの「他人事」を「たにんごと」と読むようになったのではないか。つまり、「たにんごと」の読みは比較的新しい言い方だと考えられる。

このようなこともあって、テレビやラジオでは「たにんごと」とは言わないようにしているようだ。また、「常用漢字表」による限り「他人」を「ひと」とは読めないので、新聞は「他人事」とは書かず、「人ごと」「ひとごと」、テレビは「ひとごと」と書くようにしている。新聞やテレビ、ラジオで「人事」を使わないのは「じんじ」

と紛らわしいからだと思われる。

ひとりごつ【独り言つ】〔動タ四〕

「ひとりごちる」は存在するか？

知人から、こんな質問を受けた。

小説を読んでいたら「ひとりごちた」という表現を見つけた。終止形は「ひとりごちる」だと思われるが、手元の辞典には載っていない。そんな語は存在するのだろうかと。

その時は、それは「ひとりごつ」という古語の四段活用の動詞で、独り言を言うという意味である。古語なので、「ひとりごちる」という終止形はおかしいと答えた。

だが、少し気になることがあったので念のためにいくつかの国語辞典を引いてみた。すると、口語の上一段活用動詞「ひとりごちる」を見出し語として掲げている辞典があるではないか。これにはいささか衝撃を受けた。筆者は今までこの語を古語の「ひとりごつ」だと考えていたし、実際に編集に関わった国語辞典でも「ひとりごつ」で見出し語を立てていたからである。

「ひとりごつ」は「ひとりごと（独り言）」が動詞化したちょっとユニークな語である。

『枕草子』など古くは平安時代の用例が見られ、それらはほとんど連用形の「ひとりごち」か、終止形の「ひとりごつ」の用例だけである（連体形の例もあるが）。

近代の例でも、『日本国語大辞典』で引用した尾崎紅葉『多情多恨』（１８９６年）の用例、『然云《そう》って可《い》いかなあ』と独語ちたので」は連用形である。

最近の小説で使われるときも、おそらく「ひとりごちた（て）」という連用形の例がほとんどだと考えられる。ただし、ここでやっかいなのは、この語を現代語の上一段活用動詞と考えても連用形は「ひとりごち」で同じ語形になることである。そのため、この語を上一段活用の動詞と見なして、終止形「ひとりごちる」を作り出したものと思われる。

口語化された「ひとりごちる」の存在を認めたとしても、いささか古めかしい語であることは間違いない。どちらかといえば時代小説などで使われることが多い語だと思うので、私としては依然として古語だと考えたいのである。

ひとりぼっち【独りぼっち】〔名〕

「ひとりぼっち」か「ひとりぽっち」か？

大晦日のNHK紅白歌合戦で、徳永英明さんが坂本九のヒット曲「上を向いて歩こう」を歌ったことがある。

画面に歌詞も出ていたので、一緒に声を出して歌っていたところ、1番の最後の部分までできて、徳永英明さんは「ひとりぼーち」と歌っているのに、字幕にはどう見ても「ひとりぽっち」と書かれていて、これはいったいどういうことなんだろうかと思うことがあった。

「上を向いて歩こう」の公式の歌詞がわからないのではっきりしたことは言えないのだが、作詞家の永六輔さんは字幕通り「ひとりぽっち」としているらしい。だが面白いことに、NHKは「ひとりぽっち」を認めていないのだ。

NHK関係者が拠り所にしている『ことばのハンドブック第2版』では、「○ヒトリボッチ、×ヒトリポッチ」とはっきりと書かれているのである。徳永さんはNHKの基準に従ったというわけではなさそうだが、「ひとりぼっち」の方が一般的な言い方になりつつあることは確かだ。国語辞典を見ても「ひとりぼっち」で見出し語を立て、「ひとりぽっち」は解説の中で異形扱いにしているものが圧倒的に多い。

「ひとりぼっち」は「ひとりぼうし（独法師）」の変化した語で、それが、たった独りでいること、身寄り、仲間、相手などのいないこと、という意味になったものである。この場合の「法師」は、お坊さんのことではなく、たとえば「一寸法師」「影法師」などのように、ある語に添えて「人」の意を表す使い方である。

バ行音がパ行音に交代するのは珍しい現象ではないので、「ひとりぼっち」「ひとりぽっち」の揺れも特別なものではない。

だが、「ぼっち」「ぽっち」の音の違いなのだろうが、語感というか受ける感じが、「ひとりぼっち」と「ひとりぽっち」とでは少し違う気がする。個人的な感覚ではあるが、「ひとりぽっち」の方がより寂寥感《せきりょうかん》が増すような気がするのだが、皆さんはいかがであろうか。

揺れる読み方

ひもとく【繙く・紐解く】〔動カ五（四）〕

「調べる」の意味はいつから？

「読売新聞」の朝刊に掲載されていたことばに関する連載コラムで、「ひもとく」ということばを話題にしたことがある。

「ひもとく」とは「繙く・紐解く」と書き、本の損傷を防ぐために包む覆い（帙《ちつ》）の紐を解く意から、元来は本を読むことをいうようになった語である。その「ひもとく」に、「調べる」「解明する」といった新しい意味が広まりつつあるというのがコラムの内容であった。

コラム氏は「歴史をひもとく（＝調べる）」という『三省堂国語辞典』の用例を広まりの根拠として引用しているが、実はこの「歴史をひもとく」という用例は、決して新しいものではない。たとえば森鷗外の『うたかたの記』や夏目漱石の『吾輩は猫である』にも以下のような用例が見られるのである。

「キョオニヒが通俗の文学史を繙き」（『うたかたの記』）

「抑《そもそ》も衣装の歴史を繙けば」（『吾輩は猫である』）

『日本国語大辞典』や漢和辞典によれば、「史（歴史）」とは、過去に起こった事象の変遷や発展の経過の意味だけでなく、それらをある観点から秩序づけて記述したものも表していたことがわかる。鷗外・漱石の用例は「調べる」の意ではなく、「過去のことがらを記録したものを読む」という意味で使っていたものと思われる。

もちろん、「調べる」「解明する」という用法が広まりつつある事実は受け止めなければならないとは思う。

しかし、『通りをひもとくと京都がわかる』『力学でひもとく格闘技』などというような書名を見ると、どんな意味なのだろうかと思ってしまう。 揺れる意味・誤用

びら【片・枚】〔名〕

外来語だと思っている人も多いが……

れっきとした日本語なのに、語源がわからなくなって外来語だと思われていることばがけっこうある。「駅構内でのチラシ・ビラ等の配布を禁止します」という貼り紙などでよく見かける「ビラ」もそういったことばの代表と言える。このような貼り紙では「チラシ」も「ビラ」同様片仮名書きにされているが、「チラシ」は「散らし」で、片仮名書きにするのは強調するためだということはすぐにわかるであろう。

だが、問題は「ビラ」の方。その音も何やら外来語っぽいのだが、正真正銘の日本語なのである。

『日本国語大辞典（日国）』を見ると、式亭三馬作の滑稽本『浮世床』（1813〜1823年）の「むかふの壁に張付ある寄《よせ》のびらを見つめてゐたりしが」（初・上）という江戸時代の例がちゃんとある。

意味はと言うと「宣伝のための文章や絵などを書いて掲示したり、配布したりする紙片。本来、演劇や演芸の宣伝のために、湯屋や飲食店など人目の多いところに張り出したものをいった」というものだ。今では、「びら」も「ちらし」も広告するために配る一枚物の印刷物をいうのだが、「びら」は本来は壁などに貼る物もいったのである。漢字を当てるとすると「片」「枚」などと書くようだ。

なぜ、この「びら」が外来語だと思われるようになったのか。

やはり、『日国』の「びら」の補注には「大正時代、社会運動の中で英語のbillと混淆し、外来語意識をもって用いられた」とある。billは貼り紙、ポスター、ちらしの意味で、偶然だが日本語も英語もよく似ている。この補注ではさらに、「以来今日でも、和語・外来語の別の判然としない場合が多いが、『アジビラ』などは外来語意識で使われている」とある。

「アジビラ」はすべて片仮名で書かれることが多いが、以上見てきたように「びら」は日本語なので、この語を載せている国語辞典の見出し語形は「アジびら」である。「アジビラ」ということば自体、最近ではあまり聞かなくなったが、「アジびら」だと思って辞書を引く人はどれくらいいるだろうか。

ピンからキリまで〔連語〕

ポルトガル語が語源？　話のネタの宝庫

ことばには話のネタになりそうな事柄が豊富なことばと、そうではないことばとがあるような気がする。「ピンからキリまで」は、間違いなく前者だと思う。

まずは意味に関するネタである。

「ピンからキリまで」は、本来は始めから終わりまでという意味で、そこから、最上のものから最低のものまでとか、上等なものから下等なものまでといった意味で使われるようになった。ところが、最近はそうではない意味で使う人が増えているらしいのである。

こんな言い方だ。

「人の好みもピンからキリまであるのでプレゼントを選ぶのは難しい」

これは好みの幅の広さを言おうとしているだけで、等級や優劣のことを言っているわけではない。だが、このような本来の意味とは異なる使い方がじわじわと広まりつつあるというわけである。

次に語源に関するネタ。

「ピン」「キリ」っていったい何のことだろうと思った方も多いのではないか。

ふつう「ピン」はポルトガル語の「pinta（点）」の意からで、「キリ」は、ポルトガル語の「cruz（クルス「十字架・十字形」の意）」からだと言われている。

「ピン」は、カルタ・賽《さい》の目などの一の数の意味で使われ、そこから、第一番、また、最上のものという意味になった。「キリ」は、十字架の意から転じて、十の意味になり、最後のもの、あるいは、最低のものという意味になったのである。

三つ目に、「ピン」と「キリ」とはどちらが上かというネタもある。

これは語源からもわかるようにピンの方が上なのである。

さらに、「ピン」と「キリ」は片仮名で書くか平仮名で書くかというネタはいかがであろうか。実は「キリ」には、クルスではなく、和語である際限の意味の「きり（切）」からだという説もある。ただ、一般には外来語意識が強く、「ピン」も「キリ」も片仮名で書くことが多いことから、辞書の見出しもほとんどの辞書が片仮名書きになっている。

いかがであろうか。ネタの豊富なことばだということをおわかりいただけたのではなかろうか。

ひんすればどんする【貧すれば鈍する】〔連語〕

貧して「貪」した太宰治

ここで漢字の書き取りの問題をひとつ。

「貧すればドンする」の片仮名の部分を漢字で書きなさい。

さて、皆さんはどんな漢字を書くだろうか。

正解は「鈍」である。

そんなの当たり前じゃないかとおっしゃる方も大勢いるであろう。ところが、「鈍」ではなく「貪」と書く人がけっこういることをご存じだろうか。

「貧すれば鈍する」は、「貧乏になるとその性質や頭の働きまでも愚鈍になる」(『日本国語大辞典』)という意味で、「鈍」は「愚鈍」の「鈍」、すなわち、無知で間抜けな、という意味である。

なぜ、その「鈍」が「貪」になってしまうのかというと、このことわざには貧乏するとどんな人でもさもしい心をもつようになるというニュアンスもあるため、「ドン」は「貪欲」の「貪」、つまり欲の深いということだと考えてしまうらしいのだ。

もちろん、「貪する」は明らかに間違いなので、辞書にそのような表記を載せるわけにはいかない。しかし、「貧」と「貪」は非常によく似た漢字なので、それを並べて作られたことわざだとつい思わせてしまうところがまたくせ者なのである。

実際にそのわな（?）にはまってしまった作家がいる。太宰治である。太宰には、

「田舎者だって何だって金持ちなら結構、この縁談は悪くない、と貧すれば貪《どん》すの例にもれず少からず心が動いて」（『新釈諸国噺』「女賊」1945年）

のような、「貪する」の用例が少なくとも2例確認できる。

太宰の例があるからといっても当然のことながら辞書には登録できないが、そうできないのが残念なほどよくできた誤用だと思う。

揺れる意味・誤用

ふ【腑】〔名〕

「落ちる」のか「落ちない」のか?

「腑に落ちる」という言い方を聞いたとき、どのようにお感じになるだろうか。私はというと、少し違和感がある。「腑に落ちない」と下に否定の語を伴って使うのがふつうなのではないかと思ってしまうからである。

だが、この語もまた辞典での扱いが揺れている語なのである。単独で「腑に落ちない」、または「腑に落ちる」を見出し語に立てている辞書は、ほとんどが大型の国語辞典なのだが、

「腑に落ちない」派…『大辞林』(三省堂)、『広辞苑』(岩波書店)
「腑に落ちる」派…『日本国語大辞典』
両用派…『大辞泉』(小学館)

に分かれる。

「腑に落ちる」派の『日本国語大辞典』は、解説に「多く、下に否定の語を伴って用いる」と付け加えて、徳富蘆花《とくとみろか》の自伝的小説『思出の記』(1900~1901年)の、

「学校の様子も大略腑に落ちて」という否定の語が下に続かない用例を載せている。

また、『大辞泉』は、「腑に落ちる」に、織田作之助の『わが町』の「大西質店へ行けと言った意味などが腑に落ちた」という用例を添えている。

実際の使用例は圧倒的に「腑に落ちない」の方が多いのだが、文学作品などで「腑に落ちる」を探してみると、泉鏡花、高山樗牛《ちょぎゅう》、夏目漱石、有島武郎といった著名な作家の用例が見つかるのである。「腑に落ちる」は最近使われるようになったわけではなく、明治時代にはすでに使われていたらしい。

どうやら「腑に落ちる」をおかしいと感じるのは私の誤った思い込みだったようで、辞書としては『大辞泉』のように両形示すのが妥当なのかもしれないと思い始めている。 揺れる意味・誤用

ふくめる【含める】〔動マ下一〕〔文〕ふく・む〔マ下二〕

「噛んで含める」が変化している

「噛んで含めるように教える」は、よく理解できるように細かく丁寧に言い聞かせる

という意味の慣用句である。「噛んで含める」はもともとは食物が消化しやすいように噛んで口の中へ入れてやることで、あたかもそうするかのごとく教えることを言う。

ところが、この慣用句が最近変わりつつあるようなのだ。どういうことかというと、「噛んで含むように」と言う人が増えているのである。

２００８（平成20）年度の文化庁「国語に関する世論調査」では、本来の言い方である「噛んで含めるように」を使う人が43・6％、「噛んで含むように」という今までなかった言い方を使う人が39・7％と、ほぼ同数の結果が出てしまったのである。「含める」はマ行下一段活用の動詞、「含む」はマ行五段活用の動詞という違いはあるが、ともに口の中にものを入れる意味では共通している。だが、「含める」には「言い聞かせて理解させる」の意味があるのに対して、「含む」にはその意味はない。したがって、「言い含める」「因果を含める」といった言い方はあるが、「言い含む」「因果を含む」という言い方は存在しないのである。

だが、この40％近い「噛んで含む」派をどう考えるべきなのだろうか。明らかに誤用なので、辞書としてはそのことを伝えていきたいのだが、辞書だけの力で拡大を食い止めることができるかどうかはいささか心許ない。

なお蛇足ではあるが、九州の某県立大学のホームページでたまたまこんな文章を見つけた。

「うちの学科のホームページをご覧になってわかると思いますが、とりたてて大仰な宣伝文句や美辞麗句を並べ立てたりはしていません。〈中略〉しかし、短い文章をじっくり嚙んで含むように読んでみてください」

よく読むと、単純に「嚙んで含む」という誤用だけではないことがわかる。従来なかった意味で、相手に理解させるのではなく、自分でよく嚙みしめて理解するという意味になっているのである。このような誤用に誤用が重なった言い方が今後広まってしまう可能性も、まったくないとは言い切れない気がする。揺れる意味・誤用

ぶぜん【憮然】〔形動〕

立腹したときの表情か、失望したときの表情か

「憮然《ぶぜん》たる面持ちで席を立つ」という文章を読んだとき、どのような情景を思い浮かべるだろうか。

(1)腹を立てて、蹴立てるように席を立つ
(2)がっかりして、呆然《ぼうぜん》とした様子で席を立つ

本来の意味は(2)である。

ところが、最近は(1)だと思っている人も多く、2007(平成19)年度の文化庁「国語に関する世論調査」でも、本来の意味である「失望してぼんやりとしている様子」で使う人が17・1%、従来なかった意味の「腹を立てている様子」で使う人が70・8%と逆転した結果になっている。

「憮然」の「憮」という漢字は、「憮然」以外にはほとんど熟語として使われることはないのだが、がっかりするさまや、驚きいぶかるさまといった意味である。

だが、最近の国語辞典の中には「憮然」の新しい意味の広がりを受けて、たとえば『精選版日本国語大辞典』(2006年)のように、「不機嫌なさま。不興なさま」とという意味を載せるものも出てきている。『精選版』は、ちょっとわかりにくい例だが、松本清張の「関は憮然としてたばこをすった」(『濁った陽』1960年)という用例を根拠にしている。この用例は『精選版』の親版に当たる『日本国語大辞典第2版』(2000~2001年)のときにはなかったもので、『精選版』で新たに採用したことによって意味も加わったのである。

なぜ「憮然」の意味が変化したのか、詳しい理由はよくわからない。可能性としては、「ぶぜん」の「ぶ」という音が、不機嫌な様子を表す「ぶすっと」などの「ぶ」と関連があるように受け止められたからかもしれない。

いずれにしても、「憮然」の新しい意味を載せる辞書は今後も増えていくものと思われる。　揺れる意味・誤用

ふたつへんじ【二つ返事】〔名〕

「返事は一回！」の世代は「一つ返事」？

「辞書引き学習」（辞書で引いた言葉を付せんに書いて、該当ページに貼っていく学習法）のワークショップのために、発案者の深谷圭助氏（中部大学教授）と北海道札幌市に行ったときのことである。

深谷氏が２０１１（平成23）年度の文化庁「国語に関する世論調査」を話題にし、会場に来た人たちにその調査項目である「二つ返事」「一つ返事」について、どちらを使うか挙手してもらうということがあった。会場に来ていた２００人ほどの人たちは、大人も子どもも明らかに「二つ返事」の方が多かった。

だが文化庁の調査では、全国的に見れば「一つ返事」と答えた人のほうが「二つ返事」と答えた人よりも多いのである（前者は46・４％、後者は42・９％）。ただし、文

化庁の調査では北海道は「二つ返事」と言っている人の割合の方が高い地域であるので、札幌で挙手してもらった結果はそれと一致している。

話が前後してしまったが「二つ返事」「一つ返事」のどちらが正しい言い方かというと、「二つ返事」が正しく、「一つ返事」は従来なかった言い方である。

文化庁調査で従来なかった言い方の「一つ返事」と言っている人の割合が多かったのは、北陸、中部、近畿、中国、九州といった西日本の各地域だった。なぜ西日本に「一つ返事」が多いのか、その理由はよくわからない。

『日本国語大辞典』を引いてみると、「一つ返事」の項目が『女工哀史』（1925年）の用例とともに立項されている。偶然かもしれないが、著者の細井《ほそい》和《わ》喜《き》蔵《ぞう》は京都府の出身で、近畿では第二次世界大戦前から「一つ返事」が存在していたのかもしれない。

文化庁調査にはもうひとつ、不思議なことがあった。それは年配者になるほど「一つ返事」の率が増えるということである。男性では60歳以上、女性では50歳以上になると「一つ返事」の割合が「二つ返事」を逆転してしまう。

通常、ことばの誤用を調査した場合、誤用率が高いのは若者層の方なのだが、この語は逆なのである。「二つ返事」は、「はい、はい」と返事を二つ重ねて、気持ちよくすぐに承諾することであるが、「返事は一回！」などと言われてきた世代は、返事を

2回重ねるのはおかしいと思っているのであろうか。

ぶつぎ【物議】〔名〕

呼ぶ？　醸し出す？　起こす？

「大臣の発言が物議《ぶつぎ》を醸《かも》した」などというときの「物議を醸す」だが、これもまた本来なかった言い方が広まりつつあることばである。どのようなものかというと、「物議を醸し出す」「物議を呼ぶ」という言い方である。皆さんはいかがだろうか。

「物議」とは世の人々の議論という意味だが、「物議を醸す」の形で世間の議論を引き起こすという意味になる。

２０１１（平成23）年度の文化庁「国語に関する世論調査」では、「物議を醸す」を使う人が58・0％、「物議を呼ぶ」を使う人が21・7％という結果が出ている。すべての世代にわたって「物議を醸す」を使う人の割合の方が多いのだが、10代は「物議を醸す」42・3％、「物議を呼ぶ」26・9％と、両者の差がやや縮まりつつある。

「物議を醸し出す」の調査はないのだが、インターネットで検索するとけっこう引っかかるので、この言い方も着実に増えているものと思われる。

「醸す」は、麹《こうじ》を発酵させて、酒・醬油などを作る、すなわち醸造するという意味で、そこから転じて、「物議を醸す」のような、ある状態・雰囲気などを生み出すという意味になった。

「醸し出す」は、ある気分や感じなどをそれとなく作り出すという意味で、「楽しい雰囲気を醸し出す」のように「雰囲気」とともに使われることが多い。

「物議を呼ぶ」は、おそらく「論議を呼ぶ」との混同であろう。

なお、『日本国語大辞典』によれば、「物議を起こす」という言い方もあったことがわかる。たとえば、正岡子規の以下のような用例がある。

「いかがはしき店の記事にてありしため俄《にわ》かに世間の物議を起し」(『病牀六尺』1902年)

「物議を起こす」は、正岡子規以外の用例もけっこう見つかっているので、「物議」は「醸す」とだけ結び付いているわけではないことがわかる。

「物議を呼ぶ」「物議を醸し出す」は本来なかった言い方だが、それを誤用だと断定する根拠は希薄なのかもしれない。

揺れる意味・誤用

ふり【振り・風】〔名〕

英語ではなく、れっきとした日本語

紹介や予約なしで店に来る客のことを「ふりの客」というのだが、この「ふり」を英語の「フリー（free）」だと思っている人がいるらしい。確かに音は似ているが、この「ふり」はもちろんれっきとした日本語である。動詞「ふる（振）」が名詞化してこの「ふり」となったものである。ただし、なぜ「振る」が名詞化してこのような意味となったのか、実はよくわかっていない。

『日本国語大辞典（日国）』によれば、この「ふり」が使われるようになったのは近世以後のことで、料理屋、旅館、茶屋、遊女屋などでの用語だったらしい。

『日国』に引用されているこの意味での「ふり」の初出例は、『松の葉』という歌謡集である。１７０３（元禄16）年に秀松軒《しゅうしょうけん》という人が編纂《へんさん》したこの書は、主に江戸初期から元禄までの上方の三味線歌曲の歌詞を収めたものだという。

以下のような用例である。

「どれでもどれでもふりに呼ばれし新造の」（「月見」）

「新造」とは、上方で新しくつとめに出た若い遊女をいった語である。この例を見る限り、「ふり」は近世に上方で生まれた語である可能性が高いと言えそうだ。

意味の似ている語に「一見《いちげん》」があるが、これも上方の遊里で生まれた語で、もともとは遊女が初めてその客の相手をすることを言った。「一見」も後に一般の町家にまで広まり、なじみのない初めての客を言うようになるのである。「一見」は文字通り初めて会うという意味なので、語源はわかりやすいと思う。

江戸時代の文献を見ると、なじみでもなく約束もせずに客が突然遊里に来ることを、「ふりがかり（振掛）」「ふりこみ（振込）」などとも言っていたようである。

しかし、これらもやはり語源は不明だし、これらの語と「ふり」とどちらが先に生まれた語なのかもわからない。「フリー（free）」でないことは確かなのだが。

天和ことば・伝統的表現

ぶり【振り】〔語素〕

「2年ぶりに出場」——前回の出場はいつ？

読者から「ぶり」という語の使い方について質問を受けた。「何年ぶり」などと言うときの「ぶり」の数え方がよくわからないというのである。

念のために「ぶり」の意味を確認しておく。辞書的な説明をすると、「時間を表す語について、前回と今回との間にそれだけの時間が経過したという意味を表す語」ということになるであろう。

よくスポーツ大会などで「〇年ぶりの出場」などという言い方をするが、たとえば2年ぶりといった場合、前回の出場はいつになるであろうか。

「ぶり」は満で数えるのが基本である。したがって、2015年に「2年ぶりの出場」と言った場合は、2015から2年を引いた数となり、その前の出場は2013年だったことになる。

だが、たとえば2014年に出場して2015年にも出場した場合は、1年たってはいるが、「1年ぶりの出場」とは言わない。

これは「ぶり」にはその前の状態が再び起こるという意味はあるが、年1回しかない催しの場合は、その1年の間には出場の機会はないわけだからそう言わないのである。

このような場合、ふつうは連続出場といった言い方をする。

ここまでは、読者への基本的な「ぶり」の使い方に関する回答である。

だが、この「ぶり」の使い方が最近どうも揺れているようなのである。蛇足ではあるがそのことに触れておく。

ひとつは、「ぶり」にはそのことが起きることへの期待感が言外に含まれているので、「5年ぶりの大事故」といったような、よくないことには使わないとされてきた。ところが一部の辞典では、「好ましくないことにも使う」(『明鏡国語辞典』大修館)という注記が加わったのである。

また、「ぶり」はある程度の時間を経て元の状態が再現されるという意味であるため、「着工以来10年ぶりに完成した」というような、元の状態の再現ではない言い方も誤用だとされてきた。

だが、NHKの『ことばのハンドブック第2版』では、期待されている事柄であればこのような言い方も認めているのである。

今後はこの揺れの扱いにも悩まなければならないようだ。 揺れる意味・誤用

ふんいき【雰囲気】〔名〕

辞書に載っていないとクレームが！

ある読者から、かつて私が編集を担当した『現代国語例解辞典』に「雰囲気」ということばが載っていないのだが、という電話があった。そんなはずはないので、そうお答えしようと思った矢先に、「あっ、ありましたね」と言って先方から電話を切られてしまった。

狐につままれたような気分であったが、後でよくよく考えてみると、どうやら「雰囲気」の読みを「ふんいき」ではなく「ふいんき」だと思って辞書を引いたのではないかと思い至った。

たとえば『大辞泉』（小学館）を見ると、「『ふいんき』と発音する人が増えているという調査結果がある」と補注に書かれている。「ふいんき」という読みはかなり広まっているらしい。

「雰囲気」は、元来は地球をとりまく大気の意味で、オランダ語の訳語として江戸時代の蘭学書に見えることばである。それが、明治末期頃から、その場の様子や気分の意味に転じたものらしい。

それにしても「雰」は「ふん」、「囲」は「い」、「気」は「き」と読めるはずなのに、なぜ「ふいんき」と「ん」の位置が動いてしまったのだろうか。

以前、愛媛大学の佐藤栄作教授（日本語学）から聞いた話だが、漢字を思い浮かべずに音だけでことばを覚えてしまうと、間違った言い方をしてしまうことがよくあるのだそうだ。たとえば、写真の「焼き増し」を「焼き回し」だと思っている人がけっこういるらしい。

このようなひとつの単語の中の隣接する音が位置を交換させてしまう現象を、言語学では「音位転倒（転換）」（metathesis〈メタテシス〉）などと呼んでいる。ただし、この「ふんいき→ふいんき」に関しては、言語学者の間では音位転倒であるという考えを疑問視する立場も存在する。

いずれにしても、このような現象はことばの揺れとはいえないので、辞書に「ふいんき」という読みを載せることはできない。だが、さらに「ふいんき」と読む人が増えてくると、「ふいんき」を参照見出しとして掲載する辞書が出てくるかもしれない。

揺れる読み方

ふんぱんもの【噴飯物】〔名〕

怒りの感情とは無縁

「噴飯もの」は表記にだまされやすいことばなのかもしれない。

2012（平成24）年度の文化庁「国語に関する世論調査」によると、「彼の発言は噴飯ものだ」というときの「噴飯もの」を、本来なかった「腹立たしくて仕方がないこと」という意味だと思っている人が49・0％もいることがわかった。

もちろん、本来の意味は「おかしくてたまらないこと」で、そう答えた人は19・7％しかいなかったのである。

「噴飯」とは、思わず食べかけの飯を吹き出すという意味で、「噴飯もの」とは「食べかけの飯を思わずふき出してしまうような、おかしい事柄」（『日本国語大辞典』）ということである。

まさに、ぶっと吹き出すといった意味なのだが、なぜこの語を「腹立たしくて仕方がないこと」という意味にとる人が多くいるのであろうか。思うにそれは「噴」という漢字にだまされているのではなかろうか。

「噴」は「噴火」「噴出」「噴射」の「噴」で、「ふく、はく」という意味である。これを「いきどおる」という意味の、「憤慨」「憤激」の「憤」と混同しているのかもしれない。

また、文化庁の調査では、「噴飯もの」を「分からない」と答えている人が27・4％もいる点も見逃せない。聞いたことのないことばであるため意味がわからず、「噴」

の字に引きずられて、選択肢の最初にあった「腹立たしくて仕方がないこと」を選んだ人がかなりいる可能性も否定できないからである。

そのことばがあまり使われなくなると、意味を勝手に類推して使うようになり、やがては従来なかった新しい意味になってしまうという例でもあるのだろうか。

揺れる意味・誤用

ぺけ 〔名〕〔方言〕

関東の一部では最下位の意味

関西では「×」を「ぺけ」と言う。だが、千葉県出身の私には「ぺけ」は別のことばとなる。何かというと「最下位」のこと。「運動会の駆けっこでぺけになった」などと使うのである。

東京女子大学教授の篠崎晃一氏によると、この意味で「ぺけ」を使う人は埼玉県に多いらしい（『出身地《イナカ》がわかる方言』篠崎晃一＋毎日新聞社、幻冬舎文庫）。

『日本国語大辞典（日国）』の方言欄を見ると、関東では栃木県でも使うとある。私は千葉県北西部で生まれ育ったのだが、間違いなく周囲に「ぺけ」を使う人がいた。ただ、その人たちがもともとの住民だったかどうかは残念ながら記憶にない。この最下位の意味の「ぺけ」が、関西で「×」をいう「ぺけ」と関連があるかどうかは不明である。

ただ、私の場合、ふだんは最下位の意味では「びり」を使うことが多い。篠崎氏によれば「びり」は東日本に多い言い方ではあるが、全国に広がっていて共通語に近いという。ちなみに西日本では「どべ」が優勢だそうだ。

「ぺけ」ばかりでなく、「びり」や「どべ」も語源は不明である。大槻文彦著の国語辞典『大言海』(1932〜1935年)には、「びり」は「しり(尻)の転訛《てんか》(＝なまり)か」とあるが、決定打に欠ける気がする。「どべ」は、「泥」のことを「どべ」というのだが、最下位の意味との関連はわからない。「びり」は「ビリ」と片仮名で書かれることが多いので新しいことばのようだが、『日国』によれば江戸時代から使われていたようだ。

「ぺけ」「びり」「どべ」。最下位を表すことばは何となく脱力系の語感があって、最下位とはっきり言われるよりも悪くないと思っている。これ以外にもこの意を表すことばはあるようなので、各地の出身者が集まったときなど、お互いの言い方を披露し合うと盛り上がるかもしれない。　方言・俗語

まぎゃく【真逆】〔名・形動〕《「逆」を強調した俗語》

最近の流行語となったことば

「真逆」と書いて、「まぎゃく」と読む。「まさか」ではない。後に様が付くと、「まさかさま（まっさかさま）」になるがそれとも違う。

「まぎゃく（真逆）」は２００２〜２００３（平成14〜15）年頃から急に使われるようになり、２００４（平成16）年の流行語大賞の候補になったことばである。なぜその頃からはやり始めたのかよくわかっていないのだが、一気に広まった感がある。

こうした状況を受けて、２０１１（平成23）年度に文化庁が実施した「国語に関する世論調査」でも、使うかどうかという調査が行われている。

その調査報告を見ると、全体では「真逆」と言う人は22・1%、言わない人は77・4%であるが、世代別に見ると男性では30代以下、女性では20代以下で言う人が5〜6割前後と圧倒的に多くなる。だが、年齢が上になると使う人の割合が急激に少なくなり、60歳以上では男女とも1割未満である。

「真逆」は、「逆」に「真」を付けて逆であることを強調した語で、正反対という意味で使われる。「ま（真）」は接頭語で、強調するときに頭に「真」を付ける語は、「真新しい」「真正直」などけっこうある。だから語の成り立ちとしてはごく自然なものだと言えるであろう。国語辞典の対応もまだまちまちではあるが、俗語として載せる辞書も増えてきている。

だが、新しいことばが生まれると、それに対して抵抗感をもつ人も少なくない。かくいう私も、日本語の乱れなどという気は毛頭ないのだが、「真逆」を好きか嫌いかと聞かれたら、好きなことばではないと答えるであろう。わざわざそう言わなくても、「正反対」で通じるではないかなどと、つい思ってしまう。

文化庁の調査結果でも、私が属する60歳以上は使用率が1割以下で抵抗感はかなり強そうだ。これから確実に辞書に登録されていくことばなのだろうが、俗語であるという注記は残しておく必要があるように思う。［方言・俗語］

まじ〔名・形動〕

なんと、江戸時代に生まれたことばだった！

若い人たちが、「まじ、やばい」などと言っているのを聞いたことがあると思う。

この「まじ」だが、本当だとか、本気だとかという意味であることは容易に察しがつくと思う。ふつう「まじ」は「まじめ」の略だと言われている。だが、「まじめ」も「まじ」も使われ始めたのは同じ江戸時代からららしいということはご存じだろうか。『日本国語大辞典』によれば、文献に現れた最初の例は、百数十年の違いはあるものの、どちらも江戸時代の小説なのである。

「まじめ」の例はというと、主に上方で広まった仮名草子と呼ばれていた小説『仁勢《にせ》物語《ものがたり》』（1640年頃成立）のものが現時点では一番古い。この『仁勢物語』は「仁勢」＝「偽」という書名からもおわかりのように、平安時代の歌物語『伊勢物語』のパロディー小説である。

「まじ」は、洒落本《しゃれぼん》『にゃんの事だ』（1781年）の例が最も古い。『にゃんの事だ』とはなんとも人を食ったタイトルだが、洒落本は主に江戸の遊里の内部や遊女、客の言動を、会話を主体に描いたもので、この小説は江戸・本所の一つ目弁天前にあった岡場所（非公認の遊里）を舞台にしている。ここは猫茶屋とも呼ばれ、そこの遊女は猫と称していたところから、このような書名になったのだという。最近はやりのネコ本とはまったく違うものである。

文献例では百数十年の違いがあるものの、「まじめ」も「まじ」も、ともに江戸時代から使われたとすると、どちらが古いかはにわかに決めがたい気がする。「まじめ」の語源はよくわかっておらず、大槻文彦編著の辞書『大言海』（1932〜1935年）には「マサシキメ（正目）の義」とあるが、先に「まじ」があり、それに「細め」「控えめ」などと同じ、度合い、加減、性質、傾向の意味を添える接尾語「め」が付いて「まじめ」になったという可能性も否定できないと思う。

今の若者が使う「まじ」は、江戸時代の用法とはいささか異なるため、それがずっと継承されたというものではなかろうが、根っこの部分は同じだと言っても間違いではないと思う。江戸時代のことばはけっこう身近なところに存在しているのである。

大和ことば・伝統的表現

まとをいる【的を射る】〔連語〕

正鵠を得ても、的は得ないのか？

また「的を得る」は間違いだという話か、とお思いになった方も大勢いらっしゃるかもしれない。確かにそれもあるのだが、ことはそれほど単純ではないという話をしたいのである。

国語辞典を引くと、「的を射る」が正しく、「的を得る」は「当を得る」との混同で誤用とするものが多い。そう言われれば、はいわかりましたと引き下がるしかないのだが、「的を得る」は本当に「当を得る」との混同なのか、さらには「的を得る」自体が本当に誤用なのかという疑問をどうしてもぬぐい去ることができないのである。

というのも、似たようなことばに「正鵠《せいこく》を得る」があるからである。この語は中国古代の古礼に関する諸説を整理編集した『礼記《らいき》』に見える「正鵠を失わず」からきている。「正鵠」とは、的の真ん中にある黒点の意で、それから要所・急所の意となる。「失わず」だから、後に意味の同じ「得る」となったわけだ。

そうであるなら、「的を得る」は「正鵠を得る」から生じた言い方で、「正鵠」は

「的」の中心なのだから、その「正鵠」が「的」に置き換えられてもあながち間違いとは言い切れない気がする。

さらには、「的を得る」の使用例も文学作品などで少しずつ見つかっている。『日本国語大辞典』を見ると、「的を得る」には、高橋和巳の小説『白く塗りたる墓』（1970年）の「よし子の質問は実は的をえていた」という用例が引用されている。

ひょっとすると、誤用だとする表現は、そろそろ見直すべき時期にきているのかもしれない。　揺れる意味・誤用

みえる〔方言〕

共通語だと思っている〝気づかない方言〟

辞書で見つけたことばを付せんに書いて辞書に貼る「辞書引き学習」を小学生に広めるため、この学習法の開発者である中部大学教授の深谷圭助氏と週末は全国各地を回ることをした。あるとき、ひと月ほどの間に、愛知、岐阜、三重という東海三県を回る機会があった。

その折にたびたび耳にしたのが、この地域の人たちがよく使う「みえる」ということばである。「みえる」といっても、「猫は暗闇でも目が見える」のような、見ることができるという意味ではない。あるいは「あの人は年よりも若々しく見える」のような、そのように感じられるという意味でもない。

「先生が黒板に図を描いてみえる」

「この話はすでに新聞で読んでみえたとは思いますが」

などのように使うのである。東海三県ご出身の方の多くは、何の話だと疑問にお思いになるかもしれない。だが、千葉県出身の私にはまったくなじみのない「みえる」の使い方なのである。

以前私が編集を担当した辞典に、『標準語引き　日本方言辞典』（佐藤亮一監修）という方言辞典がある。その辞典には都道府県別の方言概説を掲載しているのだが、その愛知県の解説に「尊敬表現にはテミエルがよく使われる。ヨンデミエル（読んでおられる）、カイテミエル（書いておられる）。この用法は方言と気づいていない人が多い」とある。

また、三重県の解説にも「北三重地方では敬語が多彩である。『居る』『来る』の尊敬語にゴザル、ミエル、オイデルがあり、尊敬表現の補助動詞としても使われる。テミエルは現在もよく使われる。カイテミエル（書いておられる）」と書かれている。

岐阜県に関しては、この辞典では「みえる」への言及はないのだが、別の辞典（『日本語便利辞典』）で都道府県別の代表的な方言を10語ずつ選定した方言集を掲載したことがある。それには、岐阜、愛知、三重という東海三県でいずれも「みえる」が選ばれている。ちなみに岐阜県の解説は以下のような内容だ。

「みえる　いらっしゃる。『山田さんはみえますか（山田さんはいらっしゃいますか）』『明日はみえますか（明日はおいでになりますか）』【補注】敬語表現として公式の場でも使われるため、多くの人が共通語だと意識している」

以上のことからもおわかりのように、この「みえる」は東海三県では共通語だと意識されている、いわゆる〝気づかない方言〟なのである。

このような「みえる」の用法がなぜ生まれたのかというと、東京女子大学教授の篠崎晃一氏は「共通語の『見える』は『来る』の尊敬語として『先生がみえる』『社長がおみえになる』のように使われるが、その用法が広まったわけだ」と説明している（篠崎晃一＋毎日新聞社『出身地《イナカ》がわかる！　気づかない方言』）。

同書によれば「見る」の場合の尊敬表現は「見てみえる」となるそうだから面白い。〝気づかない方言〟はこのような文法的なパターンだとさらに気づかれにくくなるらしい。

「はぐる」（P294参照）は私にとっての〝気づかない方言〟で、このような自分自身の〝気づかない方言〟を気づかされたときは、気恥ずかしさの入り交じった驚きがある。一方、人のそれに気づいたときは、なぜか得したようなちょっぴり温かい気持ちになる。

方言・俗語

みぎにでる【右に出る】〔連語〕

古代中国では右が上席、日本は左が上席

さほど広まっているわけではないのかもしれないが、たとえば「寝起きの悪さでは私の右に出る者はいない」などという文章を見かけたことはないだろうか。寝起きの悪さにかけては自分よりひどい人はいないということを強調した文章である。だが、もちろんこれは「右に出る者はいない」という言い回しの間違った使い方である。

「右に出る者はいない」は、右を上と考えて、その人以上のすぐれた人はいない、凌《りよう》駕《が》する人はいないという意味であり、自分以下の人はいない、自分よりひどい人はいないという意味ではないのである。なぜ右を上とするのかというと、古代中国では右を上席としたからである。たとえば、今までよりも低い官職、地位に落としたり、中央から地方に移したりすることを「左遷」というが、これも古代中国で右を尊び左を卑しんだことによる。

しかし面白いことに、日本では古く官職を左右対称に区分したとき、ふつう左を上位としていたのである。

『源氏物語』（1001～1014年）にこんな文章がある。

「左大臣うせ給て、右は左に、藤大納言、左大将かけ給へる、右大臣になり給」（竹河《たけかわ》）

左大臣が死去して、右大臣が左大臣に昇進し、藤《とう》大納言は左大将兼任の右大臣になるという意味である。左大臣の方が右大臣よりも上位だったことがおわかりいただけるのではないだろうか。

ただ、なぜ日本では左が上位になるのかということになるとよくわかっていない。世界的には右を尊ぶ観念の方が一般的なので、実に不思議なのである。

だが、だからといってことばの方では左を上として、「左に出る者はいない」とはならなかったところが面白い。

ちなみに、政治思想に関して「右翼」「左翼」というが、これはフランス革命当時、国民議会で議長席から見て右に穏健派が議席を占め、左に急進派であるジャコバン党が議席を占めたところから生まれた語で、左右どちらを尊ぶかということとは何の関係もない。

みぎびらき【右開き】〔名〕

「右開き」は右側に扉が開く

「右開き（左開き）の扉」というと、どちら側に開く扉を考えているだろうか。実は、「右開き」と「左開き」についてはかなり混乱があるらしいのだ。

実際、国民生活センターのホームページを見ると、インターネット通販で、扉の右側が開くタイプの冷蔵庫を買おうと思い、「右開き」と表示されているものを選んだところ、左側が開くタイプが届いてしまったという事例が紹介されている。そのホームページでも説明されているのだが、冷蔵庫を見て「右開き」と言われると、冷蔵庫に向かって「扉が〝右側から〟開く」とイメージする人がいるらしい。つまり、扉を開けた状態のとき、中身が見えるようになった冷蔵庫本体が右側にあって、扉は左側に来ると思ってしまうようだ。

だが、メーカーや販売店では「右開き」とは「扉が〝右側へ（に）〟開く」と説明

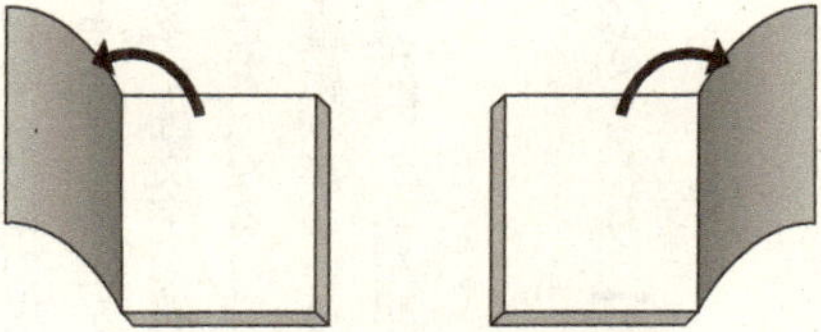

左開き　　右開き

左開き　　右開き

をしている。つまり「右開き」とは、扉が右方向に開くことであり、中が見えるようになった冷蔵庫本体は左側に、扉は右側に来るのである。もちろん「左開き」はその逆である。

これは、書籍の場合も同じことが言える。書籍は、文章の文字組みが縦組みか横組みかで決まるのだが、文章が縦書きなら「右開き」、横書きなら「左開き」となる。縦書きでは文字を読むとき右から左へと視線を動かし、横書きの場合は左から右に動かすことになるので、縦組みは右側を、横組みは左側を綴《と》じることになる。日本語の本は縦組みが多いので、「右開き」の本が多いことになるわけで、それを覚えておけば、「右開き」「左開き」の違いは理解しやすいかもしれない。揺れる意味・誤用

みぎまわり【右回り】〔名〕

太陽の影で決まった「時計回り」

「右回り」「左回り」は、「右開き」「左開き」同様どちらの方向に回転するのか迷う人が多いことばかもしれない。

「右回り」は、アナログ時計の針と同じ方向に回る回り方であり、「左回り」はアナログ時計と反対方向に回る回り方である。そのようなことから、「右回り」を「時計回り」、「左回り」を「反時計回り」ということもある

アナログ時計がなぜ「右回り」になったのかというと、日時計がそうであったからである。日時計は、固定した指針に太陽の光が当たってできる影の位置によって時刻を知るものだが、太陽は東から西に移動するので、できる影は西側から東側への移動、つまり「右回り」の移動となる。最近はデジタル表示の時計も増えているが、腕時計はアナログ表示のものが多いので、それを思い浮かべれば「右回り」と「左回り」の向きを間違えることはないであろう。

時計が「右回り」なので、ほとんどが「右回り」かというとそうでもない。トランプゲームは「反時計回り」つまり「左回り」である。陸上のトラック競技も、スケートのスピードスケートも自転車競技もすべて「左回り」で行われる。

ところが競馬は、競馬場そのものが「右回り」のものと「左回り」のものが存在する。私は右利きなのでそう感じるのかもしれないが、「左回り」の方が楽に走れそうである。馬には「右回り」が得意な馬とか、「左回り」が得意な馬とかはいないのであろうか。

揺れる意味・誤用

みこむ【見込む】〔動マ五（四）〕

蛇は蛙をにらまず見込んでいた

定年で退職した辞書編集部の先輩と久しぶりに会ったとき、いきなり次のようなクイズを出された。

「蛇に○○まれた蛙」の○○に入る平仮名二文字は何？

何を今さらと思いながら、「そんなのニラでしょ、にらまれた蛙に決まっているじゃないですか」と答えたところ、「ブッブー」とやられてしまった。

「そうか、君もそう思い込んでいるんだね。自分が編集した辞典をよく見てごらん」と言われたので、いささかムッとしながら『日本国語大辞典』を引いてみた。するとどうだろう、見出し語の形は「蛇に見込まれた蛙」になっているではないか。

そんなばかなと思いつつ、『大辞泉』（小学館）、『広辞苑』（岩波書店）、『大辞林』（三省堂書店）の最新版も引いてみた。するとすべて「見込まれた蛙」なのである。

狐につままれたような気分でいろいろ調べてみると、どうやら「蛇に見込まれた蛙」の方が本来の形で、「蛇ににらまれた蛙」は比較的新しい言い方であることがわかった。

「見込む」は、現在では「臨時の収入を見込む」のように予想するという意味や、「君を見込んで頼むよ」のように当てにするという意味で使われることが多いのだが、本来はじっと見る、見つめるの意味で、執念深くとりつく、見入るという意味もあった。つまり、蛙は蛇に執念深くじっと見つめられて身動きがとれなくなっているのである。

どうやら、この執念深く見つめる意味の「見込む」が現代語として一般的でなくなってきたために、同義語の「にらむ」を使うことが多くなったらしい。最近のことわざ辞典も「蛇ににらまれた蛙」の方が主流になりつつある。私が担当した小学生向けの国語辞典も、見出しは「蛇ににらまれた蛙」の形である。知らずに時代の趨勢《すうせい》に従ってしまったような気もしないではないが、決まり文句であることわざも変化するのだという、いい勉強をさせてもらった。　揺れる意味・誤用

みずをえたうおのよう【水を得た魚のよう】〔連語〕

「魚＝さかな」は江戸時代以降

あるテレビドラマで、役者さんが「水を得た魚のよう」の「魚」を「さかな」と言っているのを聞いて、おやおやと思ったことがある。もちろん、「水を得た魚のよう」の「魚」は「うお」と読むのが正しい。

「水を得た魚のよう」は、「魚の水を得たるごとし」とも言うのだが、どちらも「魚」は「うお」と読まれてきた。

このことばの出典は、中国の歴史書『三国志』の「蜀《しょく》志」に収められた「諸葛亮《しょかつりょう》伝」による。蜀を建国する劉備《りゅうび》は、三顧《さんこ》の礼をとって諸葛亮（孔明）を軍師として迎えるのだが、諸葛亮と劉備の交友を古くからの家臣であった関羽と張飛が快く思わなかったときに、劉備が関羽らに弁解して言ったという、「孤（こ＝自分のこと。すなわち劉備）の孔明あるは、猶《なお》魚の水有るがごときなり」からである。ここから「水魚《すいぎょ》の交わり」ということばも生まれた。

「うお」と「さかな」とでは、今でこそ単独では「さかな」を使うことの方が多いが、魚類を言うときは「うお」の方が古いことばなのである。『日本書紀』や『万葉集』などにも「紆嗚（ウヲ）」「宇乎（ウヲ）」などと書かれている。

「さかな」はというと、やはり奈良時代からあったことばではあるが、『日本国語大辞典（日国）』に「『さか』は『さけ（酒）』、『な』は、副食物の総称」とあるように、酒を飲むときに添えて食べる物のことを言うのが原義である。つまり、それは魚類だけでなく肉や野菜、果実のこともあったわけだ。この「さかな」に魚類の意味が加わったのは江戸時代以降らしい。その辺の事情は『日国』に詳しいのだが、「江戸（東日本）で発生した魚類の総称としてのサカナが、次第に西日本へと勢力を伸ばし、ウオ系の語を駆逐していったと考えられる」とある。

現在は、単独では「さかな」の方が優勢になっているため、くだんの役者さんがそう読んでしまったのは仕方のないことかもしれないが、老婆心ながらドラマ制作の現場でもことばのチェックをする人がいた方がいいのではないかと思った次第である。

揺れる読み方

みせつける【見せつける】〔動カ下一〕〔文〕みせつ・く〔カ下二〕

国語辞典にない意味

まず、お手元の辞書で「見せつける」ということばを引いてみていただきたい。

大方の辞書は、「人に得意になって見せる。わざと人目につくようにふるまう」（『日本国語大辞典』）などと解説されているはずである。「人前で仲のよいところを見せつける」のように使うときの意味がこれである。

だが皆さんは「実力の差をまざまざと見せつけられる」のように、自慢をしているわけではなく、相手に強く印象づけるといった意味合いで、このことばを使うことはないだろうか。

実は、ほとんどの辞書ではこの意味を載せていないのである。かなり古くから存在する意味であるにもかかわらずである。

たとえば、

「太郎は、まのあたりに、自分の行く末を見せつけられたやうな心もちがした」（芥川龍之介『偸盗《ちゅうとう》』1917年）

などがそれで、このような用例は芥川に限らず数多く見つけることができる。

この意味を載せている国語辞典は、私が確認した範囲ではまだまだ少数である。その少数派のひとつ『日本語新辞典』（小学館）では、「勢力、意志、状況を相手に強く印象づける。はっきり示す」として、「得意になって人に見せる」という意味とは区別して解説している。

「見せつける」が印象づけるという意味になったのは、「つける」を強意ととらえたからと思われ、伝統的な用法としては誤用なのかもしれない。しかし、「強大な軍事力を見せつける」などの言い方がふつうに見られる今となっては、いささか遅きに失した感もなきにしもあらずだが、その意味も辞書に載せるべきではないかと思うのである。

揺れる意味・誤用

むしゃぶりつく〔動カ五（四）〕

従来は食べ物には使わなかった

「ハンバーガーにむしゃぶりつく」

この文章を読んで、違和感をもった方はどれだけいらっしゃるであろうか。実はこのような「むしゃぶりつく」は、今までなかった言い方なのである。「むしゃぶりつく」というのは、感情が高ぶって激しい勢いで抱きつくという意味で、抱きつく相手は従来は人であることが多かった。

それが、近年「むしゃぶりつく」対象が広がりつつある。特に食べ物がその対象となる場合が多く、インターネットで検索しても、ハンバーガーから唐揚げ、スイカ、「ガリガリ君」というアイスキャンディーまで、実にさまざまである。

「むしゃぶりつく」は、「むさぶりつく」が変化した語で、「むさぶる」とは「むさぼる（貪る）」のことである。実をいうと「むさぼる」には、がつがつ食べるという意味もあるので、それが変化した「むしゃぶりつく」にも食べるという意味があってもよさそうなのだが、「むしゃぶりつく」は従来食べ物に関しては使われてこなかった。それがなぜ最近になって食べ物をがつがつ食べるという意味が加わったのであろうか。

考えられる理由は、三つある。

ひとつは「かじりつく」からの類推。「かじりつく」は「噛り付く」と書くように、「かじる」すなわちしっかりと歯で食いつくという意味をもつ。辞典の多くはこの

「かじりつく」を「むしゃぶりつく」の同義語として挙げてきた。

もちろん「かじりつく」には離れないようにしっかり取り付くという意味もあり、同義語として挙げられたのはそちらの意味なのだが、「かじりつく」の食いつくという意味がそれによって、「むしゃぶりつく」と結び付いてしまったのかもしれない。

もうひとつは、勢い込んで食べるさまを表す「むしゃむしゃ」という擬態語からの連想である。

そして、三つめは、いささか無理があるかもしれないが、「むしゃぶる」の「む」が落ちた「しゃぶる」からの連想である。

いずれにしても「むしゃぶりつく」は、着実にがつがつ食べるという意味を引き寄せつつあるようだ。

冒頭に挙げた「ハンバーガーにむしゃぶりつく」が市民権を得て、さらにその意味が辞書に登録されるのも、そう遠い話ではないのかもしれない。　揺れる意味・誤用

めをきる【目を切る】〔連語〕

辞書にはない新しい意味のことば

「目を切る」といっても、「顔に小枝が当たって、目を切った」というときの「目を切る」ではない。新しい意味の「目を切る」なのである。どうもそれが広まりつつあるらしいのだ。〝らしい〟というのは、この語の存在に気づいたのがごく最近だからである。

きっかけは、宮部みゆきさんの小説『ソロモンの偽証』（新潮社）であった。少年時代の愛読書のひとつだったエーリヒ・ケストナーの『飛ぶ教室』のオマージュとも思えるこの小説を夢中になって読んでいたら、以下のような文章が目にとまったのである。

「河野探偵に話しかけられ、滝沢先生がようやく頭を持ち上げると、ふっきるように目を切った」

何となく意味は類推できたものの、このような「目を切る」の使い方は見たことも聞いたこともなかったので、すぐに手元の辞書を引いてみた。だが、もちろんどの辞書にも載っていない。唯一『日本国語大辞典（日国）』に見出しがあったのだが、それは「碾臼《ひきうす》や擂鉢《すりばち》の目を刻む」という、まったく別の意味であった。

『ソロモンの偽証』では「目を離す」とか「目をそらす」とかいった意味で使われていると思われたのでいろいろ調べてみると、「目を切る」は主に野球やサッカーなどの球技で使われていることばであることがわかってきた。たとえば、「走者は常にボールから目を切らないようにしなければいけない」「サッカーではボールから目を切るタイミングが大切である」などと使うらしい。

テレビのスポーツ番組は比較的よく見るのだが、アナウンサーや解説者が「目を切る」と言っているのは聞いた記憶がないので、球技の監督やコーチなど指導者が使うことばなのかもしれない。

なぜ、「目を切る」で「離す、そらす」という意味になるのか。辞書によれば「切る」には、「結びついているものや閉じているものを離したり、開けたりする。また、つながっている関係や継続する事柄、続いている気持や話などを断つ」（『日国』）という意味があるので、どうやらそこから、「目を切る」は視線を離したり、見続けるという行為をやめたりするという意味になったらしい。

宮部みゆきさんがこの語をどういう意図で小説の中で使ったのかは不明だが、今後辞書に載る可能性は十分にありそうだ。目が離せない語のひとつである。［方言・俗語］

ものさし【物差し】〔名〕

「線引き」と言うのはどこの地方か？

「方言チャート」というサイトをご存じだろうか。東京女子大学の篠崎晃一教授のゼミ生が、篠崎教授の指導のもと各地の方言のデータを集め、チャート形式で出身県を当てるというものである。

このサイトの作成には私もいささか関わりがあるのだが、出身県（千葉県）がぴたりと当たったときには、さすがにうれしかった。

実際に挑戦してみると、その方言を使うか使わないかで、次第に自分の出身県が絞られていくのが何となくわかるところが面白い。私の場合、千葉県に次第に近づいていく重要な分岐点が、物差しの写真が示されて「この写真の文具を『線引き』と言うことがありますか？」という質問であるような気がしている。

私は間違いなくそれを「線引き」と言うのだが、そんな言い方などしたことがないという方も大勢いらっしゃるであろう。

篠崎教授と毎日新聞社が共同で調査した『出身地《イナカ》がわかる方言』（幻冬舎文庫）によれば、「線引き」は静岡県で使われているという。もともと静岡県だけで使われていた語かどうかはわからないが、関東にもかなり広まっているようで、「方言チャート」ではこの質問によって関東の出身であると絞られていくような気がする。実際に、私の知る限り唯一この意味の「線引き」を載せている『三省堂国語辞典第7版』でも、「もと、東京・神奈川・静岡などの方言」と解説している。

ちなみに「物差し」を「線引き」と言っているのは限られた地域だけかもしれないが、同じような意味で使われることばに「定規」があり、「物差し」「定規」は同じような意味で使われることも多い。だが、「物差し」は物の長さを測る用具で、長さの単位の目盛りが付けてあるのに対して、「定規」は物を裁断したり、線を引いたりするのにあてがって使う器具で、長さの単位の目盛りが付いていないものが多いという点で異なる。

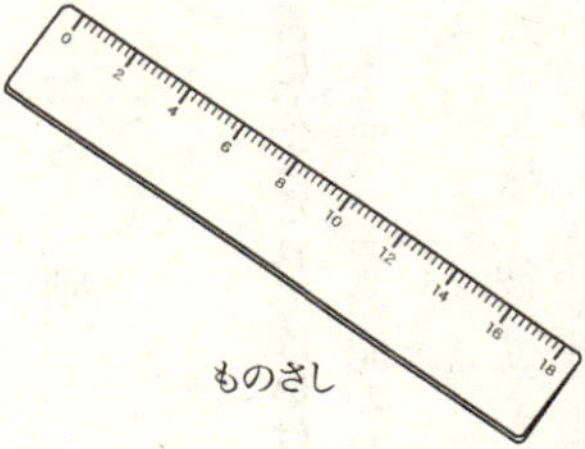
ものさし

方言・俗語

やおら〔副〕

音にだまされてはいけない

日本語にはその語のもつ音からの印象で、意味を誤解させられてしまう語があるらしい。

たとえば、「彼はやおら立ち上がった」というときの「やおら」がそれである。

2006（平成18）年度の文化庁「国語に関する世論調査」では、本来の意味である「ゆっくりと」で使う人が40・5%、従来なかった意味の「急に、いきなり」で使う人が43・7%と、逆転した結果が出てしまったのである。

「やおら」は、「やはら（柔）」と同源の語だという説もあるくらいで、ゆっくりと動作を起こすさまや、徐々に事を行うさまを表す語である。急激だったり突然だったりするといった力強い意味合いはこの語にはない。

にもかかわらず、意味をよく知らない人には、「やおら」と言われると、語の音の印象から急だと言っているように聞こえるのかもしれない。

似たような語に「押っ取り刀」がある。

こちらは、「押っ取り刀で駆けつける」などと使うのだが、急な出来事で刀を腰に差す暇もなく手に持ったままでいることで、急いで駆けつけることの形容に用いる語である。つまり「やおら」とは正反対の意味になる。

ところが、「おっとり」という同音の語があるため、「のんびり」だと思い込んでいる人が多いという。「押っ取り刀」の「おっとり」の「おっ」は接頭語で、勢いよくする、いきなりするの気持ちを込めてその動詞（この場合は「取る」）の意味を強める語なのである。 揺れる意味・誤用

やさき【矢先】〔名〕

直前のことか、直後のことか？

朝日新聞の元記者の清水弟さんという方が、「矢先」ということばを取り上げ、「誤用がはびこっている」と指摘したコラムを読んだことがある。「矢先」は「事が始まろうとする、また、しようとする、ちょうどそのとき」（『日本語新辞典』小学館）という意味だが、「直後」の意味で使われているものがあるというのである。

確かにそうした用例があることは私も確認していて、たとえば岡本綺堂《おかもときどう》の『半七捕物帳』（1917～1936年）の「雷獣と蛇」にも、

「このあいだの事件のあった矢先であるので、重吉の死は雷獣の仕業であると決められてしまった」

とある。

新聞やテレビ、ラジオなどは、「直前」の意味で「直後」の意味とはしないとしているのだが、辞書では『広辞苑』（岩波書店）だけが「その直後」という意味を付け加えている。その意味が加わったのは1991年の第4版からで、どのような判断がそのときにあったのか、辞書編集者としては気になるところである。

清水元記者は「慣用・誤用であってもそれが世の中に広がって定着すれば、そちらが正しくなる」「それだからこそ、言葉へのこだわりを守って、小さな抵抗を続けていきたい」と結んでいた。

辞書は規範性を重んじるべきか、ことばの現象の後追いに徹するべきか、辞書編集者としては常に悩むところだが、肝に銘じなければならないことばだと思う。

揺れる意味・誤用

やばい　〔形〕《形容動詞「やば」の形容詞化》

「プラス評価」の新しい意味

NHKが主催する全国高校放送コンテストという、高校や専門学校などを対象とした校内放送のコンテストがある。そのコンテストにエントリーする予定だという関西の高校から、「やばい」という語の語源について話をしてほしいという依頼があった。そこで、そのとき話をしたのが以下のような内容である。

「やばい」はもともと「やば」という語があって、それから生まれた語である。「やば」は「法に触れたり危険であったりして、具合の悪いこと。不都合なこと。あぶないこと」(『日本国語大辞典』)といった意味の語である。

十返舎一九の『東海道中膝栗毛《とうかいどうちゅうひざくりげ》』(1802〜1809年)には「おどれら、やばなことはたらきくさるな」(六編上)という用例がある。

危ないことをなぜ「やば」というのかよくわからないのだが、のちに「やばい」という形容詞も生まれる。

前後関係は不明ながら、明治時代の隠語辞典を見ると、てきや・盗人などが官憲のことを「やば」と呼んでいたらしく、また、そのような世界の人が官憲などの追及がきびしくて身辺が危ういときにも「やばい」と言っていたらしい。それがのちに一般化したと考えるのが妥当と思われる。

ここまでは、高校生の取材に対して答えた内容である。

だが、国語辞典としては、「やばい」には語源以上に大きな問題がある。というのは、従来この語はよくないことや望まないことに対して使われていたのだが、最近「このカレーおいしい、やばいよ」などというプラスの評価で使う言い方が現れたからである。

この意味の扱いは、今のところ辞書によってもまちまちであるが、大きく分けると以下の三つになる。

(1)現象として紹介しているもの
(2)特に注記もせず新しい意味として認めているもの
(3)まだその意味を認めていないもの

この、「やばい」の新しい意味をどのように扱っているかで、読者の辞書に対する評価も分かれるかもしれない。

私は、よほど親しい相手でなければ使わないようにしているのだが、皆さんはいかがであろうか。

やぶさか【吝か】〔形動〕

「吝かでない」は「仕方なくする」こと？

「吝か」は難読語であろう。「やぶさか」と読む。ふつう「やぶさかでない」の形で使われることが多いのだが、この語も意味が揺れていることばのひとつである。２０１３（平成25）年度の文化庁「国語に関する世論調査」でも、それが裏付けられた。本来の「やぶさかでない」は「協力するのにやぶさかでない」のように使うのだが、本来の意味は「喜んでする」ということである。ところが、「仕方なくする」という正反対の意味が広まっている。文化庁の調査でも、すべての年代で、「喜んでする」の意味で使う人が「仕方なくする」という意味で使う人の割合を下回るという結果になった。

しかも、本来の意味の「喜んでする」で使う人の割合は16～19歳から年代が上になるにつれて増えていき、40代で約４割と最も高くなるのだが、なぜか50代以降になると今度はその割合が低くなっていく（つまり「仕方なくする」が増えていく）。この語にもまた、50代から存在するらしい〝ことばの壁〟が見られる。確かに「やぶさかでない」は日常語とはいえないかもしれないが、かといって死語というわけでもなかろう。この〝壁〟も謎である。

冒頭で述べたように「やぶさか」は「吝か」と書くが、漢字の「吝《りん》」は「けち」の意味で、「やぶさか」は物惜しみするさま、けちなさまという意味である。これが、「……にやぶさかでない」の形になって「～する努力を惜しまない」、つまり「喜んで～する」という意味になる。

なぜ、50代から本来の意味で使う人が減少するのかはよくわからないのだが、正反対の意味が生まれた背景には、「ない」という否定形に引きずられるということがあるのではないかと推測している。確証はないのだが。

揺れる意味・誤用

やるせない【遣る瀬無い】〔形〕〔文〕やるせな・し〔ク〕

古賀政男の名曲での誤用が有名

思いを晴らすべき手立てがないという意味の「やるせない」を、「やるせぬ」と言うような誤用が広まっているらしい。たとえば、「やるせない思い」を「やるせぬ思い」としているというのである。〝らしい〟と断りを入れたのは、実際にはその誤用例をめったに見かけることがないからである。インターネットで検索しても、ほとんどヒットしない。唯一検索に引っかかった、いかにも誤用らしい誤用は、

「市議リコールに経費1172万円　やるせぬ思いの妙高市民」（『上越タウンジャーナル』2010年5月25日付）

というものだけである。

しかし、「やるせぬ」は誤りだと注記している国語辞典も存在する（『明鏡国語辞典』大修館）。この辞典では誤用が広まっていると判断したからこそ、このような注記をしたのであろう。にもかかわらず、その誤用例をあまり見つけることができないというのはどうしたわけなのであろうか。

かなり有名な誤用例があるにはある。古賀政男の『影を慕いて』の中にある「月にやるせぬ我が思い」という部分がそれである。

では、なぜ「やるせぬ」だと誤りなのか。文法の話で恐縮なのだが、少しお付き合いいただきたい。

「やるせない」は、名詞「やるせ」に否定の意味の形容詞「無い」が付いた形容詞である。当然のことだが「無い」は形容詞なので、語尾は「かろ／かっ・く／い／い／

けれ」と活用する。見ておわかりのように、どこにも「ぬ」などという活用は出てこない。ところが、なぜそれが「やるせぬ」になってしまったのかと言うと、この形容詞「ない」を同じ語形の打ち消しの助動詞「ない」だと勘違いして、やはり同じ打ち消しの助動詞「ぬ」でも言い換えができると考えたらしいのである。

助動詞「ない」「ぬ」なら、それと結び付く「やるせ」は動詞でなければならないのだが、もちろん「やるせる」などという動詞は存在しない。

それにしても、なぜ誤用が目立たないのであろうか。

考えられることは、「やるせない」という語自体、もはやあまり頻繁に使われる語ではなくなっているということである。あるいは、それほど頻繁に使われることはなくなっても、文章ではなく口頭語として広まっているということがあるのかもしれない。

誤用が水面下で広まっているのかもしれない、不思議な語ではある。

揺れる意味・誤用

やんごとない【止ん事無い】〔形〕〔文〕やんごとな・し〔ク〕

元々の意味が復活している?

『源氏物語』の有名な冒頭部分、

「いとやむごとなききはにはあらぬがすぐれて時めき給ふありけり」(「桐壺」)

に出てくる、「やんごとない」の話である。『源氏物語』のこの「やんごとない(やむごとなき)」は、もちろん高貴であるという意味である。

「やんごとない」は、元来は「止む事無し」で、それが一語になった語である。打ち捨てておくことができない、よんどころないというのが元の意味で、その打ち捨てておけない事情によってさまざまな意味に広がっていったと考えられている。

ただ、現代ではもっぱら「高貴である」の意味で使われることが多いのではないか。「やんごとない生まれ」とか「やんごとないお方」という使い方である。そのため現代語の国語辞典も、その意味だけを載せているものが多い。

ところが最近「やんごとない事情(用事)で欠席する」などといった使い方をしばしば見かけるようになった。だが、この意味には「よんどころない」があり、大方は「やんごとない」は誤りで「よんどころない」が正しいと感じるのではないだろうか。

だったら、「よんどころない」の意味で使われる「やんごとない」は誤用であると切り捨ててもよさそうなものだが、話はそれほど単純ではない。

前述のように、「やんごとない」の原義は「よんどころない」なので、「やんごとない用事」といった古典例も多数存在するのである。たとえば、平安中期に藤原道綱《みちつな》母《のはは》が書いた『蜻蛉《かげろう》日記』にも以下のような例がある。

「また十月《かんなづき》ばかりに、『それはしも、やんごとなきことあり』とて出《い》でむとするに、時雨《しぐれ》ばかりにもあらず、あやにくあるに、なほ出でむとす」（天徳元年）

十月頃に「それこそのっぴきならない用事がある」と言って出かけようとした時に、時雨とはいえないあいにくのひどい雨になったのに、なお出かけようとする、といった意味である。いかがであろうか、最近使われるようになったという「やんごとない」とまったく同じ意味で、今でもこんな場面はありそうである。だとすると、この「やんごとない事情」を間違いであると一刀両断のもとに切り捨ててしまっていいのかという疑問さえ生じてくる。

もともとの意味が復活しつつあるのなら、現代語の国語辞典にもその意味を載せるべきかどうか、そろそろ検討する時期に来ているのかもしれない。 揺れる意味・誤用

よい【良い・善い】〔形〕〔文〕よ・し〔ク〕

「いい」は関東なまりか？

「今日は天気がよい」とも「今日は天気がいい」とも言う。何か違いがあるのか、また「よい」と「いい」はどういう関係なのかという質問を受けた。

この二語に意味の大きな違いはなく、どちらも物事の性質、状態、様子、機能などが好ましく、満足すべきさまであるという意味である。だが、ことばとしては「よい」の方が格段に古い。「よい」の文語形は「よし」だが、『日本書紀』『万葉集』といった奈良時代や平安時代初期の文献にも用例が多数ある。

これに対して「いい」はかなり新しい。最も古いものは江戸時代中期の用例である。このようなこともあって、『日本国語大辞典（日国）』は、「江戸時代前期に見られる『えい』の関東なまりとして生じた語か」と推定している。この「えい」は、たとえば、『雑兵物語』（1683年頃）にも「もはやゑい時分だ程に今にこべい」などとある。『雑兵物語』は江戸時代の兵法書で、雑兵（下級武士）の心得を説いたものだが、江戸初期の口語資料としても貴重である。文中の「こべい」にも注目していただきたいのだが、この「べい」は「べいべいことば」「関東べい」といわれた「べい」である。「こべい」で、来るに違いないといった意味である。

「えい」は『日国』によると、

「明和、安永頃（1763〜1781）から広まり使われたらしく、明和八年（1771）頃『遊子方言・発端』には通り者が『ゑい』を用い、明和八年『侠者方言』に『ゑゑ』が見えるなど、侠《きお》い者や、それに近い人から用い始めたようである」

とある。

「通り者」「侠い者」とは、義侠・任侠をたてまえとしている者、つまり侠客《きょうかく》のことである。

このように口頭語として使われた「えい」が「いい」となり、徐々に文章語にも定着し、意味も「よい」と同じように用いられるようになるのである。

以上のことからもおわかりのように、「よい」は文章語的、「いい」は話しことば的と言える。だが、それ以外にも大きな違いがある。

「よい」は形容詞としての活用をすべてもっているのに対して、「いい」は終止形（「……したほうがいい」など）と連体形（「いい感じ」など）の用法しかない。このため、「よい」と「いい」を別語と考えずに、「よい」の終止形・連体形に「よい」と「いい」の両形があるとする立場もある。

しかし、最近は「よい」よりも「いい」の方が優勢になりつつあるため、終止形と連体形に限っては「よい」を使うと文語的なニュアンスをもつと受け止められることが多くなった。

たとえば「頭がよい」と「頭がいい」、「腕のよい料理人」「腕のいい料理人」などの違いである。

なお、「いい」には、終止形・連体形以外の活用形「よく・よかった」（連用形）や「よければ」（仮定形）などに当たる形はないと書いたが、実は方言としては「いく」「いかった」などの形も見られるのである。日本語は本当に面白い。

大和ことば・伝統的表現

よこはいり【横入り】〔名〕

新方言なのに大河ドラマに登場！


「横入り」ということばをご存じだろうか。並んでいる人の列などに横から無理やり入ることである。どちらかというと年齢の若い層に、よく使うという人がいるかもしれない。

この「横入り」だが、実は新方言などと呼ばれる新しい方言だということはあまり知られていないのかもしれない。そのせいか、２０１４（平成26）年のＮＨＫ大河ドラマ「軍師官兵衛」のせりふに、このことばがごくふつうに使われていて驚いたことがある。

それは、このドラマの見どころのひとつである秀吉軍の中国大返しの場面である。黒田官兵衛の息子の長政が、後に正室となる蜂須《はちす》賀《か》小六《ころく》の娘に、食糧配給の列に脇から入ってきたと勘違いされとがめられたときに、「横入りなどするか」と言い返すのである。

もちろん私は、時代劇や歴史ドラマで使うことばをすべてその時代のことばにしろと言っているわけではない。そんなことをしたらドラマが成り立たなくなってしまうであろうことはよくわかっている。だが、「横入り」はいくらなんでも新しすぎる。歴史ドラマとしてのせっかくのいい場面が、いきなり現代の若者を主人公にした別のドラマに変えられてしまったような錯覚を覚えた。脚本家はわかりやすさを重視したのであろうが、共通語としてはやはり「割り込み」であろう。

「横入り」がいつ頃生まれたことばなのかはっきりしないのだが、『辞典〈新しい日本語〉』（井上史雄、鑓水兼貴編著、東洋書林）によれば、１９８０年代頃から使用が報告されている。同書によれば、神奈川の若い世代、埼玉・群馬や新潟の中学生、東海道沿線の若い層、中国地方、北海道などで使われているという。「新語が地方に先に普及し、東京が遅れた例である」ということだそうだ。ちなみに、千葉県北西部出身の私は「ずるこみ」と言っていた。これは同書によれば、東京都とその近県の一部に使用地域が限られるらしい。

国語辞典での扱いはどうかというと、見出し語があるのは、『明鏡国語辞典』（大修館）、『三省堂国語辞典』などまだ限られた辞典だけである。前者は俗語扱い、後者は「神奈川などの方言」としている。

横から入り込むというわかりやすい言い方なので、今後も使用範囲が広がっていくことばであろうが、古い時代にさかのぼれる語でないことだけは確かである。

方言・俗語

りょかっき【旅客機】〔名〕

「客」を何と読むか

バラエティ番組の中のクイズの答えに納得できないといたくお怒りの方から、編集部に電話がかかってきた。

その番組は大阪の放送局のものなのでもちろん私は見ていなかったのだが、「旅客機」を何と読むかという質問の答えとして、「リョカクキ」は○で、「リョカッキ」は×としていたのだそうだ。その方は、自分は「リョカッキ」も正しいと思うので、放送局に「リョカッキ」を×にするのはおかしいという電話をしたらしい。ところがご意見として承っておきますという、いともあっさりした回答だったために納得できず、たまたまいつも使っている辞典が弊社のものだったことから、編集部に電話をしてきたということのようだ。小学館辞書編集部としての見解をお聞きしたいとおっしゃるのである。ちなみに『日本国語大辞典』は見出しを「りょかっき(リョカク)」としている。

詳しくお話をうかがってみると、ちょっとした因縁に驚かされた。というのは、その番組はダウンタウンの浜田雅功さんが司会する番組だったからである。浜田さんが相方の松本人志さんから、「洗濯機」「水族館」を「センタッキ」「スイゾッカン」と言うのは大阪のおっさんみたいだとツッコミを入れられていた話は別項で触れた（Ｐ１８０参照）。

もちろん浜田さんが間違っているということではない。クイズの問題そのものがおかしいのである。

「客（カク）」のように二拍の漢字で後が「ク」となるものは、さらにその後にｋの音で始まる語が続くと促音化、すなわち小文字の「ッ」で表記される発音になることがある。つまり、「リョカッキ」も決して間違いではないことになる。実際、同じ放送の世界でもＮＨＫは「リョカクキ」とともに「リョカッキ」も認めている（『ＮＨＫ日本語発音アクセント辞典』）。

その方には以上のような説明をしたのだが、「リョカッキ」が間違いであるとしたその放送局の根拠がどこにあるのか、一度聞いてみたいところではある。

揺れる読み方

ルビ【(英) ruby】〔名〕

英語だが、英語に「ルビ」はない

小学生向けの国語辞典は、現在10社ほどの出版社から刊行されているのだが、そのほとんどが総ルビになっている。総ルビというのはすべての漢字に振り仮名が付いているということである。小学校の低学年から使えるようにという配慮である。

編集に関わっている人間にとって「ルビ」はごくふつうに使われる語なのだが、一般の方にはあまりなじみのない語らしい。ましてや、なぜ振り仮名を「ルビ」と言うかなどということをご存じの方は、あまりいらっしゃらないようである。

「ルビ」は元来は印刷用語で、振り仮名用の活字の名称だったのである。振り仮名の起源は、平安時代初期に漢文に付けた訓点（漢文を訓読するための手がかりとして、漢字の上や脇に書き入れる文字や符号）に始まると言われている。後に漢字の読みを示すために脇に付けた平仮名を「振り仮名」と呼ぶようになり、さらに活版印刷が主流になった明治時代になって「ルビ」とも呼ばれるようになったのである。

この「ルビ」は英語の「ルビー（ruby)」、すなわち宝石のルビーに由来する。英語ではやはり印刷用語として、５・５ポイントの大きさの活字を「ruby」と呼んでいたのである。

だが、もちろん英文に振り仮名が存在するわけではない。ではなぜ振り仮名＝ルビになったのかというと、日本で五号活字（「号」は活字の大きさを表す単位。数が多くなるほど小さくなる。現在はほとんど使われない）の振り仮名として用いた七号活字が、欧文活字のルビーとほぼ同じ大きさだったところから、このように呼ばれるようになったというわけである。あくまでも日本での呼び名なのである。

だが、手元の国語辞典で「ルビ」を引いてみると、「ルビ」の起源に言及せず、単に「ruby」という英語を示すだけのものがある。

英語に「ruby」という語は存在しても、振り仮名の意味ではないのだから、日本独特の「ルビ」の起源について触れる必要があるのではないかと思う。［揺れる読み方］

レイ・ゼロ【0】〔数字〕

「レイ」と「ゼロ」は使い分けが必要？

数字の「0」を、皆さんは何と読んでいるだろうか。「レイ」？「ゼロ」？もちろんその時々によって違うという方も大勢いらっしゃるであろう。だが、念のために確認しておくと、レイは漢字「零」の漢字音、ゼロは英語のzeroである。当然のことながら「改定常用漢字表」でも、「零」の読みは「レイ」だけで「ゼロ」はない。

なぜこのようなわかりきったことをあえて言うのかというと、国語辞典で「ゼロ」を引くと、「零」を漢字表記欄で示しているものがいくつか存在するからなのである。

確かに「零」を「ゼロ」と読むことは慣用としてはあるにしても、厳密に言うなら「零」という漢字に「ゼロ」という読みはない。だが、辞書に何の注記もなしにそのように書かれると、「零」に「ゼロ」という読みがあると思ってしまう方も出てくるのではないかと心配になってくる。

NHKなどもそのようなことを配慮してか、数字の「0」「零」は原則として「レイ」と読むとしている（『ことばのハンドブック第2版』〈日本放送出版協会〉）。ただし、「海抜0メートル地帯」「零戦（レイセンということもある）」など固有の読み方が決まっているものや、「まったくやる気ゼロだな」などと、何もないことを強調する場合はゼロを使うべきであると断っている。なお、降水確率0％は「ゼロパーセント」ではなく、原則通り「レイパーセント」である。

蛇足ではあるが、この「降水確率0％」は雨がまったく降らないことだと思っている向きもあるらしい。だが、降水確率は10％刻みで、5％未満が0％となるのである。つまり、0％（レイパーセント）と言いながら雨の降る確率はまったくのゼロではないということになる。

「レイ」「ゼロ」は、ちゃんとした使い分けが必要なようだ。

揺れる読み方

辞書編集者の仕事

辞書編集者とはどういう職業か

辞書の話をするとき、まくらで使わせていただいている話がある。作家の井上ひさしさんから直接お聞きしたものなのだが、19世紀のイギリスでは辞書編集という刑罰があったらしい。しかもそれはかなり重い刑罰だったというのである。

そうだとすると、私のように出版社に入社してすぐに辞書編集部に配属になり、すでに40年近く辞書と関わっている身としては、社会人になった途端、終身刑の宣告を受けたようなものなのかもしれない。

そんな話をして、辞書編集の仕事がいかに単調で辛気くさいものかということをまずはご想像いただいている。

だが、そのような話をしておきながら、私自身はどうかというと、この仕事を長年やり続けてきたにもかかわらず、気がめいるどころか、次第にことばの面白さに目覚めていったような気がする。決して人よりも忍耐強いということはないはずなのだが。

辞書編集者の主な仕事のひとつは、時代とともに思いがけない形で変化していくことばの諸相を観察していくことである。その変化し続けることばをどの時点で切り取り、それをどう記述するのかがまさに辞書編集者の腕の見せどころなのではないかと思えるようになったとき、この仕事の奥深さがぜん理解できるようになった気がする。

辞書を〝辞書〟風に解釈するなら、ことばや文字をある観点から整理して配列し、その読み方、意味などの説明を行っている書物ということができるであろう。だが、辞書というものはそればかりでなく、経済学的な定義もできるのではないかと考えている。つまり、存在量が極めて豊富で希少性をもたず、売買の対象とならない財をいう「自由財」としてのことばを、経済価値を有する財またはサービスをいう「経済財」、すなわち売るための商品としての辞書に作り替えるものであると。辞書編集の仕事とは、空気や水などと同じようにどこにでもあることばというものを扱って、それに加工を施して売り物にしているという、かなり虫のいい仕事だという考え方である。

私自身、辞書というものをこのようなシニカルな目で見られるようになったことで、辞書は常に規範的でなければならないというプレッシャーから解き放たれ、自由な発想による辞書作りができるようになった気がするのである。

辞書のいろいろ

日本語の辞書というと真っ先に思い浮かべるものはどのような内容のものであろうか。一口に辞書といってもさまざまである。そこで、私が直接編集に関わった主な辞書を列挙してみようと思う。それだけでもいかに種類が多いかおわかりいただけるのではないだろうか。

『国語大辞典』〔『日本国語大辞典』初版の簡約版〕（1981年）
『現代国語例解辞典』〔一般向け国語辞典〕（1985年）
『言泉』〔国語＋百科の辞典〕（1986年）
『例文で読むカタカナ語の辞典』〔外来語辞典〕（1990年）
『使い方のわかる類語例解辞典』〔類語辞典〕（1994年）
『日本国語大辞典　第二版』〔日本最大の国語辞典の改訂版〕（2000〜2002年）
『標準語引き　日本方言辞典』〔方言辞典〕（2004年）
『美しい日本語の辞典』〔私が後世に残したいと思った語を中心に収録した辞典〕（2006年）
『ことばの絵辞典』〔幼児向けの国語辞典〕（2008年）
『例解学習国語辞典』〔小学生向け国語辞典〕（初版は1965年　2010年刊の第九版、2014年刊の第一〇版を担当）
『例解学習漢字辞典』〔小学生向け漢字辞典〕（初版は1972年　2014年刊の第八版を担当）

いかがであろうか。さまざまな読者をターゲットとした、バラエティーに富んだ辞書が存在するということをおわかりいただけたのではないだろうか。これら以外で私が直接編集に関わっていない日本語辞書のジャンルというと、漢和辞典、古語辞典、ことわざ辞典くらいであろうか。

こうした辞書は、サイズや読者対象はもとより記述方法もまったく異なるため、編集作業の進め方もすべて違う。だが逆に言えば、異なった発想でそれぞれの辞書の顔ともいえる特長を考えなければならないということでもあり、それはそれで辞書編集の腕の見せどころにもなり得るということである。

『日本国語大辞典』のこと

すでにお気づきだと思うが、本書は私が辞書編集者として最も長い期間関わってきた『日本国語大辞典』に依拠しているところが多い。だが、本書で書いた内容はあくまでも私見であって、『日本国語大辞典』編集部としての見解ではない。文責はすべて筆者である私にあるとお考えいただきたい。

ただ、30年以上も『日本国語大辞典』に関わってこなければ書けなかったことがほとんどなので、その『日本国語大辞典』がどのような辞典であるのか、ここで簡単に触れておきたいと思う。

『日本国語大辞典』は、初版が1972〜1976（昭和47〜51）年、第二版が2000〜2002（平成12〜14）年に刊行された日本最大の国語辞典である。日本最大ということは世界最大の日本語辞典ということになる。

『日本国語大辞典』の初版の企画は、初期の段階では松井簡治《かんじ》編『大日本国語辞典』（冨山房1915〜1919年刊）という辞典の改訂版を編纂《へんさん》するというものであった。『大日本国語辞典』は上代、中古、中世の文献例を豊富に載せた、用例主義辞書の嚆《こう》矢《し》ともいえる辞書である。また、『日本国語大辞典』初版、第二版の編集委員でもある松井栄一《しげかず》先生は、簡治氏のお孫さんである。

松井簡治氏（1863〜1945年）は、『大日本国語辞典』の編纂に当たり、編集方針である用例主義を徹底させるため、項目を選ぶための参考文献の収集や、『源氏物語』『枕草子』などの索引作りを10年以上もかけて行っている。さらにそれらから20万項目を選び出し、収録語数20万項目の辞典をたったひとりで20年かけて完成させようと計画する。20万項目というのは、たとえば現在インターネットで検索可能な『大辞泉』（小学館）が27万項目以上なので、その規模をだいたいご想像いただけるのではないだろうか。

しかもこの20年かけて20万項目を執筆するという計画自体がけた外れなのである。1年365日のうち65日は休むとして、20年で6000日。すると20万項目書くには

1日33語という数字が出てくる。ただ、中には1語書くのに1日では仕上がらないものもあり、そうなると2日目はその倍近く、3日目は3倍近くと、執筆しなければいけない語はどんどん増えていく。さらに驚くべきことには、それをほぼ予定通りにやり遂げてしまったということである。辞書編集者は皆このように勤勉な人間ばかり集まっているとお思いかもしれないが、これはかなり特別な例である。少なくとも私自身は絶対に無理である。

ただ、この33語という数字は大変面白く、次節で紹介する『The Oxford English Dictionary』編纂の中心人物、ジェームズ・マレー博士も1日33語を目標としたが、しばしば1語書くのに1日の作業の4分の3も費やしてしまうと述べている。さらに、『日本国語大辞典』のための用例を初版のときから今に至るまで採取し続けている松井栄一先生も、毎日30例が目標だとおっしゃっている。

『日本国語大辞典』初版の編纂事業は1961（昭和36）年頃から徐々に動き始める。そして企画の段階でさまざまな理由から、単なる『大日本国語辞典』の改訂版ではなく、まったく新しい辞書として企画内容が変更されていく。やがて総項目数45万項目、用例数75万という、日本最大の国語辞典を目指すことになる。

私は初版の刊行が終了した4年後（1980年）に小学館に入社したため、編纂に直接関わったのは第二版の方である。

その第二版は1990（平成2）年から本格的な改訂作業が始まった。改訂のための基礎作業として最初に行ったのは、新たな用例の採取である。

初版では75万例だったものを、100万例を目標に古代から現代まで幅広く文献を当たって用例カードを作成することとしたのである。やみくもに文献を読んで用例を探しても効率が悪いので、漢語部会、中世語部会、近世語部会、近現代語部会、仏教語部会といった語彙《ごい》と用例収集の専門チームを構成して、用例採取をするための文献の選定と実際の採取作業、索引を活用した語の選定などを行った。

こうして集められた用例を基に、新しい見出し語を立てたり、語釈を追加したりするわけである。結果的に、初版のものと合わせて約3万点の資料から、えりすぐった100万例を収録することができた。

『オックスフォード英語辞典』余話

『日本国語大辞典』にはモデルとした海外の辞書がある。イギリスの『The Oxford English Dictionary（オックスフォード英語辞典）』で、OEDと略称される。OEDはオックスフォード大学出版局発行の英語辞典で、初版刊行は1884～1928年である。1989年に第二版（全20巻）を発行し、以後もデジタル版として増補を続けている。このOEDも徹底した用例主義で、250万もの用例を掲載している。

ＯＥＤ初版の編纂に功績のあったのは、刊行中に他界した言語学者のジェームズ・マレー（１８３７～１９１５年）である。マレーは編集主幹として編纂事業を牽引《けんいん》したのだが、大変興味深いエピソードが残されている（『博士と狂人―世界最高の辞書ＯＥＤの誕生秘話』サイモン・ウィンチェスター著、鈴木主税訳）。

辞典の編纂を進めていたマレー博士の許に、あるときから膨大な量の用例を送り続ける謎の人物がいた。名をウィリアム・マイナーといい、元アメリカ陸軍の軍医で、何らかの理由でイギリスのクローソンという小さな村から離れられないでいるという。やがてマレー博士はクローソンにマイナーを訪ね、意外な事実を知る。アメリカ人のマイナーはイギリスで殺人を犯し逮捕されるが、精神の病を理由に〝無罪〟となり、精神病院に収容されていたのである。精神を病んではいてもことばに対しての鋭い感性は失われておらず、マレー博士に会ってその辞書編纂にかける献身的な姿に感動したマイナーは、やがて求めに応じて、死ぬまで用例を送り続けるのである。

私が直接経験したわけではないのだが、わが辞書編集部にも似たような話がある。国内のある地方都市から、辞書の内容に関する指摘をきちょうめんな字でびっしり書いて頻繁に送ってくれる方がいた。対応した編集者が、あまりにも有益な内容のものばかりであったので、お礼かたがた一度直接お目にかかりたいと手紙を出すと、折り返し会う必要はないという断りの手紙が来た。だが、あるとき編集者が近くまで出かける用事ができたため、住所を頼りに訪ねてみると、そこは行けども行けども高い塀が続いているところであったという……。会社に戻ってから、その編集者が訪ねて行ったことを手紙で伝えると、その人からはそれに対する返事はおろか、あれほど送られてきた辞書への指摘も二度と来なくなってしまったのだそうである。

井上ひさしさんの話に通じるようなドラマは本当にあったのである。

辞書を改訂することの意味

「辞書は発刊と同時に改訂作業がスタートする」

入社してすぐに辞書編集部へ配属されたとき、上司から最初に言われたのがこのことばであった。新入社員の頃はそれがどういう意味なのかほとんど理解できなかったのだが、数年間辞書の仕事に関わって、少しずつだが理解できるようになっていった。だが実感としては、改訂作業は発刊と同時どころか、ゲラを校了にしたときから始まるというのに近いかもしれない。辞書の本文を校了にして一息つく間もなく、ああすればよかった、こうすればよかったという思いが次々と頭をもたげてくるのである。

あるところでそんな話をしたら、ではどこで区切りをつけて出版すると決めるのかと聞かれたことがある。辞書の改訂版は改訂第何版などと謳《うた》って、ことさら新しさを強調して売り出すのだが、しょせんそれは編纂作業の途中経過の報告でしかないような気がする。あえてそれに意味をもたせるのなら、区切り（見切り）をつけて刊行した改訂版は、その時点におけることばの諸相や実態を写し取っているということにはなるかもしれないが。

　辞書の改訂のサイクルに特別な決まりがあるわけではない。『日本国語大辞典』の場合は、初版の最終刊が刊行されてから第二版第一巻の刊行が始まるまで四半世紀の歳月を要している。初版の編集長は、『日本国語大辞典』のような大型かつ専門的な国語辞典では、改訂のサイクルは20年間隔くらいで行うのが理想であると言っていた。そのくらいのサイクルで行わないと後継者が育たないというのだが、どうやら伊勢神宮の式年遷宮のことを念頭においていたようである。だが実際には、第二版刊行まで5年も余計にかかってしまった。

『日本国語大辞典』のように次の改訂までこれほどの年数を要する辞書は特殊な例で、7～9万語クラスの国語辞典になると改訂のサイクルはもっと早まり、5～7年くらいがふつうである。ただし、繰り返しになるがこのサイクルには特に意味はない。あえていうなら、辞書の場合は莫大《ばくだい》な編集予算が先行投資の形で使われるので、その分を回収するまでだいたいそれくらいの年数がかかることと、刊行からある程度年数がたつと載っていない新語が目につくようになるということである。

新語を増補するということ

辞書に関して読者からおしかりを受けることが多いのは、調べたいことばが載っていないということである。

すべての日本語を網羅した辞書が作れればいいのであろうが、収録語数50万項目の『日本国語大辞典』ですら載っていないことばは多数ある。ましてや7～9万語クラスの国語辞典では、すべての日本語を登録するなどということはどだい無理な話なのである。

しかし収録可能な語数に制約があるからといって、手をこまぬいているわけにはいかない。引かれる可能性の高い語を見出し語にするように努めてはいる。またそういった可能性のある語を目利きするのも辞書編集者の欠かせないセンスのひとつでもある。

辞書の規模にかかわらず、改訂版で増補した語の中のかなりな部分を新語と呼ばれる語が占めているのもそういった理由からである。

新語を辞書に載せるかどうかの判断はどうしているのかという質問を受けることもある。以前は新聞にその新語が掲載されたとき、その語の後に意味を（　）に入れて説明しなくなっていれば一般に広まったと判断して、辞書に載せる候補にすると答えていた。だが、インターネット社会になってからは、新語の広まるスピードは今までの判断基準ではとても追いつかなくなっている。新語がどの程度一般に定着しているのか、判断しなければならない対象も増えているため、ますます辞書編集者としての力量が問われる事態になっている。

新語を収録するのであれば、死語などのすでに使われなくなったことばはどうしているのかともよく聞かれる。だが、これは難しい問題で、確かに新しいことばを次から次へと入れていけば予定のページ数をあっという間に超えてしまう。しかし、一時期のものだったとはいえ、その時代の文献を読んだ人が、すでに死語になってしまったにもかかわらずそれを辞書で引いてみるという可能性が絶対にないとは言い切れないのである。たとえば「ポケベル」などは、今はそれ自体が存在しないわけであるが、モバイルの歴史を考えると項目としては残しておきたいなどと思えてしまうわけである。

以下は2011年1月に刊行した『新選国語辞典』で、前の版の第八版にはあるが新しい第九版では削除した項目の例である。

「絵捜し」「えり嫌い」「グルッペ」「決締組織」「強窃盗《ごうせっとう》」「再吟味」「時文」「粛学」「準内地米」「静注」「シンクロリーダー」「新清酒」など。

いかがであろうか。何となく意味を類推することができる語もあるが、「再吟味」以外はほとんど今では使われなくなり、意味もわからなくなっている語ではなかろうか。こういった語が削除の対象となっていくわけである。

辞書における規範性の問題

日本語の規範を重視するべきか慣用を重視するべきか、これは辞書にとって避けては通れない大問題である。最近の辞書は、どちらかというと規範を重視するというよりも、新たな慣用も取り込んでことばの実態や現状をあるがままにとらえて記述するという方針のものが増えてきている。これはひとつにはことばの変化が想像以上に激しいこともある。

『三省堂国語辞典』の編者であった故・見坊豪紀先生は、同辞典第三版（1982年）の序文で「辞書〝かがみ〟論」を唱えている。どのような内容かというと、辞書はことばを写す〝鏡〟であると同時に、ことばを正す〝鑑〟でもあるというのである。そのどちらに重きをおくか、どう取り合わせるかは辞書の性格によるとしながら、〝鏡〟としてはことばの変化した部分をすばやく写し出すべきだと述べている。

辞書の〝鏡〟としての部分を重視するなら、辞書はことばの諸相を記述するものということになるであろうし、〝鑑〟であるべきだと考えるなら、辞書はことばの手本ともなるべき規範を記述するものということになるであろう。

これは、〝正しい日本語〟とは何か？　〝正しい日本語〟は存在するのか？　ことばにとって〝誤用〟とは何か？　という簡単には結論の出せない問題を孕《はら》んでいる。

毎年文化庁から発表される「国語に関する世論調査」を見ても、従来誤用とされていた意味や用法が一段と増えていることがわかる。

このような調査の結果を受けて、従来なかった意味を辞書に載せれば、規範的なことばの使い方を載せるべき辞書が「ことばの乱れ」を助長しているという批判も出てくる。そういった人たちの意見も確かに理解できるし、辞書に規範性を期待するという読者の気持ちも承知している。

だが、半数以上の人が新しく生まれた意味で使っている語の場合は、そうした意味をまったく無視するわけにはいかないということも確かなのである。ことばの世界では、ある程度法則性のある大多数の人の誤りは、もはや変化だと言ってもよい。敗北主義だとおしかりを受けるかもしれないが、いまさらそれを元に戻すことはもはや不可能であるし、辞書の力で誤りを正すこともまず無理なのである。

むしろコミュニケーションということを優先させるのであれば、元の意味にこだわり続けるよりも、変化に対する柔軟な対応こそ欠かせないのではないだろうか。もちろん、正しい意味を伝えるという辞書の使命を全面的に否定したり放棄したりするつもりは毛頭ないのだが。

実際に使われた「用例」は辞書の骨格となる

辞書に採録することばの根拠となるものが用例である。特に『日本国語大辞典』のような実際の文献例を基にした辞典の場合は、用例が骨格であると言っても過言ではない。

このような辞書の場合は「ことばの採集」=「用例の採集」でもある。『日本国語大辞典』第二版では、中世、近世、近現代、漢語、記録、宗教といった、各時代や幅広い分野の用例を採集するための専門家による部会を設けることから始めた。それぞれの部会では、用例採集のための有効な資料の選択を行い、それらから実際に語彙や用例の採集をし、さらにはその用例を基に語釈を書くということまで行った。

第二版では、初版のときのようなカードを使っての手作業による採集だけでなく、その頃ようやく実用化されつつあったコンピューターによる処理もフルに活用した。具体的には以下のような作業手順となった。

①採集の対象とする文献に目を通し、あらかじめ見出し語にしたいと思った項目に印を付けて必要に応じて読みを補い、その文献全体をコンピューターに入力する。

②この見出し語の候補項目に印を付けたデータと、同じくデジタルデータ化されていた『日本国語大辞典』の本文項目とをマッチングして、ゲラ上に表示の文字数を制限して候補例として表示する。

③さらにそのゲラを見ながら、その用例を採用するかどうか検討したり、また採用するにしても意味に手を加えなければならないものかどうかを判断したりする。

私のような辞書編集者の仕事を描いて、2012年の本屋大賞を受賞した三浦しをんさんの『舟を編む』（光文社）という小説をお読みになった方も大勢いらっしゃると思う。その中に、若者たちの会話に耳を傾けて、彼らが使うことばを盛んにカードに化していた老学者がいたのをご記憶だろうか。この老学者のモデルは「辞書〝かがみ〟論」の見坊豪紀先生だといわれている。

見坊先生は新聞・雑誌などから約140万枚の用例カードを作成した方なのだが、私も先生から、新聞や雑誌からの新語の採取方法を直接ご指導いただいたことがある。そのとき先生は、ことばだけでなく前後の文章も必ず記録しておくようにとおっしゃっていた。ことばの採取とは、対象が会話か文献かという違いはあっても、そのことばをどういう場面でどのように使っているかという実際の使用例は絶対に不可欠なものだからである。

なお余談ながら、『舟を編む』は、これをお読みいただければ辞書編集者の仕事のほとんどが理解できるほどの力作なのだが、一か所だけ今の辞書編集の仕事とは異なる部分がある。

それは「見出し語」の脱落が見つかり、人海戦術で編集部員全員が徹夜をしてほかにも落ちがないか確認するという、山場のひとつになっている場面である。これは、実在する辞書のかつてのエピソードが基になっているのだが、近年辞書編集はほとんどがデジタル化されているので、たとえ項目の落ちがあったとしても、コンピューターの処理で短時間に確認することができる。これによって編集者はほかの点に意識を集中できるようになり、かなり仕事が楽になったのだが、小説の題材になりそうなドラマはなくなってしまったのかもしれない。

究極の国語辞典を目指して

今、小学生の間でブームになっている「辞書引き学習」というものをご存じだろうか。辞書で引いたことばを付せんに書いて、そのことばが載っているページに付せんを貼っていくという極めてシンプルなやり方なのだが、子どもの語彙力を高め、さらには自ら学ぶ力を付ける学習法として注目されている。私はこの学習法の開発者である教育学者の深谷圭助氏とＮＰＯ法人を立ち上げて、全国各地でそのやり方を指導する講演会を開催している。

その講演会では自宅にある小学生向けの辞書を持ってきてもらうのだが、中には私が勤めていた会社の辞書ではあるのに私自身もほとんど目にしたことのない古い辞書を持ってくる子どもがいる。しかも、それらは刊行は古いのにあまり使った形跡がなく、何となく新しい感じなのである。

こういった辞書を目にするたびに、辞書は新しいものを買ってもらいたいと、つい思ってしまう。もちろんそれは辞書の売り上げを少しでも伸ばしたいという単なる商売っ気からではない。新しい辞書は着実に変化しているからである。その変化を辞書の進化だと言っていいかどうかはわからないが。

辞書は多くの関係者が刊行までに幾度にもわたって検討を加え、その時点でよりよいと思われる内容を目指していることは強調しておきたいのである。そのよりよい内容とは、ことばがたくさん載っているということや、意味の記述が丁寧で正確であるということはもちろんであるが、さらに、読者が知りたいと思って引いたことが必ず載っていて、瞬時に疑問に答えられるようにすることだと考えている。もちろん知りたいと思う事柄は人によってさまざまであろうから、それをどう先読みできるかが大事だと思っている。そうしたことにすべて答えられるものができたとき、それこそが私にとっての〝究極の国語辞典〟だと呼べそうな気がする。だが、それは私たち辞書編集者の努力や意気込みだけではとうてい成し得ないものでもあることは重々承知している。

たとえば、私が編集に関わった小学生向けの国語辞典（『例解学習国語辞典』第一〇版）の「猫」の解説を以下に示したのでお読みいただきたい。

「家でペットとして飼われる動物。野生のものもいる。つめがするどく、ネズミなどをとる」

「ペット」「野生種の存在」「体の特徴」「性向」などといういくつかの視点から、猫がどういうものか解説しようと試みているのだが、これが本当に子どもが望んでいる内容であるのか、あるいは子どもが納得する内容であるのか、正直言って百パーセント自信があるわけではない。ひょっとすると子どもが知りたいだろうと思うことを勝手に推測しているだけなのかもしれないし、子どもに知ってもらいたいことを大人の目線で書いているだけなのかもしれないのである。

こんな猫のようなごく当たり前な語ですら、いかに子どもに寄り添った記述内容にできるかが課題だと思うのである。もちろんそのことは子ども向けの辞書に限ったことではなく、すべての辞書に言えることであろう。

そのためには、何よりも多くの識者や読者のご協力やご批判は欠かせないと思う。私たちが普段何気なく使っている、この日本という国のことばに対して、より多くの方に関心をもっていただき、ともに究極の辞書を育てて行っていただければ、これに勝る喜びはないのである。

参考文献

松井栄一『国語辞典はこうして作る―理想の辞書をめざして』（２００５年　港の人）
松井栄一『出逢った日本語・50万語　辞書作り三代の軌跡』（２００２年　小学館）
松井栄一『日本人の知らない日本一の国語辞典』（２０１４年　小学館）
松井栄一『「のっぺら坊」と「てるてる坊主」―現代日本語の意外な事実』（２００４年　小学館）
倉島長正『「国語」と「国語辞典」の時代〈上〉その歴史』『同〈下〉「日国」物語』（１９９７年　小学館）
倉島長正『国語辞書一〇〇年―日本語をつかまえようと苦闘した人々の物語』（２０１０年　おうふう）
倉島長正『なるほどがってん日本語１０１話』（１９９６年　東京新聞出版局）
国広哲弥『理想の国語辞典』（１９９７年　大修館書店）
倉島節尚『辞書と日本語』（２００２年　光文社新書）
増井　元『辞書の仕事』（２０１３年　岩波新書）
見坊豪紀「日本語の辞書」（１９７７年　岩波書店『岩波講座　日本語九』所収）

サイモン・ウィンチェスター／鈴木主税訳『博士と狂人―世界最高の辞書ＯＥＤの誕生秘話』（２００６年　ハヤカワ文庫）
笹原宏之『方言漢字』（２０１３年　角川学芸出版）
篠崎晃一＋毎日新聞社『出身地（イナカ）がわかる！　気づかない方言』（２００８年　毎日新聞社／『出身地（イナカ）がわかる方言』に改題　２０１１年　幻冬舎文庫）
井上史雄／鑓水兼貴『辞典　新しい日本語』（２００２年　東洋書林）
国広哲弥『新編　日本語誤用・慣用小辞典』（２０１０年　講談社現代新書）
日本経済新聞社『日本語ふしぎ探検』（２０１４年　日経プレミアシリーズ）
藤田圭雄『童謡の散歩道』（１９９４年　日本国際童謡館）
「新編日本古典文学全集」（小学館　ジャパンナレッジ収録）
「日本古典文学大系」（岩波書店）
「新日本古典文学大系」（岩波書店）
「群書類従」（続群書類従完成会　ジャパンナレッジ収録）
「太陽」（博文館　ジャパンナレッジ収録）
「言葉に関する問答集」（文化庁）
『日本国語大辞典』（第二版　小学館　ジャパンナレッジ収録）

『デジタル大辞泉』（小学館　ジャパンナレッジ収録）
『広辞苑』（第六版　岩波書店）
『大辞林』（第三版　三省堂）
『大漢和辞典』（大修館）
『字通』（平凡社　ジャパンナレッジ収録）
『日本大百科全書（ニッポニカ）』（小学館　ジャパンナレッジ収録）
『国史大辞典』（吉川弘文館　ジャパンナレッジ収録）
『故事俗信ことわざ大辞典』（第二版　小学館）
『揺れる日本語どっち？辞典』（小学館）
『みんなの日本語事典』（明治書院）
『当て字・当て読み　漢字表現辞典』（三省堂）
『現代国語例解辞典』（第四版　第五版　小学館）
『明鏡国語辞典』（第二版　大修館書店）
『日本語新辞典』（小学館）
『三省堂国語辞典』（第三版　第七版　三省堂）
『新明解国語辞典』（第七版　三省堂）
『岩波国語辞典』（第七版　岩波書店）

『例解新国語辞典』（第八版　三省堂）
『新選国語辞典』（第九版　小学館）
『ＮＨＫことばのハンドブック』（第二版　ＮＨＫ出版）
『最新用字用語ブック』（第六版　時事通信社）
『記者ハンドブック』（第一二版　共同通信社）
『ＮＨＫ日本語発音アクセント辞典』（新版　ＮＨＫ出版）
『新明解アクセント辞典』（第二版　三省堂）

※本稿は、国立国語研究所とＬａｇｏ言語研究所が開発したNINJAL-LWP for BCCWJを利用しました。

文庫版あとがき

ご承知のように、辞書の語釈はあらかじめ決められたルールにのっとって書かれている。その決まり事を書いたルールブックは辞書ごとに作成されるのだが、辞書編集者はこれを「執筆要領」と呼んでいる。「執筆要領」は辞書の編者や編集委員と相談しながら作り上げていくのだが、実際に書くのは編集者の仕事で、私も担当してきた辞書で何度か実際に書いた経験がある。そこには見出し語の表示方法、語釈の書き方、用例の示し方などが事細かに書かれている。その内容の多くは、のちにその辞書の凡《はん》例《れい》に反映される。

各専門家にはこの「執筆要領」をもとに原稿を書いてもらうのだが、上がってきた原稿がその決まり通りに書かれているかどうかチェックするのも、辞書編集者の仕事のひとつである。私は、こうした仕事をほぼ37年間やってきた。五十音順に並んだ語を頭から読み続け、約束通りになっていないものや、語釈が分かりにくいものには手を入れるのである。

辞書の解説文は普通の説明文とは異なり、独特な書き方をする。

たとえばそれを『デジタル大辞泉』の「アプリケーション‐ソフト」という項目で見てみると、「《application software から》特定の用途や目的のために作られた、コンピューターのソフトウエア」という、その語の基本的な概念をまず規定している。次いで「ワープロソフト、表計算ソフト、メールソフト、ブラウザーなどが含まれる。オペレーティングシステム上で動作し、コンピューターの基本的な利用環境を共有する」と必要な情報を付け足していく。そして最後に「アプリケーションソフトウエア」「アプリ」などの同義語を列挙していくのである。

このように定型化された文章を、来る日も来る日も読むわけで、われながらよくこんな根気のいる仕事を長年にわたりやれたと思う。もちろん、最初から楽しい仕事だと思ったわけではない。辞書編集者になりたての二十代のころは、この仕事を何十年も続けるのは絶対に無理だと思っていた。ところが不思議なことに、次第にそんな中にも楽しみを見いだせるようになっていった。それぞれのことばには、思いもよらない歴史が隠されていることに気づいたからである。

そうなるとおかしなもので、今度は物足りなく感じることがでてきた。それは、辞書では一語当たりの文字数に制約があったため、記述できる内容に限りがあったからである。このことばはもっと掘り下げて詳しく説明すれば面白いのに、と思われることがしばしばあった。

そうした思いは募るばかりで、とうとうｗｅｂで私が面白いと思ったことばの履歴を書いてみようと思うに至った。それが本書のもとになっている「日本語、どうでしょう？」というコラムである。このコラムは辞書・事典の検索サイト「ジャパンナレッジ」で、２０１０年4月から連載を開始し、現在も続いている。

「はじめに」にも書いたように、辞書編集者の主な仕事のひとつに、ことばの変化の観察がある。ことばの歴史を考えたとき、その変化する姿こそ面白いのである。その変化の過程は、時としてスリリングなことすらある。私が勝手に面白がっているだけかもしれないが、その面白さを本書で少しでもお伝えできたら幸いである。

２０１９年1月

神永　曉

じめん【地面】……167
じょうちょ【情緒】……172
すいぞくかん【水族館】……180
ずがいこつ【頭蓋骨】……182
せいしょく【生食】……208
だいじしん【大地震】……222
たわいない【たわい無い】……235
たんのう【堪能】……238
ナルシシスト
【(英) narcissist】……274
にくじゅう【肉汁】……277
にんげん【人間】……284
ばつ【×】……297
はなし【話】……302
ひとごと【人事・他人事】……313
ひとりぼっち【独りぼっち】……317
びら【片・枚】……320
ふんいき【雰囲気】……338
みずをえたうおのよう
【水を得た魚のよう】……360
りょかっき【旅客機】……386
ルビ【(英) ruby】……388
レイ・ゼロ【0】……390

大和ことば・伝統的表現

あばよ……30
うだつ【梲・卯建つ】……55
おかあさん【お母さん】……62
おとうさん【お父さん】……70
きなくさい【きな臭い】……104
ぐっすり……111
ごめん【御免】……129
さようなら……144
すずらん【鈴蘭】……192
ちち【父】……240
ならずもの
【成らず者・破落戸】……272
のま【々】……288
はっぽうい【八方位】……298
はは【母】……304
ひとりごつ【独り言つ】……315
ふり【振り・風】……335
まじ……346
みぎにでる【右に出る】……352
よい【良い・善い】……380

ふんぱんもの【噴飯物】340
まとをいる【的を射る】348
みぎびらき【右開き】354
みぎまわり【右回り】356
みこむ【見込む】358
みせつける【見せつける】362
むしゃぶりつく363
やおら370
やさき【矢先】371
やばい373
やぶさか【吝か】375
やるせない【遣る瀬無い】376
やんごとない【止ん事無い】378

方言・俗語

おはよう72
がたい88
がっつり94
きんきん108
こんにちは133
さされる【刺される】138
じぇ152
しく【敷く】158
スコップ【(オランダ) schop】187
すし【鮨・鮓・寿司】190
すててこ198
そじ【粗辞】219
たに【谷】231
ちんする【チンする】242
つーか244
はぐる294
ぺけ342
まぎゃく【真逆】344
みえる349
めをきる【目を切る】366
ものさし【物差し】368
よこはいり【横入り】383

揺れる読み方

あじけない【味気ない】26
いく【行く】38
いそん【依存】41
いちだんらく【一段落】44
いっしょうけんめい【一生懸命】46
ういまご【初孫】48
うろおぼえ【うろ覚え】58
える【得る】60
かお（を）る【薫る】81
がっこう【学校】91
がりょうてんせい【画龍点睛】98
ぎゃくて【逆手】106
こしつ【固執】120
こぢんまり【小ぢんまり】125
こども【子供】127
さいはい【采配】135
さびしい【寂しい】142
し【四】149
したつづみ【舌鼓】161

しょうちくばい【松竹梅】……170
しょうねんおいやすく
【少年易老】……174
しょくし【食指】……176
しんとう【心頭】……178
すくう【掬う】……184
すていし【捨て石】……194
すてき【素敵・素的】……196
すばらしい【素晴らしい】……200
すべからく【須く】……202
すんか【寸暇】……205
せけんずれ【世間擦れ】……210
せつじょく【雪辱】……212
ぜんぜん【全然】……214
そうばな【総花】……217
だいじょうぶ【大丈夫】……223
たぎる【滾る】……225
たざんのいし【他山の石】……227
たちいふるまい
【立ち居振る舞い】……229
だんトツ【断トツ】……236
づくし【尽くし】……247
でるくいはうたれる
【出る杭は打たれる】……249
てをこまぬく【手を拱く】……252
てんちむよう【天地無用】……253
とうだいもとくらし
【灯台もと暗し】……255
どげざ【土下座】……257
とりつくしま【取り付く島】……259
とりはだがたつ
【鳥肌が立つ】……261
ない……263
ながれにさおさす
【流れに棹さす】……265
なにげに【何気に】……268
なまえまけ【名前負け】……270
につまる【煮詰まる】……278
にのまい【二の舞】……280
にやける【若気る】……282
ねつにうかされる
【熱に浮かされる】……286
ばきゃく【馬脚】……290
ばくしょう【爆笑】……292
はだし【裸足】……295
はてんこう【破天荒】……301
はる【張る】……306
ひきこもごも【悲喜交交】……308
ひげ【卑下】……310
ひといちばい【人一倍】……312
ひもとく【繙く・紐解く】……318
ピンからキリまで……322
ひんすればどんする
【貧すれば鈍する】……324
ふ【腑】……326
ふくめる【含める】……327
ぶぜん【憮然】……329
ふたつへんじ【二つ返事】……331
ぶつぎ【物議】……333
ぶり【振り】……336

ジャンル別索引

揺れる意味・誤用

あいきょう【愛嬌】……14
あいのて【合いの手】……15
あおたがい【青田買い】……17
あかす【飽かす】……19
あくどい……21
あげく【挙げ句・揚げ句】……23
あごがおちる【顎が落ちる】……24
あせる【焦る】……28
あめもよう【雨模様】……32
あららげる【荒らげる】……34
あわや……36
いさぎよい【潔い】……39
いたいけない【幼気ない】……43
うえをしたへ【上を下へ】……49
うがつ【穿つ】……51
うきあしだつ【浮き足立つ】……53
おき【置き】……64
おざなり【御座形】……66
おしもおされもせぬ
【押しも押されもせぬ】……68
おめい【汚名】……75
おもむろに【徐に】……76
おんのじ【御の字】……78
かくしんはん【確信犯】……82
かしげる【傾げる】……84
かぜのたより【風の便り】……86
かつあい【割愛】……89
からとう【辛党】……96
かれきもやまのにぎわい
【枯れ木も山の賑わい】……100
きがおけない
【気が置けない】……102
きんせん【琴線】……110
くれなずむ【暮れなずむ】……112
くんしひょうへん
【君子豹変】……114
げきをとばす【檄を飛ばす】……116
ごうきゅう【号泣】……118
こそく【姑息】……122
こだわる……124
こやけ【小焼け】……130
さくさく【噴噴】……136
ざっくり……141
さわり……146
さんずん【三寸】……148
しおどき【潮時】……154
しきいがたかい
【敷居が高い】……156
したのねのかわかぬうち
【舌の根の乾かぬうち】……162
しっしょう【失笑】……165
しゅうまつ【週末】……169

本書は二〇一五年十二月に時事通信出版局より刊行された『悩ましい国語辞典――辞書編集者だけが知っていることばの深層』を文庫化したものです。

図版作成　村松明夫

悩《なや》ましい国語辞典《こくごじてん》

神永《かみなが》暁《さとる》

平成31年 2月25日　初版発行
令和2年 6月5日　3版発行

発行者●郡司 聡

発行●株式会社KADOKAWA
〒102-8177　東京都千代田区富士見2-13-3
電話　0570-002-301(ナビダイヤル)

角川文庫 21469

印刷所●株式会社KADOKAWA
製本所●株式会社KADOKAWA

表紙画●和田三造

◎本書の無断複製(コピー、スキャン、デジタル化等)並びに無断複製物の譲渡および配信は、著作権法上での例外を除き禁じられています。また、本書を代行業者などの第三者に依頼して複製する行為は、たとえ個人や家庭内での利用であっても一切認められておりません。
◎定価はカバーに表示してあります。
◎KADOKAWA　カスタマーサポート
[電話] 0570-002-301(土日祝日を除く 11 時~13 時、14 時~17 時)
[WEB] https://www.kadokawa.co.jp/ (「お問い合わせ」へお進みください)
※製造不良品につきましては上記窓口にて承ります。
※記述・収録内容を超えるご質問にはお答えできない場合があります。
※サポートは日本国内に限らせていただきます。

©Satoru Kaminaga 2015, 2019　Printed in Japan
ISBN 978-4-04-400348-7　C0181

◆◇◇

角川文庫発刊に際して

角　川　源　義

第二次世界大戦の敗北は、軍事力の敗北であった以上に、私たちの若い文化力の敗退であった。私たちの文化が戦争に対して如何に無力であり、単なるあだ花に過ぎなかったかを、私たちは身を以て体験し痛感した。西洋近代文化の摂取にとって、明治以後八十年の歳月は決して短かすぎたとは言えない。にもかかわらず、近代文化の伝統を確立し、自由な批判と柔軟な良識に富む文化層として自らを形成することに私たちは失敗して来た。そしてこれは、各層への文化の普及滲透を任務とする出版人の責任でもあった。

一九四五年以来、私たちは再び振出しに戻り、第一歩から踏み出すことを余儀なくされた。これは大きな不幸ではあるが、反面、これまでの混沌・未熟・歪曲の中にあった我が国の文化に秩序と確たる基礎を齎らすためには絶好の機会でもある。角川書店は、このような祖国の文化的危機にあたり、微力をも顧みず再建の礎石たるべき抱負と決意とをもって出発したが、ここに創立以来の念願を果すべく角川文庫を発刊する。これまで刊行されたあらゆる全集叢書文庫類の長所と短所とを検討し、古今東西の不朽の典籍を、良心的編集のもとに、廉価に、そして書架にふさわしい美本として、多くのひとびとに提供しようとする。しかし私たちは徒らに百科全書的な知識のジレッタントを作ることを目的とせず、あくまで祖国の文化に秩序と再建への道を示し、この文庫を角川書店の栄ある事業として、今後永久に継続発展せしめ、学芸と教養との殿堂として大成せんことを期したい。多くの読書子の愛情ある忠言と支持とによって、この希望と抱負とを完遂せしめられんことを願う。

一九四九年五月三日

角川ソフィア文庫ベストセラー

古典文法質問箱
大野　晋

高校の教育現場から寄せられた古典文法のさまざまな八四の疑問に、例文に即して平易に答えた本。はじめて短歌や俳句を作ろうという人、もう一度古典を読んでみようという人に役立つ、古典文法の道案内！

古典基礎語の世界
源氏物語のもののあはれ
編著／大野　晋

『源氏物語』に用いられた「もの」とその複合語を徹底解明し、紫式部が場面ごとに込めた真の意味を探り当てる。社会的制約に縛られた平安時代の宮廷人達の生活や、深い恐怖感などの精神の世界も見えてくる！

日本語質問箱
森田良行

なぜ「水を沸かす」といわず、「湯を沸かす」というの？　何気なく使っている言葉の疑問や、一字違うだけで意味や言い回しが変わる日本語の不思議をやさしく解き明かす。よりよい日本語表現が身に付く本。

気持ちをあらわす「基礎日本語辞典」
森田良行

「驚く」「びっくりする」「かわいそう」「気の毒」など、普段よく使う言葉の中から心の動きを表すものを厳選。日本人特有の視点や相手との距離感を分析し、使い分けの基準を鮮やかに示した、読んで楽しむ辞書。

違いをあらわす「基礎日本語辞典」
森田良行

「すこぶる」「大いに」「大変」「なんら」など、普段使っている言葉の中から微妙な状態や程度をあらわすものを厳選。その言葉のおおもとの意味や使い方、差異を徹底的に分析し、解説した画期的な日本語入門。

角川ソフィア文庫ベストセラー

時間をあらわす「基礎日本語辞典」　森田良行

日本語の微妙なニュアンスを、図を交えながら解説する『基礎日本語辞典』から、「さっそく」「ひとまず」など、「時間」に関する語を集める。外国語を学ぶとき、誰もが迷う時制の問題をわかりやすく解説！

思考をあらわす「基礎日本語辞典」　森田良行

「しかし」「あるいは」などの接続詞から、「〜なら」「〜ない」などの助動詞まで、文意に大きな影響を与える言葉を厳選。思考のロジックをあらわす言葉の使い方、微妙な違いによる使い分けを鮮やかに解説！

日本語教室Q&A　佐竹秀雄

「あわや優勝」はなぜおかしい？　「晩ごはん」「夕ごはん」ではなく、なぜ「夜ごはん」というの？　敬語や慣用句をはじめ、ちょっと気になることばの疑問を即座に解決。面白くてためになる日本語教室！

訓読みのはなし　漢字文化と日本語　笹原宏之

言語の差異や摩擦を和語表現の多様性へと転じた訓読みは、英語や洋数字、絵文字までも日本語の中に取り入れた。時代の波に晒されながら変容してきたユニークな例を辿り、独自で奥深い日本語の世界に迫る。

漢文脈と近代日本　齋藤希史

漢文は言文一致以降、衰えたのか、日本文化の基盤として生き続けているのか——。古い文体としてではなく、現代に活かす古典の知恵だけでもない、「もう一つのことばの世界」として漢文脈を捉え直す。

角川ソフィア文庫ベストセラー

ホンモノの日本語　金田一春彦

普通の会話でもヨーロッパ言語三～四ヵ国語分にも相当するという日本語の奥深さや魅力を、言語学の第一人者が他言語と比較しながら丁寧に紹介。日本語ならではの美しい表現も身につく目から鱗の日本語講義！

美しい日本語　金田一春彦

日本人らしい表現や心を動かす日本語、間違いやすい言葉、「が」と「は」は何が違うのか、相手にわかりやすく説明するための六つのコツなどを、具体的なアドバイスを交えつつ紹介。日本語力がアップする！

悪文　伝わる文章の作法　編著／岩淵悦太郎

わずかな違いのせいで、文章は読み手に届かないばかりか、誤解や行き違いをひきおこしてしまう。すらりと頭に入らない悪文の、わかりにくさの要因はどこにあるのか？　伝わる作文法が身につく異色文章読本。

文章予測　読解力の鍛え方　石黒　圭

文章の読解力を伸ばすにはどうすればよいか？　答えは「予測」にあった！　幅広いジャンルの秀逸な文章で「予測」の技術を学べば、誰でも「読み上手」になれる。作文にも役立つ画期的な「文章術」入門書。

辞書から消えたことわざ　時田昌瑞

著者は『岩波ことわざ辞典』等を著した斯界の第一人者。世間で使われなくなったことわざを惜しみ、「名品」200本余を、言葉の成り立ち、使われた文芸作品、時代背景などの薀蓄を記しながら解説する。

角川ソフィア文庫ベストセラー

ことばの歳時記　山本健吉

古来より世々の歌よみたちが思想や想像力をこめて育んできた「季の詞《ことば》」を、歳時記編纂の第一人者が名句や名歌とともに鑑賞。現代においてなお感じることのできる懐かしさや美しさが隅々まで息づく名随筆。

春宵十話　岡潔

「人の中心は情緒である」。天才的数学者でありながら、思想家として多くの名随筆を遺した岡潔。戦後の西欧化が急速に進む中、伝統に培われた日本人の叡智が失われると警笛を鳴らした代表作。解説：中沢新一

春風夏雨　岡潔

「生命というのは、ひっきょうメロディーにほかならない。日本ふうにいえば〝しらべ〟なのである」――科学から芸術や学問まで、岡の縦横無尽な思考の豊かさを堪能できる名著。解説：茂木健一郎

夜雨の声　岡潔　編／山折哲雄

世界的数学者でありながら、哲学、宗教、教育にも洞察を深めた岡潔。数々の名随筆の中から科学と宗教、日本文化に関するものを厳選。最晩年の作「夜雨の声」ほか貴重な作品を多数収録。解説／編・山折哲雄。

風蘭　岡潔

人を育てるのは大自然であり、その手助けをするのが人間である。だが何をすべきか、あまりにも知らなさすぎるのが現状である――。六十年後の日本を憂え、警鐘を鳴らした岡の鋭敏な教育論が冴える語り下ろし。

角川ソフィア文庫ベストセラー

一葉舟
岡　潔

「人が現実に住んでいるのは情緒としての自然、情緒としての時の中である」——。釈尊の再来と岡が仰いだ山崎弁栄の言葉や芭蕉の句を辿り、時に脳の働きにも注目しながら、情緒の多様な在り方を探る。

青春論
亀井勝一郎

青春は第二の誕生日である。友情と恋愛に対峙する「沈黙」のなかで「秘めごと」として自らの精神を育てなければならない——。新鮮なアフォリズムに満ち生きることへの熱情に貫かれた名随筆。解説・池内紀。

文学とは何か
加藤周一

詩とは何か、美とは何か、人間とは何か——。後年、戦後民主主義を代表する知識人となる若き著者が果敢に挑む日本文化論。世界的視野から古代と現代を縦横に行き来し、思索を広げる初期作品。解説・池澤夏樹。

陰翳礼讃
谷崎潤一郎

陰翳によって生かされる美こそ日本の伝統美であると説いた「陰翳礼讃」。世界中で読まれている谷崎の代表的名随筆をはじめ、紙、厠、器、食、衣服、文学、旅など日本の伝統に関する随筆集。解説・井上章一

恋愛及び色情
谷崎潤一郎
編／山折哲雄

表題作のほかに、自身の恋愛観を述べた「父となりて」「私の初恋」、関東大震災後の都市復興について書いた「東京をおもう」など、谷崎の女性観や美意識について述べた随筆を厳選。解説／編・山折哲雄

角川ソフィア文庫ベストセラー

美しい日本の私
川端康成

ノーベル賞授賞式に羽織袴で登場した川端康成は、古典文学や芸術を紹介しながら日本の死生観を述べ、聴衆の深い感銘を誘った。その表題作を中心に、今、日本をとらえなおすための傑作随筆を厳選収録。

いろごと辞典
小松奎文

世界中の性用語、方言、現代の俗語・隠語まで網羅。【甘露水】＝精液。【騒水】＝女性が淫情を感じて分泌する愛液。【花を散らす】＝女性の初交……創造力を刺激する語彙と説明が楽しい圧巻の「性辞典」。

世界の名作を読む
海外文学講義

工藤庸子・池内紀・柴田元幸・沼野充義

『罪と罰』『ボヴァリー夫人』などの大作から、チェーホフやカフカ、メルヴィルの短篇まで。フィクションを読む技法と愉しみを知りつくした四人が贈る、海外文学への招待。原典の新訳・名訳を交えた決定版！

英語の謎
歴史でわかるコトバの疑問

岸田緑渓
早坂信
奥村直史

youはなぜ複数形もyouなのか？ goodはなぜbetter－bestと変化するのか？ 学校で丸暗記していた英文法の規則や単語も、英語史を知れば納得の理由や法則がみえてくる。79のQ&A。

中国故事
飯塚朗

「流石」「杜撰」「五十歩百歩」などの日常語から、「帰りなん、いざ」「燕雀いずくんぞ鴻鵠の志を知らんや」などの名言・格言まで、113語を解説。味わい深い名文で最高の人生訓を学ぶ、故事成語入門。